ÉTUDE

SUR

L'ADULTÈRE

AU POINT DE VUE PÉNAL

« Va-t-en et ne pèche plus
(Saint-Jean, *Cap.* VIII, v. 11).

THÈSE POUR LE DOCTORAT

PAR

A. W. BOUCHÉ

Avocat à la Cour d'Appel

PARIS

LIBRAIRIE NOUVELLE DE DROIT ET DE JURISPRUDENCE

ARTHUR ROUSSEAU

ÉDITEUR

14, rue Soufflot et rue Toullier, 13

—

1893

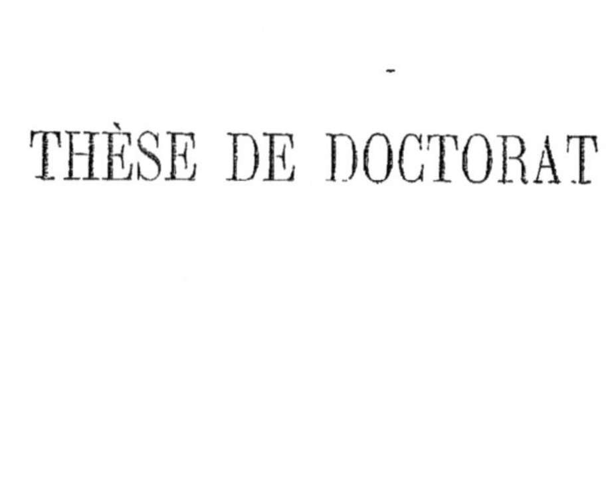

THÈSE DE DOCTORAT

ÉTUDE

SUR

L'ADULTÈRE

AU POINT DE VUE PÉNAL

« Va-t-en et ne pèche plus »
(Saint-Jean, *Cap.* VIII, v. 11).

THÈSE POUR LE DOCTORAT

*L'acte public sur les matières ci-après sera soutenu
le Mardi 21 Mars 1893, à une heure.*

PAR

A. W. BOUCHÉ

Avocat à la Cour d'Appel

Président :   M. LEVEILLÉ
Suffragants :   MM. GLASSON
LE POITTEVIN   *professeurs*
Léon MICHEL

PARIS

LIBRAIRIE NOUVELLE DE DROIT ET DE JURISPRUDENCE

ARTHUR ROUSSEAU

ÉDITEUR

14, rue Soufflot et rue Toullier, 13

1893

A MON PÈRE

A MA MÈRE

A MA SŒUR

A MON BEAU-FRÈRE

A MES AMIS

AVERTISSEMENT

Ce livre n'est ni un catéchisme, ni un roman de mauvaises mœurs; c'est un livre de Droit.

A. B.

INTRODUCTION

Etymologie. — Définition et Caractères. — Vue générale.

§ I. Etymologie

L'étymologie du mot adultère va nous conduire à sa définition. — Le mot « adultère » vient du substantif latin
adulterium. Adulterium est né de l'adjectif *adulter*;
adulter, d'après Festus, a pour racines (par le changement
d'a en u [1]) *ad-alter, vers un autre*. Adulter a fait le verbe
adulterare : au sens propre, commettre adultère ; au sens
figuré, altérer, falsifier ; d'où *adulteratio*, altération, falsi-
fication, ce qui a pu faire dire à Voltaire : » adultère signi-
fiait en latin *altération, adultération, une chose mise pour
une autre, un crime de faux, fausses clefs, faux contrats, faux seings* ; adulteratio. De là celui qui se mit
dans le lit d'un autre fut nommé adultère comme une fausse
clef qui fouille la serrure d'autrui. » (Dic. phil. v° adult.) —
Certains jurisconsultes, peu soucieux de philologie et va-
guement guidés par le son du mot, font venir *adulterium*
de *ad torum*, vers le lit, *accessio ad torum* [2], *vel uterum*.
Mais la véritable étymologie est *ad-alter* : »

---

[1] Schneider. *Gram.* I, 11 — *Gr. dic. de la lang. lat. par le D*r Guille.
Freund, trad. Theil.

[2] Jousse. *Dict. de Dr. can.*; Barnab-Brisson. *De verb. quœ ad jus
pert. sign.*; Julius Clarus ; Farinacius, etc.

adulter et adultera dicuntur quia et ille ad alteram et hœc ad alterum se conferunt. » L'adultère est, étymologiquement, le rapprochement d'un homme avec la femme d'un autre, ou d'une femme avec le mari d'une autre.

§ 2. Définition. Caractères.

Les lois, toujours et justement sobres de définitions, ne définissent pas l'adultère. La définition suivante nous paraît contenir les éléments constitutifs de l'adultère dans la généralité des législations.

L'adultère est : *l'œuvre de chair, sciemment et volontairement accomplie entre une personne mariée et une personne* AUTRE *que son conjoint.*

D'après cette définition, trois éléments essentiels sont constitutifs de l'adultère :

1° OEuvre de chair (*commixtio, copula carnalis*).

2° Mariage de l'un au moins des acteurs.

3° Intention coupable (*dolus malus*).

Le premier élément, enveloppe un sens très précis qui sera éclairé dans la suite ; c'est l'élément matériel.

Le second élément, le *mariage*, est, nous dirions volontiers, l'élément juridique. Le mariage est la réglementation de l'union des sexes, dont l'adultère est la violation. Dans les sociétés inférieures, les unions entre les hommes et les femmes n'ont ni caractère défini, ni longue durée ; c'e st *l'hétaïrisme* ou la promiscuité qu'Herbert Spencer définit « une polyandrie indéfinie, unie à une polygynie indéfinie ». Au sortir de cette phase primitive, l'évolution familiale se fait par la précision des rapports, et des liaisons plus durables se contractent ; ces liaisons ont lieu en différentes directions : ce sont la *polyandrie,* ou union d'une femme avec plusieurs hommes, et la *polygynie* ou union d'un homme avec plusieurs femmes. Enfin au dernier stade de l'évolution sociale apparaît la *monogamie* ou union d'un seul homme avec une seule femme. Les législations dont nous allons nous occuper sont des législations monogames. C'est principalement dans cet état de la famille que le droit des sexes. crée une obligation juridique.

La violation de cette obligation n'entraîne de sanction pénale qu'autant qu'elle est sciemment et volontairement faite ; c'est notre troisième élément, l'*intention coupable.* L'erreur et la violence effacent, aux yeux de la loi, toute responsabilité.

§ 3. Vue générale.

L'adultère est un Attentat aux Mœurs.

Les législations antiques le considéraient comme un crime contre la Religion, la Société, la Famille. Ce qui caractérisait ces législations, c'étaient : l'inégalité absolue de l'homme et de la femme, et l'extrême sévérité du châtiment. — L'adultère de l'homme était indifférent à la morale et à la loi antiques ; la loi interdisait à la femme trompée toute vengeance et toute plainte. Surprenait-elle son mari en flagrant délit ? Elle n'avait pas le droit de le toucher même du bout du doigt « *digito non tetigeris, nec jus est.* » Hors du flagrant délit, voulait-elle se plaindre ? La loi le lui interdisait ; la femme, même trompée, doit révérer son mari comme un Dieu. L'adultère de la femme, au contraire, est bien autrement traité. Le mari surprend-il sa femme ? Il peut la tuer impunément « *impunè necares* »

Veut-il l'accuser? Il a le tribunal de famille, il a des juges.
Cette inégalité remonte aux vieilles idées religieuses de la
race indo-européenne[1]; elle a, pour des motifs divers, persisté jusqu'à nos jours. — La loi rendait cette inégalité
d'autant plus accentuée, qu'elle déployait contre l'adultère
de la femme une sévérité extrême : dans l'Inde, on faisait
dévorer la femme par des chiens et on brûlait le complice ;
chez les Hébreux, les coupables étaient lapidés; Zaleucus,
législateur des Locriens, ordonna de leur crever les yeux ;
à Athènes, on arrachait les cheveux de la femme et on lui
jetait sur la tête de la cendre chaude ; à Ténédos, les deux
complices étaient frappés de la hache ; en Egypte, à
l'époque où Hérodote et Diodore de Sicile visitèrent la val-
lée du Nil, on coupait le nez à la femme, et on battait le
complice de cent coups de verges ; d'autres peines existaient encore cruelles ou ignobles. En Campanie, on faisait
monter la femme sur un âne et promener à travers la
ville ; à Rome, c'était tantôt la mort, tantôt l'exil, tantôt
la prostitution forcée, tantôt la fustigation et la réclusion
dans un monastère.

Cette extrême sévérité, les lois anciennes l'exerçaient
non seulement contre l'adultère, mais contre les Attentats

---

[1] Ecoutez la *Loi de Manou* : « Quoique la conduite de son époux
soit blâmable, bien qu'il se livre à d'autres amours, une femme doit
constamment le révérer comme un Dieu. » V, 154. « Si une femme
fière de sa famille et de ses qualités est infidèle à son époux, que le
roi la fasse dévorer par des chiens dans une place fréquentée ; qu'il
condamne l'adultère à être brûlé dans un lit de fer chauffé au rouge,
et que les exécuteurs alimentent sans cesse le feu, jusqu'à ce que le
pervers soit brûlé ». (VII) *Loi de Manou*, traduit de Loiseleur de Lon-
champs (V, VII.) On pourrait faire une monographie intéressante sur
la comparaison des trois législations suivantes : Loi de Manou, Bible
Coran.

aux Mœurs en général. Le législateur, entraîné dans cette voie par les idées religieuses, confondait les actes contre la morale et les actes contre l'ordre social. Notre ancien droit suivit les traces des législations anciennes, et, si parfois il adoucit les pénalités, il étendit en un luxe plus grand le nombre des incriminations. Tous les « délits de luxure » étaient punis : fornication, concubinage, stupre, rapt, viol, adultère, inceste, polygamie, sodomie, bestialité, — enfin tous les actes qui à ses yeux dégradent l'homme, et non pas seulement ceux qui occasionnent un scandale public. C'était la confusion de la Morale et du Droit. Les législations modernes ont une tendance de plus en plus marquée à séparer les deux choses en deux domaines distincts : il y a des actes immoraux, il y a des actes illégaux. Les législations cessent d'être morales, pour devenir proprement juridiques.

En ce qui concerne spécialement l'adultère, l'évolution du droit positif peut se caractériser ainsi : 1º l'inégalité de l'homme et de la femme tend à disparaître ; 2º la pénalité tend à s'effacer.

L'adultère, disions-nous en commençant, est un attentat aux mœurs. La *Métaphysique des Mœurs*, d'après Kant, comprend deux parties fondamentales : l'une la *doctrine du droit*, contenant l'ensemble des devoirs qui peuvent donner lieu à une législation extérieure, et que l'on peut appeler les *devoirs de droit* ; l'autre la *doctrine de la vertu* contenant l'ensemble des devoirs qui échappent à toute législation de ce genre, et qui, ne relevant que de la conscience, sont des *devoirs de vertu*.

Dans une telle distinction, l'adultère, qui est la violation d'un contrat en même temps qu'un attentat aux mœurs, doit prendre place dans la doctrine du droit ; il ne relève

pas que de la conscience, il relève de la législation extérieure : cela n'est pas contestable. Mais on a le droit de
se demander si, dans l'état actuel de nos idées et de nos
mœurs, c'est par la législation pénale, ou seulement par
la législation civile que l'adultère doit être sanctionné.

Suivre la législation de l'adultère dans le droit romain,
dans notre ancien droit, et dans notre droit moderne, et
laisser se dégager de l'étude des textes la tendance vers
l'égalité des sexes et la désuétude de la pénalité : tel a été
notre but et telle sera la pensée qui nous guidera dans
cette étude [1].

---

[1] Nous avons tracé un cadre général très simple. Nous nous effor-
cerons de le suivre, à peu près identique dans chaque législation. Ainsi
nous ne ferons à mesure que nous avancerons, des rappels historiques
que dans la mesure nécessaire ; on les retrouvera facilement à cause
de la simplicité de la méthode.

PREMIÈRE PARTIE

—

LÉGISLATION ROMAINE

(An 754 av. J.-C. — VIᵉ S. ap. J.-C.)

La législation romaine comprend l'espace de douze siècles, depuis la fondation de Rome (an 753 av. J.-C.) jusqu'à Justinien (VIᵉ siècle apr. J.-C.).

Nous diviserons notre étude en trois grandes périodes :

Première période : *L'adultère avant la Loi Julia.*

Deuxième période : *L'adultère sous la Loi Julia (an
736 ou 737 de Rome ; 16 avant J.-C.).*

Troisième période : *L'adultère après la Loi Julia.*

Si nous avions voulu faire au sujet de l'adultère une

étude des mœurs, nous aurions plutôt suivi les variations politiques de l'Histoire, et étudié l'adultère sous les
Rois, sous la République, et sous l'Empire. Mais c'est
une étude juridique que nous faisons, étude dont le point
culminant, central, est la Loi Julia. C'est sur elle que
se portera notre principale attention.

PREMIÈRE PÉRIODE

L'ADULTÈRE AVANT LA LOI JULIA

Le vieil État romain a pour base la Famille ; la famille
ancienne romaine a pour fondement la Religion, et cette
antique religion consiste uniquement dans le culte des
morts et le culte du foyer. Près de chaque maison romaine,
il y a un tombeau; dans ce tombeau, les mânes des
ancêtres ; ces mânes sont des Dieux, *Dii Inferi*. Dans chaque maison, il y a un autel ; sur cet autel, le feu sacré ; ce
feu sacré est un Dieu.

Le culte des ancêtres a pour origine l'idée que se faisaient les vieux romains de la vie future : la mort n'est
pas une dissolution de l'être, c'est l'entrée dans une
seconde existence. Cette seconde existence ne se passe
pas dans le ciel, séjour des Dieux, *Dii Superi* ; elle est
dans le tombeau où l'âme s'enferme avec le corps. Si le
corps n'est pas enterré, l'âme est errante ; en vain, après
les agitations de la vie, elle aspire au repos ; sans repos,
elle est malheureuse. Avec la sépulture, elle a le repos et
le bonheur. Elle les a, à une condition : que la famille lui
apporte à certains jours de l'année le repas funèbre. Si
la famille cessait d'offrir aux morts ce repas, « aussitôt

les morts sortaient de leur tombeau ; ombres errantes, ils gémissaient dans la nuit silencieuse[1] ».

Non loin du tombeau des ancêtres, dans la maison, sur un autel, nuit et jour, brûlait le feu sacré. Ce feu n'était pas, dans l'opinion des ancêtres un élément utile qu'on conservait, c'était quelque chose de divin : on l'adorait, on lui adressait des prières, on lui faisait des offrandes, bois, huile, encens ; c'est la Providence de la Famille, c'est un Dieu. Peut-être à l'origine, le foyer domestique n'était que le symbole du culte des morts : le feu, toujours brûlant, représentait l'âme du mort, toujours vigilante.

Ainsi chaque famille a sa religion : culte des ancêtres, culte du foyer. La première règle, règle inévitable de ce culte propre à la famille, c'est qu'il doit être rendu par la famille. L'étranger en est exclu : sa présence troublerait le repos des mânes et rendrait impur le feu sacré.

Quelle va être l'influence de ces idées religieuses sur l'idée première que les Romains se firent de l'adultère ? L'adultère du mari sera impuni : il est indifférent à la famille dans laquelle il n'introduit aucun élément étranger. L'adultère de la femme, au contraire, est un crime, un grand crime, un crime religieux : il peut introduire dans la famille un sang étranger, un prêtre étranger : le feu sacré, feu tutélaire sera invoqué par lui en vain, les mânes des ancêtres fuiront sa présence pour entrer dans l'éternelle inquiétude.

Telle fut la cause primitive de la persistante inégalité au point de vue de l'adultère de l'homme et de la femme.

---

[1] V. Fustel de Coulanges : *Cité antique*, liv. 1.

(A) **Adultère du mari.** L'adultère du mari n'est pas punissable.

« *Illa te, si adulterares, digito non auderet contingere, nec jus est* »[1]. « Es-tu adultère, ta femme n'oserait te toucher du bout du doigt, et elle n'en a pas le droit », disait Caton.

Cette loi paraissait dure aux femmes, et elles s'en plaignaient. Dans une comédie de Plaute, une femme proteste ainsi :

> ... « Ecastor lege dura vivunt mulieres...
> Nam si vir scortum duxit clam uxorem suam,
> Id si rescivit, impunè est viro [2]

Le mari n'est pas punissable disons-nous : oui « *Si scortum duxit* »; mais s'il a commis l'adultère avec la femme d'autrui, il est coupable, non pas vis-à-vis de sa femme, parce qu'il aurait trahi sa foi, mais vis-à-vis du mari de la femme coupable, parce qu'il a contribué à l'adultère. Il sera puni comme complice. Nous nous occuperons du sort du complice, après avoir parlé de l'adultère de la femme.

(B.) **Adultère de la femme.** Quel est le sort de la femme adultère ?

Le meurtre de la femme surprise en flagrant délit est légitime. Le mari d'abord a le droit de la tuer : « *In adulterio uxorem tuam si deprehendisses, sinè judicio impunè necares* » disait Caton[3]. Ce droit appartenait incontestablement au mari lorsque la femme était *in manu*. Lui

---

[1] Aulu. Gelle. *N. Att.* X. 23.5.
[2] Plaute. *Mercator*, acte IV, Scène 3, v. 3, ssq.
[3] Aulu Gelle. *Nuits att.* X, 23, 5.

appartenait-il également, lorsque la femme n'était pas *in manu*? C'est l'opinion de Gide : « Ce droit appartenait au mari comme mari, il résultait par conséquent non pas de la *manus*, comme on le croit d'ordinaire, mais du mariage lui-même[1] ». — Le père avait-il le même droit ? Si la fille n'était pas tombée *in manum mariti* et était *filia familias*, le père pouvait la tuer en vertu des droits absolus que lui conférait la puissance paternelle[2]. Si la fille était tombée *in manu mariti*, le père pouvait-il aussi la tuer? Il semble que non, d'après les principes généraux de l'organisation de la famille romaine[3].

La femme coupable n'est pas surprise en flagrant délit : elle ne peut être tuée, mais elle peut être jugée. « Elle sera jugée sans scandale et sans bruit au sein de la famille. » Les anciens Romains n'avaient pas infligé à l'épouse coupable la flétrissure des débats judiciaires ; ils voulaient que la honte domestique restât ensevelie au sein de la famille, et ils constituaient le mari et les parents juges souverains avec droit de vie et de mort[4]. Comment se compose ce tribunal de famille? Quelle est sa compétence? Sa procédure ? « Les juristes modernes, nous répond Gide, ont cherché parfois à déterminer avec précision la composition, la compétence, la procédure du tribunal de famille, leurs

---

[1] Gide. *Etude sur la condition privée de la femme*, 2ᵉ édition, p. 116.

[2] Le père pouvait aussi tuer sa fille non mariée, lorsqu'elle se souillait du *stuprum*; comme le rapporte Valère Maxime dans Attilius Philiscus. (liv. 6 ch. I).

[3] Nous verrons que, sous la loi Julia, le père pouvait tuer sa fille *in manu*; mais remarquons que sous cette loi, le mari n'avait pas le droit de tuer sa femme, et peut-être la loi, l'ayant enlevé au mari, le restituait au père malgré la *manus*.

[4] Gide. *Op. cit.*, p. 134.

recherches sont restées et devaient rester infructueuses. Cette juridiction en effet n'a rien de commun avec les magistratures publiques : elle n'est point réglée par les lois, mais par les mœurs. Sorte de censure domestique, son autorité est toute morale, et son organisation variable et incertaine, ne dépend que des usages et n'a jamais fait l'objet d'un règlement légal » [1].

Nous pouvons cependant déterminer la composition et le rôle probable de ce tribunal. La femme est-elle *in manu mariti ?* Primitivement le mari pouvait se faire son seul juge. Puis il s'entoura du tribunal de famille, conseil qui devait non seulement donner des avis, mais juger » Οἱ συγγενεῖς μετὰ τοῦ ἀνδρὸς ἐδίκαζον [2] » où prenait-on les membres de ce conseil ? Etait-il composé des agnats ou des cognats ? Les agnats de la femme tombée IN MANU sont les parents du mari ; ses cognats sont ses parents naturels. Juridiquement la femme tombée *in manu* n'avait de parents que ses *agnats*, les parents du mari : ceux-là faisaient partie du conseil. Mais ce tribunal composé exclusivement du mari et des agnats n'eût pas présenté les garanties d'impartialité suffisantes : on appelait avec eux pour juger la femme ses *cognats*, ses parents par le sang. Si la femme n'était pas *in manu mariti,* mais était FILIA FAMILIAS, elle avait pour juge son père investi en vertu de son droit de puissance paternelle du droit de vie et de mort. Le père n'était pas comme le mari nécessairement obligé de convoquer le conseil de famille ; mais tout porte à croire qu'il le convoquait habituellement. Enfin si la femme n'était, ni *in manu,* ni *in patria potestate,* mais

----

[1] Gide. *op. cit.* p. 116.
[2] Denys d'Halicarnasse, II, 25.

sui juris, il semble que ce jugement domestique n'était
plus possible. Il n'en est rien : lorsque la femme est *in
manu*, ce n'est pas le mari qui juge, c'est le conseil de
famille ; lorsque la femme est *in patria potestate*, ce sont
encore les parents. Ce sont eux qui jouent le rôle prépon-
dérant. Dès lors, pourquoi soustraire la femme *sui juris*
à leur juridiction ?

Telle était vraisemblablement la composition du conseil
de famille.

Quelle était la procédure suivie devant lui ? Aucune
procédure particulière.

Quels étaient ses pouvoirs ? Illimités, ou limités seulement par les mœurs. A l'origine, selon Denys d'Halicarnasse,
il prononçait la peine de mort « Θανάτῳ ξημιοῦν συνεχώρησεν [1] ».
Plus tard la peine fut adoucie, et celle généralement appliquée fut, d'après Tacite, l'exil à deux cent milles de Rome :
« *Exemplo majorum propinquis suis ultrà ducente-
simum lapidem removeretur* [2] ».

A côté de ce tribunal des proches, la femme pouvait
être traduite par un magistrat devant l'assemblée du
peuple, le juge ordinaire au criminel. » On en trouve des
exemples qui se rapportent sans doute à quelque grand
scandale. C'était alors une *multæ irrogatio*, et la peine
dût être assez forte, puisque dans un cas, cité par Tite-
Live (X, 31) l'amende infligée à quelques matrones fut assez
considérable pour qu'avec cette somme on put élever un
temple à Vénus [3] » .

Outre ces peines, la mort, l'exil et l'amende, il y avait

---

[1] Denys d'Halicarnasse, II, 25.

[2] Annales II, 50.

[3] Esmein : *Délit d'adultère à Rome* Rev. hist. 1878 ; p. 9

encore des peines pécuniaires : elles sont relatives à la dot de la femme.

Que devient la dot de la femme adultère ?

A l'origine, la dot est de sa nature perpétuelle [1] « *Dotis causa perpetua est* » (L. I, D. de jur. dot XXIII, 3). C'est-à-dire que le mari l'acquiert pour toujours. Il ne sera jamais obligé de la restituer à la dissolution du mariage, que cette dissolution se produise par son propre décès, ou par le décès de la femme, ou même par le divorce, disons plutôt par la répudiation. Dans ce dernier cas (le seul qui nous occupe) y a-t-il à ce que le mari conserve la dot, rien d'injuste ? Non. La répudiation n'était pas, dans les mœurs romaines primitives, un acte arbitraire : le mari prenait l'avis du conseil de famille. Valère Maxime rapporte que L. Antonius fut chassé du Sénat, pour avoir répudié sa femme « *nullo amicorum in consilium adhibito* », C'était le conseil de famille qui, statuant sur la répudiation, statuait aussi sur la restitution de la dot. Contre cette décision, la femme n'avait aucune action en justice. « On rapporte, dit Aulu-Gelle, que dans les cinq premiers siècles de Rome, il n'existait à Rome et dans tout le Latium, ni actions ni stipulations *rei uxoriæ*, sans doute parce qu'il n'en était pas besoin, les mariages n'étant point alors rompus par les divorces. Servius Sulpicius dit aussi, dans son livre sur la dot, que la nécessité des stipulations *rei*

---

[1] Quoique la doctrine contraire, à savoir que la dot est essentiellement temporaire ait été professée jusqu'à ces quarante dernières années avec pour elle l'autorité de Doneau et de Savigny, on nous saura gré de ne pas insister sur la doctrine de la perpétuité de la dot, produite pour la première fois en Allemagne par Bechmann et Czhlarz, et si lumineusement démontrée par Gide : *Du caractère de la dot en droit romain.*

uxoriæ ne se fit sentir que lorsque Spurius Curvilius répudia sa femme [1] » .

Rome avait alors plus de cinq siècles d'existence. « Les mœurs simples et sévères commençaient à se corrompre : le luxe et la mollesse pénétraient dans Rome avec les riches dépouilles de Carthage. La censure devenait impuissante ; les divorces se multipliaient, le mariage n'était plus qu'un honteux trafic, le mari gardait la dot et répudiait sa femme [2] ». Pour empêcher cet inique résultat, il fallait faire échec au principe de la perpétuité de la dot. Comment s'y prit-on ? Lorsque les premiers cas de divorce se produisirent, on imagina, dit le jurisconsulte Sulpicius, d'exiger du mari, lorsqu'il recevait la dot, la promesse formelle d'en rendre quelque chose au cas de divorce. Les termes habituels de cette promesse nous sont rapportés dans un curieux passage de Boëce, emprunté sans doute à quelque ancien jurisconsulte : « *Dos interdum his conditionibus dare solebat ut, si inter virum et uxorem divortium contigisset, quod melius æquius esset, apud virum maneret, reliquum dotis restitueretur uxori.* » C'était le conseil de famille qui décidait encore, suivant l'équité et les convenances (*quid melius æquius esset*), la partie de la dot que le mari devait garder et celle qu'il devait restituer. De cette restitution conventionnelle à la restitution légale, il n'y eut qu'un pas : l'action *rei uxoriæ* naquit. A côté d'elle continua à subsister *l'actio ex stipulatu.*

Voilà donc la femme en possession de deux moyens pour se faire restituer la dot : *l'actio ex stipulatu, l'actio rei uxoriæ.* Leur but était d'empêcher le mari de garder

---

[1] *Nuits Attiques*, IV, 3.

[2] Gide. *Caract. de la dot en dr. rom.* p. 511.

injustement la dot au cas de répudiation sans fondement. Aussi la loi vint-elle au secours du mari pour lui permettre de garder tout ou partie de la dot, lorsque la répudiation était fondée : elle créa l'*actio de moribus*.

Voyons le fonctionnement de ces actions dans les divers cas :

a) La femme répudiée ne réclame la dot ni par l'*actio ex stipulatu*, ni par *l'actio rei uxoriæ* : le mari a rassemblé les preuves de l'adultère. Il pourra prendre les devants par l'action *de moribus*, et se faire attribuer définitivement par le juge tout ou partie de la dot, à titre de peine contre la femme coupable.

b) La femme répudiée intente une action pour obtenir la restitution de la dot. Agit-elle par l'*actio ex stipulatu*? Cette action est une action de droit strict, qui ne permet au juge aucune appréciation, et dans laquelle le mari, même en prouvant l'adultère, sera condamné à la restitution de la dot tout entière. Alors le mari intentera l'*actio de moribus* et par un *judicium* séparé se fera attribuer la portion de la dot, dont la privation doit constituer une peine pour la femme. Cette action anéantira l'effet de l'*actio ex stipulatu* car, « *illud convenire non potest... ne de moribus judicetur.. ne publica coercitio privata pactione tollatur* [1] ».

La femme intente-t-elle l'*actio rei uxoriæ*? L'*actio de moribus* était inutile au mari. La formule de l'*actio rei uxoriæ* était « *in bonum et æquum concepta* » ; le juge doit rechercher « *quid æquius melius erit* » ; en vertu de ses pouvoirs larges, il absolvait le mari qui n'avait rien à restituer, on ne le condamnait qu'à restituer une partie de la dot, car

---

[1] L. 5 pr. D. XXIII, 4.

à l'origine on déterminait ce que le mari devait rendre. Plus tard, l'idée fut renversée, on détermina ce qu'il pouvait garder : c'est la théorie des « *retentiones ex dote* », parmi lesquelles la « *retentio propter mores* ». Le juge fut d'abord libre absolument de déterminer cette retenue sans limitation aucune. Plus tard, une loi fixa la quotité des rétentions : dans la « *retentio propter minores mores* » (on entend par là tout acte contre les mœurs, autre que l'adultère, par exemple : l'ivrognerie) la femme était privée du huitième de la dot ; dans la *retentio propter majores mores* (on entendait par là uniquement l'adultère), du sixième de la dot. L'*actio de moribus* était donc dans ce cas inutile.

Enfin, si la femme avait déjà obtenu la restitution de la dot, le mari qui n'avait pu faire valoir des droits qu'il ignorait, lorsque la femme intentait son action, pouvait encore intenter, après coup, l'*actio de moribus*.

Ainsi c'était pour la femme adultère : la mort ou l'exil et la privation du tout ou partie de la dot. On le voit la loi n'était pas tendre pour elle. Elle était au contraire très douce au mari qui, nous l'avons vu, restait impuni. Le fut-il toujours ? Non. C'est de cette restriction à l'impunité du mari que je veux dire quelques mots « *Utinam lex esset eadem uxori, quæ est viro* », dont se plaignait la vieille Syra, de Plaute. La loi ne devait pas être égale pour l'homme et la femme. Mais, postérieurement à Plaute, l'*Actio de moribus* fut accordée aussi à sa femme contre le mari adultère : d'après le droit commun, lorsque la dot a pour objet une somme d'argent, ou toute autre quantité ; « *quæ pondere numero mensurave continetur*, la restitution se fractionne en trois parties égales, qui deviennent successivement exigibles un an, deux ans, trois ans, après la dissolution du mariage (Ulp. VI, § 8). Par l'action *de moribus*, accordée à la femme, le mari adultère perd le bénéfice de ces termes. Et si la dot avait pour objet des corps certains, que, d'après le droit commun, le mari devait restituer immédiatement, il était condamné, grâce à cette action, à payer en plus « *quantum in illa dote, quæ triennio redditur repræsentatio facit* » (Ulp. fr. VI, 13). Mais cette peine, infligée, au mari, n'était rien, comparée à celle que subissait la femme.

Arrivons au sort du complice.

(C) **Le complice.** Le mari, qui surprenait les adultères en flagrant délit, pouvait TUER le complice avec la femme. Ce droit du mari sur le complice pouvait se justifier soit par l'inviolabilité du domicile, soit par la légitimité de la vengeance privée comme dans le cas de *fur nocturnus*.

Le mari, qui ne voulait pas tuer le complice, pouvait lui infliger TEL CHATIMENT CORPOREL que lui inspirait la colère ou la vengeance. Voici des exemples de peines, cités par Valère Maxime [1].

« *Sed ut eos quoque, qui in vindicandi pudicitiâ, dolore suo pro publica lege usi sunt, strictim percurram :*

1° *Sempronius Musca C. Gallium deprehensum in adulterio* FLAGELLIS CECIDIT.

2° *Memnius Octavium similiter deprehensum* NERVIS CONTUDIT.

3° *Carbo Accienus a Vibieno, item Pontius a P. Cornio deprehensi* CASTRATI SUNT.

4° *Cn etiam Furium Crocchum qui deprehenderat familia* STUPRANDUM OBJECIT. »

---

[1] Valère Maxime. VI, §§ 11, 12, 13.

Plaute [1], Horace [2], Aulu-Gelle [3], indiquent des peines analogues.

Enfin, le mari qui ne voulait pas châtier corporellement le complice surpris en flagrant délit, pouvait *enchaîner* l'homme, appeler des témoins pour constater l'adultère, puis amener lui-même le coupable devant le magistrat qui lui appliquait une peine fixée par la loi ou par l'usage. Cette peine était vraisemblablement *pécuniaire*. De plus, l'effet de la sentence était de rendre le condamné *intestabilis* [4].

---

[1] Plaute. *Miles glor*. acte V. sc. dernière.

[2] Horace. Epit. I, voy. 38, 44, 142.

[3] Aulu-Gelle. *Nuit att*. XVIII, 18.

[4] M. Esmein hasarde cette hypothèse très-vraisemblable et l'appuie sur les textes et les considérations qui suivent. — Le mari pouvait *enchaîner* l'adultère : l. 7, § 4, D. IV, 3 » *qui in adulterio deprehensus timuit mortem vel vincula*; » nous aurions dans cette pratique l'origine antique de la disposition de la loi Julia qui permet au mari de garder vingt heures emprisonné chez lui l'adultère qu'il a surpris *testandæ hujus rei causa* » (L. 25 pr. §5, D. 48, 5.) — La peine était *pécuniaire* : *Priùs adulterii pœna pecuniaria erat* »)Acron. *in Horat*. Satir. II, 1, v, 46 Edit. Orelli.) — Enfin, le condamné était *intestabilis*. (Plaute, Miles glor. acte V, sc. dernière).

« Si intestatus non abeo hinc, benâ agitur pro noxiè
. . . . ut vivam semper semper intestabilis !

Intestatus ! intestabilis ! Ces mots signifient juridiquement « Sans contestation par des témoins et incapable d'être témoins. » Plaute, il est vrai, joue tout le temps sur ces mots avec des allusions obcènes : « La plaisanterie, dit M. Esmein, consistait à jouer sur des mots ayant un sens juridique bien connu » (op. cit. p. 40, note 5).

Dans le cas où le complice n'était pas surpris en flagrant délit, il pouvait être traduit par le magistrat devant l'assemblée du peuple.

Nous allons avec la loi Julia trouver une organisation pénale plus savante et plus compliquée.

DEUXIÈME PÉRIODE

L'ADULTÈRE SOUS LA LOI JULIA

La Loi Julia, « *Lex Julia de adulteriis et pudicitiâ* » (Suet. *Aug.* 34), appelée aussi, *Lex Julia de adulteris et stupro* (C. ix. 9) fait partie de cet ensemble de réformes par lesquelles Auguste espérait ramener dans Rome les vieilles mœurs[1]. Elle fut votée en l'an 736 ou 737 de Rome (16 av. J-C.).

Les mœurs naïves de l'antique cité avaient disparu dans les derniers siècles de la République. Pour les anciens Romains la débauche était, non pas un vice, mais une monstruosité. « *Impudicitia monstrum erat , non vitium*[2]. » A la fin de la République, elle n'était déjà plus un vice. Sous l'Empire, elle devait être comme une gloire. Certainement, l'adultère n'était pas inconnu des premiers Romains :

> Antiquum et vitus est alienum, Postume, lectum,
> Concutere...
> Viderant primos argentea sœcula mœchos[3].

Néanmoins l'adultère était encore une exception. Mais

---

[1] Après la loi Julia *de adulteriis* vinrent : la loi Julia *de maritandis ordinibus* rendu en l'an 757 de Rome (an IV ap. J.-C.); puis la loi *Papia Poppœa* promulguée en l'an 762 (an 9 ap. J.-C.). La loi Julia était destinée à protéger le mariage et les bonnes mœurs ; celles-ci à les encourager, en édictant des incapacités contres les célibataires.

[2] Sénèque, XIII, 70.

[3] Juvenal. *Satir*,

la richesse et le luxe succèdent, avec les conquêtes, à la pauvreté primitive ; et, comme les mœurs de l'ancienne Rome étaient celles de la pauvreté, les mœurs de la nouvelle sont celles de la richesse. Les mœurs rudes et même grossières, font place aux raffinements d'une civilisation corrompue. Et une fois la corruption répandue dans Rome, elle n'y trouva plus de digues : « Les Romains violents et grossiers s'y plongèrent sans mesure, et comme la femme jouissait auprès d'eux d'une liberté très grande, la débauche pénétra au sein de la famille, et vint souiller jusqu'au sanctuaire du foyer [1] ». Les hommes ne demandèrent plus à leurs femmes de la vertu, mais de l'argent. — « Pourvu que la dot y soit, le vice n'est plus vice [2]. — « Hélas ! en recevant l'argent de la dot, j'ai vendu ma puissance » dit Demenète [3].—« J'ai fait part, dit Mégadore, à plusieurs de mes amis de mon projet de mariage. Ils disent tous du bien de la fille d'Euclion ; ils m'approuvent fort ; c'est, disent-ils, une idée très sage. En effet, si tous les riches comme moi prenaient sans dot les filles des citoyens pauvres, il y aurait dans l'Etat plus d'accord. Nous exciterions moins de haines, et les femmes seraient plus contenues par la crainte du châtiment... une épouse richement dotée est un fléau, une désolation ! [4] » — Ainsi le besoin du luxe conduisait aux mariages d'argent ; et, si la dot était pour la femme un instrument de puissance, elle était pour le mari une cause d'abaissement.

La loi Oppia (540) avait commencé à opposer au luxe des femmes, une barrière en défendant aux romaines

---

[1] Gide. *Cond. de la f.* p. 120.

[2] Plaute. *Perse* v. 378.

[3] Plaute. *Aulularia* v. 72.

[4] Plaute *Aulularia* v. 431 sq.

d'avoir plus d'une demi-once d'or, de porter des vêtements de couleurs variées, et de se servir de litières
dans Rome. Mais cette loi fut abrogée, malgré l'élo-
quence prophétique du vieux Caton : « Lâchez la bride,
disait-il, à cette nature violente, à cet animal indompté,
et vous verrez si vous serez assez puissants pour lui
faire maîtriser ses emportements ». C'était quelques années
plus tard qu'éclatait cette vaste conspiration contre les
mœurs publiques, qu'on nomma la conspiration des Bacchanales [1]. Caton vaincu, parvint néanmoins à faire
voter une seconde loi, la loi Voconia (585), qui, en limi-
tant pour les femmes la capacité de recevoir par testament, avait pour but de diminuer l'importance que leur
donnait la richesse, et de relever l'autorité du mari.

Efforts inutiles ! la licence devint telle, que maris et
femmes vivaient hors du foyer, indifférents à leurs infidélités réciproques. « C'est être vraiment trop rustaud que
de se plaindre des trahisons de sa femme, c'est n'avoir
aucune idée des mœurs de la Ville :

> « Rusticus est mimium quem lœdit adultera conjux
> « Et notas mores non satis Urbis habet. [2] »

La loi Julia paraît ! la répression de l'adultère n'appartient plus exclusivement au père et au mari ; l'accusation est ouverte à tous les citoyens. Tous pourront
accuser la femme d'adultère et le mari de stupre. Ce fut
une révolution qui fit grande impression sur les esprits. Il
n'y avait plus de mœurs, voici la Loi. « Le pouvoir, disait Horace, a mis un frein à la licence et l'a ramenée
dans le bon ordre, en arrêtant ses coupables écarts. Au-

[1] Tite-Live.
[2] Ovide. Amor II, 4.

jourd'hui la foi conjugale redoute toute inculpation. Nul commerce criminel ne souille la chasteté de l'hymen... Les mœurs et la loi ont banni les honteux dérèglements qui s'étaient introduits dans les familles. On se réjouit de voir de la ressemblance entre les enfants d'une même mère. S'il y a faute, elle est immédiatement réprimée[1]. » C'est à croire que depuis la loi Julia, les mœurs et la loi, *mos* et *lex* sont d'un parfait accord. Pure illusion ! Horace était un poète offciel. N'est-ce pas aussi lui, qui avait dit :

> ... Quid leges sine moribus
> Vanæ proficiunt ?
>
> (*Horace* Ode III).

Nous diviserons l'étude de la loi Julia en trois chapitres :

CHAPITRE I : *Eléments essentiels.*

CHAPITRE II : *De la Procédure.*

CHAPITRE III : *De la Pénalité.*

---

[1] Horace. Ode, IV.

CHAPITRE PREMIER

DES ÉLÉMENTS CONSTITUTIFS DE L'ADULTÈRE

La *Lex Julia*, désignée au Digeste (XLVIII, 5) sous la rubrique : « *Lex Julia de adulteriis coercendis* », et au Code (IX, 9) sous la rubrique : « *Lex Julia de adulteriis et stupro* », appelée par Suétone (aug. 34) « *Lex Julia de adulteriis et pudicitiâ* » prévoit, non seulement l'adultère, mais encore tous les autres délits contre les mœurs : c'est une loi de moralisation. Elle punit le *stupre*, l'*adultère*, et le *lenocinium*. Cette étude a pour objet principal l'analyse des éléments constitutifs de l'adultère, mais nous la ferons précéder de la notion du stupre et suivre de celle du lenocinium.

§ 1. Stupre.

Qu'est-ce que le stupre ?

Les mots *stuprum* et *adulterium* opposés l'un à l'autre ont deux sens très distincts. Cependant la loi les emploie abusivement l'un pour l'autre : *stuprum* pour *adulterium* et aussi : *adulterium* pour *stuprum*. *Stuprum* mis à la place de *adulterium* manque de précision, c'est le terme générique à la place du terme spécial, le stuprun est le genre dont l'adultère est une espèce ; mais *adulterium* mis à la place de *stuprum* peut être inexact, car si tout adultère est un stupre, tout stupre n'est pas un adultère, et cependant cette confusion existe dans les textes (l. 101 pr. D. 1, 16 ; *in fine*). La première confusion est fréquente, la seconde plus rare.

Le mot stupre a donc deux sens : un sens générique, vague, large ; un sens spécial, technique, strict :

1° *Lato sensu, stuprum* signifie *dedecus, probrum, turpitudo* [1] ; toute corruption honteuse d'une femme ou d'un enfant [2], en un mot tout acte contre les mœurs.

2° *Stricto sensu*, et par opposition à l'adultère : *stuprum* signifie « *turpis concubitus cum virgine vel viduâ* » des rapports avec une fille ou une veuve ; *adulterium* s'entend des relations avec une femme mariée *cum nuptâ*, Les textes ont au sujet de cette opposition une précision remarquable (l. 6, § 1, D. h. ; — l. 101 pr. D. L. 16, l. 34, § 4, D. XLVIII, 5).

Voilà le sens du mot fixé : le stupre est l'acte immoral, *turpitudo* ; c'est le *concubitus* avec une fille ou une veuve. Mais tout acte immoral, tout *concubitus* est-il puni par la loi ? L'acte immoral qui vise la loi est l'acte honteux de ceux « *qui cum masculis nefandam libidinem exercere audent*» ; le *concubitus* puni, c'est le *concubitus* avec une fille ou une veuve « *honestè viventes* » [3]. Quel état moral révèle une telle législation !

---

[1] Plaute. *Amphytr*. Vers 728. Alcmène injustement accusée par Amphytrion s'écrie :

« Durare nequeo in œdibus ; ita me probri
« Stupri, dedecoris a viro argutam meo »

[2] Cicéron. *Pro domo* XL, 103.
Tacite. *Annales* VI, 1.

[3] Inst. IV, 1854. La loi dit « *honestè viventem* » et non « *honestè viventes* » : le texte de la loi parle de la *virgo* et de la *vidua* ; les mots « *honestè viventem* » ne s'appliquent qu'à la veuve, mais le

§ 2. Adultère.

Définition : L'adultère est le *concubitus*, l'acte sexuel intentionnellement et volontairement accompli par une personne mariée avec une autre personne que son conjoint.

De cette définition il résulte, avons-nous dit, que :

Trois éléments sont essentiels pour constituer l'adultère : 1° élément (matériel) : l'acte sexuel; 2ᵉ élément (juridique) : le mariage, 3ᵉ élément (intentionnel) : le dolus malus.

I. Elément (matériel) : *L'ACTE SEXUEL.*

Les textes, si analytiques sur les autres éléments constitutifs de l'adultère, ne nous révèlent celui-ci que par suggestion. Notre intention n'est pas d'y insister. Rappelons, cependant ici, quelques expressions, trouvées dans les textes ou les auteurs, et qui sont la paraphrase du mot *adulterium*. Pour exprimer le flagrant délit, Papinien dit *in ipsa turpitudine* ; nous lisons au Digeste (1. 2, § 3 D. h. 1), *qui patitur uxorem suam delinquere*; et dans Aulu-Gelle (n. att. 23, 4)» *si cum alieno viro mulier probri quid fecit» : turpitudo, delinquere, quid probri* portent en eux l'idée d'une flétrissure morale, plutôt que d'un acte matériel. On avait aussi, pour exprimer le flagrant délit, une expression moins indignée que *in ipsâ turpitudine*, c'était celle-ci : *in ipsis rebus Veneris*. Ailleurs, nous voyons que la femme s'est offerte «*se præbuit* ». Tout cela manque de précision. Juvénal dit (Sat. 6) : *alienum lectum concutere* ; Ovide,

mot *virgo* porte en lui-même le sens de jeune fille de mœurs honnêtes; le mot fille par lequel je traduis, *virgo* n'ayant pas la même nuance, j'ai été obligé pour donner le sens du texte, de remplacer le singulier par le pluriel.

casta légitimè fallere jura tori. »; Isidore (orig. 5, 26, 3,)
« *alterius torum commaculare* » : ici nous avons déjà plus
de précision ; nous voyons la souillure du lit conjugal.

Enfin, il y a au Digeste des expressions encore plus précises. (f. 144, D. L , 16).

II. Elément (juridique) : *LE MARIAGE.*

A Rome, l'union régulière des sexes n'avait pas une
forme unique ; elle revêtait quatre types :

1° Les *Justæ nuptiæ sive matrimonium* ; c'était la forme
la plus élevée de l'union de l'homme et de la femme, réservée aux seuls Romains.

2° Le *matrimonium non legitimum* ou *matrimonium
sinè connubio*, union inférieure aux « *justæ nuptiæ* »,
mais supérieure au « *concubinat* », véritable mariage
entre deux personnes libres qui n'avaient pas ensemble
le *connubium* : cette union se formait entre Latins, ou
entre Pérégrins, ou entre Latins et Pérégrins, ou entre
Romains et Latins ou entre Romains et Pérégrins ; donc
entre personnes dont l'une au moins n'est pas Romaine.

3° Le *concubinat* était-il simplement un concubinage
que la loi ne punissait pas des peines du stupre? était-il
une union inférieure, un quasi-mariage, qui produisait des
effets juridiques ? nous n'entendons pas ici prendre partie sur cette controverse célèbre, dont la solution n'a
pas du reste une très grande influence en notre matière[1].

---

[1] Cette controverse s'éleva entre M. Gide et M. Giraud. Gide dans un
mémoire communiqué à l'Académie des sciences morales et politiques

4° Le *contubernium*, union continue de deux esclaves, ou de deux personnes dont l'une au moins est esclave.

En dehors de ces unions régulières, il n'y a que simple rapprochement, dont la loi ne règle ni la formation ni les conséquences.

Ces notions rappelées, demandons-nous dans quels cas et comment la loi sanctionne la violation de ces unions. Quelles sont les personnes dont la loi punit les adultères ?

L'adultère du mari n'est pas puni : la loi Julia, suivant en cela le droit antérieur, ne réprime pas le mari qui viole la foi de son mariage. Le mot *adulter* ne signifie pas, dans les textes classiques, l'homme qui trompe sa femme, mais l'homme complice d'une femme mariée adultère. La loi ne fait pas à l'homme marié une situation autre qu'au célibataire, et cette situation est celle-ci : les relations avec une femme mariée constituent un adultère, les relations avec une femme non mariée, qui est une *matrona honesta* constituent un *stupre* ; les relations avec une femme mariée qui n'est pas une « *matrona honesta* » sont indifférentes à la loi.

L'adultère de la femme est puni ; l'est-il dans toutes sortes d'unions ?

a) La femme unie à son mari en *justes noces* tombe sous le coup de la loi Julia.

(1880 § 1, p. 694), soutint que le *concubinatus* était un concubinage, indifférent à la loi pénale. Giraud lui répondit (Acad. des sciences mor. et pol. t. 2 p. 543) que le *concubinatus* ou concubinat était une institution civile, un *semi matrimonium* produisant des effets juridiques. Giraud mourut avant la fin de la discussion qui, nous le croyons, en est toujours là.

Cpr Durand : *De la famille hors la loi*. Th. 1885.

La loi se sert, pour désigner celle qu'elle frappe, du mot *mater familias* (L. 8, 10, D.) le sens de ce mot a donné lieu à des difficultés :

D'après une ancienne terminologie, usitée encore au temps de Cicéron, la *materfamilias* était l'*uxor* qui était *in manu mariti*. Le mot *uxor* était un terme générique ; il y avait deux sortes d'uxores : la *materfami·lias* qui était l'*uxor* tombée *in manu mariti*, et l'autre qui était l'*uxor* proprement dite. « *Genus est enim uxor : ejus duæ formæ ; una matrumfamilias : eæ sunt quæ in manum convenerunt ; altera earum quæ tantummodo uxores habentur* [1] » (Topica III, 14).

Mais, dans la loi Julia, le mot *materfamilias* n'a plus cette vieille signification : il désigne toute femme unie à son mari en justes noces, qu'elle soit ou non *in manu mariti*. *Materfamilias* est synonyme de *nupta* ; aussi Papinien peut dire : » *Adulterium in nupta committetur* [2]. »

La loi ne distinguait donc pas entre l'uxor *in manu* et l'uxor qui n'était pas *in manu*.

Elle ne distinguait pas davantage *l'uxor justa* de « *l'uxor injusta* ». (L. 13, § 1, D. h. t.4).

Le mariage, on le sait, fut longtemps interdit entre ingénus et affranchis. Nous en avons la preuve dans un Sénatusconsulte qui accorda comme faveur exceptionnelle à l'affranchie *Hispala Fecenia*, dénonciatrice des bacchanales, d'épouser un ingénu (Tite-Live XXXIX, 19). Un

---

[1] V. aussi Aulu Gelle. N. att. XVIII, 6, 3.

Aulu Gelle donne la raison de cette dénomination ; « *Anoniam non in matrimonium tantum, sed in familiam quo que mariti et in sui herdis locum venisset* ».

[2] L. 6, § 1, D. ad lex Jul. de ad.

mariage étant contracté malgré cette prohibition, l'infidélité de la femme eut été un adultère punissable.

Cette prohibition, qui existait encore lorsque fut votée
la loi Julia de *adulteriis* (736 ou 737 de Rome), fut supprimée par les lois Caducaires : la loi Julia, *de maritandis ordinibus*, (757 de Rome, 4 ap. J.-C.) et la loi Papia Poppœa (762 de R., 9 ap. J.-C.). Ces lois attachaient
de grandes déchéances au célibat ; elles devaient faciliter le
mariage.

Cependant les lois Julia, en abolissant cette prohibition,
en conservent quelque chose, (L. 44 D. 23, 2) : « *Lege
Julia ita cavetur : Qui senator est, quive filius, ne-
posve ex filio, proneposve ex filio nato. Cujus eorum est,
erit : ne quis eorum sponsam uxorem ve sciens dolo
malo habeto libertinam, aut eam quœ ipsa, cujusve
pater, materve artem ludicram facit, fecerit, neve
senatoris filia, neptisve ex filio, proneptisve ex nepote,
filio nato, nata : libertino cive, qui ipse, cujusve pater,
materve artem ludicram facit, fecerit : sponsa, nup-
tave sciens dolo malo esto : neve quis eorum dolo malo,
sciens sponsam uxoremve eam habeto* » — Ulpien (XIII,
§ 1) ajoute : « *item corpore quœstum facientem* ». Nous
voyons donc que d'après cette loi, les Sénateurs, leurs
enfants au premier degré, et leurs autres descendants
par les mâles, ne peuvent se marier avec les affranchis
ou affranchies, les comédiens ou comédiennes (*artem
ludicram*) et leurs enfants au premier degré, les prostituées (*quœ corpore quœstum faciunt*).

Ce n'est pas tout : (Ulp. XIII, § 2 ; XVI, § 2) d'après
les mêmes lois, l'ingénu ne peut contracter mariage avec
une *lena*, l'affranchie d'un *leno* ou d'une *lena*, la femme
prise en adultère ou condamnée sur une accusation pu-

blique, la comédienne, et d'une manière générale toute femme notée d'infamie. A remarquer que le mariage n'est pas interdit entre la femme *ingénue* et l'homme *infamis* : est-ce parce que la femme s'abaisse moins facilement que l'homme à une union inférieure ?

Ces mariages, prohibés par les lois, étaient-ils nuls ? étaient-ils valables? Nuls d'après Accarias, valables d'après de Savigny qui pense qu'ils étaient seulement inefficaces pour éviter l'application des règles sur la *capacitas*, c'est-à-dire que les époux auraient seulement été traités comme célibataires en ce qui concerne l'application des lois caducaires. En admettant avec M. Esmein que, malgré les raisons très sérieuses de M. Accarias, l'opinion de M. de Savigny soutenue avec une très grande force soit la plus vraisemblable, l'infidélité de la femme est-elle dans une telle union un adultère punissable? Le doute n'est pas possible : l'adultère est punissable ; c'est le sens des textes qui parlent de l'*uxor justa sive injusta* et de l'*uxor contra leges nupta* ». (L. 24, § 3, D. h. t. L. 13, §, 1). — Ainsi pas de distinction : toute femme mariée en justes noces *uxor nupta*, qu'elle soit *in manu* ou non, qu'elle soit *justa sive injusta* est frappée par la loi : *Hæc lex ad omnia matrimonia pertinet* » (L. 13, § 1, D. L. 1.).

Mais cette règle est-elle absolue? ne faut-il pas faire une distinction entre la *matrona honesta* et les femmes de condition vile : affranchies, comédiennes, maîtresses d'auberge, prostituées? La différence existe entre ces deux catégories de femmes tant qu'elles ne sont pas mariées : la loi surveille les mœurs de la *matrona honesta*, ses dérèglements sont punis, ils constituent un *stupre :* mais la loi ne s'occupe pas de la conduite des autres femmes ; sur

elles « *stuprum non commititur* » (L 1, § 1, D. XXV. 7) de
telle sorte qu’on vit des matrones se faire inscrire à la
police des mœurs par une déclaration devant les édiles
pour éviter comme prostituées les peines du stupre. Cette
différence entre la *matrone* et les autres femmes existe-
t-elle pendant le mariage? Celle qui, non mariée ne com-
mettrait pas un stupre, mariée peut-elle être coupable
d’adultère ? [1] Non, disent les uns : « *adulterii crimen in
eâ cessat* » (L. 22, C. IX, 9); oui, disent les autres : « *in
eâ uxore, quœ vulgaris fuerit, potest maritus adulterium vindicare.* » (L. 13, § 2, D. h. t). On objecte au premier texte, qu’il ne règle pas le sort dé la femme, mais
ainsi que nous le verrons celui du complice. Ne pourrait-
on pas répondre au second qu’il vise les mœurs de la
femme avant le mariage, *quœ vulgaris fuerit*, celle
qui avant son mariage était à qui voulait la prendre ? A
notre avis, la distinction subsiste, à condition d’en dépla-
cer un peu le sens : avant le mariage et au point de vue
du stupre, on distingue entre la femme de bonne société,
et la femme de condition inférieure, telle que l’affranchie
par exemple; après le mariage, et au point de vue de
l’adultère il faut distinguer entre la *mater familias*, la
femme *quœ non inhoneste vixit*. (L. 46, § 1, D. L. 16)
et les prostituées de profession, les lenœ et auxquelles
il faut assimiler les maîtresses d’auberge, « *hœ autem
immunes a judiciariâ severitate, et stupri et adulterii
prœstentur quœ vitœ vilitas dignas legum observatione
non credidit* » (L 29, C. h t.).

Donc, excepté les prostituées, toutes les femmes mariées

---

[1] Ce point faisait l’objet d’une vive controverse entre nos anciens
auteurs (V. Matthœus de crim. p. 297). — Esmein. Cpr. *Op. cit.* p. 19.

tombent sous le coup de la loi : « *Hœ lex ad omnia matrimonia pertinet* »

b) Dans *le mariage de droit des gens*, la femme pouvait-elle être adultère ? Ici, il n'y a pas de *connubium* : les termes de la loi ne cadrent plus, mais son esprit est certain. « Le droit pénal ne devait plus être limité par l'idée étroite de la cité, il ne s'agissait plus de réserver aux citoyens romains un bénéfice, mais d'arrêter la contagion de l'immoralité dans ce monde de Rome où se mêlent les nations [1] ».

c) L'infidélité de la *concubine* est-elle punie ? — Dans le système de Gide, le concubinat n'est pas une union consacrée par la loi, une institution juridique, la loi ne s'en occupe qu'au point de vue pénal. L'union des sexes, d'après lui, considérée au point de vue juridique peut présenter trois caractères : ou elle est un mariage, que la loi consacre ; ou elle est un stupre, que la loi punit ; ou elle est un acte indifférent aux yeux de la loi, ni légitime ni criminel, c'est le concubinat. Le concubinat se trouve donc placé entre deux faits légaux : les *justœ nuptiœ* et le *stuprum*. La limite qui sépare le concubinat du mariage, la concubine de l'uxor, c'est la possession d'état « *concubina ex solâ animi destinatione œstimari oportet* ». Quelle est la limite qui sépare le concubinat du stupre ? Tout dépend de la condition de la concubine : avec les matrones, le concubinage était un crime, un stupre ; c'était seulement avec les femmes de rang inférieur, ou avec les femmes de naissance déchues du rang de matrone par leur libertinage, que le concubinat était licite.

Est-il besoin dès lors de se demander si la concubine pou-

---

[1] Esmein, op. cit . 18.

vait être accusée d'adultère? Non; puisque la loi ne punit que
la *matrona honesta* pour la protéger contre les mauvaises
mœurs (L. 6. pr. L. 13, § 6 D. 48, 5). Cependant nous
avons, dans les textes un cas incontestable, où la concubine peut être accusée d'adultère, c'est l'affranchie que son
patron a prise pour concubine (L. 41, § 23, 2. D ; L. 13 pr.
D. ad leg. Jul.). Gide explique cette obligation de fidélité,
non par le seul lien du concubinat, qui produirait cet effet
juridique, mais par l'acte d'affranchissement. C'est le devoir
d'obéissance, *obsequium*, que l'affranchie devait à son patron qui devenait pour la concubine le devoir de fidélité.
Dans le système de Giraud, qui fait du « *concubinatus* »
une institution juridique, civile, ayant des effets juridiques reconnus, avons-nous en ce qui concerne l'adultère, une différence bien marquée? Non. Car les deux
systèmes s'accordent sur le point de savoir quelles personnes on peut prendre pour concubines. Avec les
affranchies le concubinat est toujours permis ; avec la
femme ingénue est-il permis également ? Oui, si elle est
de basse condition et de mauvaises mœurs ; non, si elle est
de condition honorable et de mœurs pures. Dès lors, est
d'abord écartée la matrone qui encourt les peines du stupre,
et cesserait d'être honorable par le seul fait du concubinat.
Reste la femme de basse condition et de mœurs mauvaises,
et l'affranchie. En ce qui concerne l'affranchie, on recon-
nait qu'elle pourra être accusée d'adultère, l'explication
seule diffère : ce sera en vertu du lien du concubinat qui
l'oblige à la fidélité[1], et non en vertu de l'*obsequium*. En

---

[1] Il faut ajouter que dans ce système, la concubine pourrait être accusée d'adultère, même par un autre que son patron ; ce qui ne pourrait exister dans le système précédent, puisque de notre hypothèse
l'obsequium ferait défaut.

ce qui concerne la femme de mœurs mauvaises, aucune hésitation, elle est « *extra pœnam legis posita* ». La difficulté ne subsiste donc que relativement à la femme de condition inférieure et de mœurs pures qui, si le concubinat est un *matrimonium* inférieur, serait tenue de l'obligation de fidélité [1].

d). Contubernium. Le *contubernium* est l'union continue de deux esclaves ou de deux personnes, dont l'une au moins est esclave. Ce n'est pas là, à proprement parler, un mariage, c'est un accouplement. « La femme esclave est une femelle, non une épouse [2]. »

Dès lors, nous ne devons pas nous étonner que les lois relatives à l'adultère et au stupre, ne concernent pas les esclaves ; c'est logique. (L. 6. pr. D. h. t.) « : *Inter liberas tan‑tum personas adulterium stuprumve passas, lex Julia locum habet...* » La loi Julia ne concerne que les personnes libres. Alors le stupre et l'adultère commis avec un esclave n'auront pas de sanction légale ? — Papinien ajoute : « *quod autem ad servas pertinet, et legis Aquiliæ actio fa‑cilè tenebit, et injuriarum quoque competit, nec erit deneganda prætoria quoque actio de servo corrupto...* » Donc trois actions seront données pour réprimer l'adultère ou le stupre avec l'esclave : 1º l'action *legis Aquiliæ* 2º l'action *injuriarum,* 3º l'action de *servo corrupto...* L'action de la loi Aquilia est donnée contre celui qui a commis un stupre avec une esclave impubère, *virgo imma‑turata* (L. 25, de inj. XLVII 10.). Mais l'esclave mariée, *con‑*

---

[1] Nécessairement forcé d'être incomplet sur la discussion de ces deux systèmes, nous n'avons pas contre notre habitude, cité des textes ; on se reportera aux auteurs eux-mêmes dont la discussion présente un si vif intérêt.

[2] Esmein. *Op. cit.* p. 21.

tubernalis, est forcément pubère : donc le stupre, ou l'adultère, quand il y a contubernium, ne donne lieu qu'aux deux
actions : 1° *injuriarum*. 2° de *servo corrupto*. — Ce n'est
pas tout : Papinien ajoute *in fine* dans le texte dont nous
poursuivons la lecture, » *nec propter plures actiones
parcendum erit in hujusmodi crimine reo* », et par là il
faut entendre qu'outre ces *actions civiles*, il y avait pour
réprimer celui qui a deshonoré l'esclave un *judicium criminale extra ordinem*.

Si nous voulions développer notre question sous une
forme plus analytique, nous dirions : L'adultère peut être
commis soit par la femme esclave, soit par l'esclave mâle.
Dans le premier cas, c'est-à-dire lorsque l'adultère est
commis par la femme esclave, l'esclave mâle n'a pas d'action
c'est un principe de droit que l'esclave ne peut figurer en
justice (L. 107, *de reg. jur.* L., 17). C'est au maître qu'appartient la répression contre l'esclave elle-même, il a pour
la punir tous les droits que lui confère sa puissance de
maître, sa *dominica potestas*, par conséquent même le droit
de vie et de mort ; mais le maître romain usera peu de ce
droit, l'esclave est une valeur pécuniaire. Contre le complice de l'esclave le maître a, nous l'avons dit, les actions
injuriarum et de *servo corrupto*. Inutile d'ajouter que si
c'est lui, le maître, qui s'est servi de son esclave pour sa
satisfaction, il n'a fait qu'user de son droit. Cependant,
plus tard, une constitution d'Antonin le Pieux (Inst. I. 8
§ 2) obligea le maître qui aurait, pour ce motif, maltraité
son esclave, à la vendre, car « il importe à la chose publique
que nul n'abuse de sa propriété ». Au second cas, c'est-à-
dire lorsque l'adultère est commis par l'esclave mâle, la
femme évidemment n'a pas d'action ; même la femme libre
n'en aurait pas, puisque l'adultère du mari est impuni ;

quant au maître il aura contre l'esclave mâle les mêmes droits que contre la femme esclave, par conséquent même le droit de vie et de mort, dont il usera peu pour ne pas perdre la valeur de l'esclave ; mais, sans la perdre, il pourra le mutiler (la castration des esclaves ne fut prohibée que sous Domitien) ; contre la complice de l'esclave mâle il aura les mêmes actions que contre le complice de la femme esclave. Le sénatus-consulte Claudien augmente la sanction : le maître, par trois sommations faites à une femme libre qui persistait à entretenir des relations avec l'esclave à lui appartenant, faisait perdre à cette femme sa liberté et ses biens.

Ainsi dans le *contubernium*, ce n'est pas d'adultère qu'il faudrait parler, mais de *stuprum* : les relations avec l'esclave, *contubernalis* ou non, sont un stupre, régi par des règles particulières ; elles ne sont pas un adultère.

III. Elément (Intentionnel) : DOLUS MALUS.

Le troisième élément constitutif de l'adultère est l'*intention coupable*.

C'est dans le texte même de la loi : « *Ne quis posthac stuprum adulterium facito sciens dolo malo* » (L. 12 pr. D. h. t.). Cet intention fait défaut dans les cas d'erreur et de violence.

Les textes de Digeste font plusieurs applications de ce principe.

a) Erreur : L'erreur peut exister chez la femme ou le complice.

Chez la femme, l'erreur peut porter sur l'identité de la personne avec qui elle accomplit l'acte : elle croit s'unir à son mari, elle subit les approches d'un étranger. Ce cas doit, par la force des choses, être extrèmement rare [1]. L'erreur peut porter aussi sur l'existence du mariage : une femme dont le mari était absent a appris la nouvelle de sa mort; elle se remarie, bientôt après le mari revient, que faut-il décider contre cette femme? Papinien répond : c'est une question tant de fait que de droit, car si la femme a passé longtemps sans commettre aucun stupre, et que, trompée par de faux bruits, elle se soit remariée, c'est une erreur, il n'y a rien là qui paraisse mériter vengeance; si au contraire la femme s'est fait de la mort imaginaire de son mari un prétexte pour contracter un nouveau mariage, il y a là une absence de pudeur qui doit être punie suivant la gravité des faits (L.11 § 12 D.h.t). Le droit est donc placé dans le fait, et la détermination en est laissée à l'arbitraire du juge.

L'erreur du complice consiste dans l'ignorance du mariage de la femme : la femme est mariée, il la croit fille, veuve ou divorcée. Une femme, par exemple, est répudiée; la répudiation n'est pas conforme aux lois [2]; la femme est donc encore mariée; quelqu'un l'épouse : savait-il que la répudiation n'était pas valable? le dol existe, il sera coupable d'adultère; l'ignorait-il? il ne sera pas adultère, parce que, répond Salvus Julianus, l'adultère ne peut être commis sans intention « *quia adulterium (inquit) sine*

---

[1] Le premier exemple nous en est offert par la Genèse : Laban, après avoir promis à Jacob sa plus jeune fille Rachel, substitue à celle-ci Lia son aînée, à la faveur de la nuit : « *Et facta est vespera* : *Et sumens filiam suam introduxit ad Jacob.* Et Jacob se trompe d'épouse « *Et ingressus est ad eam Jacob.*» Puis il reproche à Laban sa duplicité « *quid decepisti me ?* » (Genèse Cap. XXIX. V.10 et suiv.)

[2] La répudiation devait être faite avec des formalités : ces formalités consistaient notamment en la notification du repudium au conjoint en présence de sept citoyens romains.

dolo malo non committitur. » De ce que celui qui accomplit avec une femme mariée les actes matériels d'adultère, dans l'ignorance du mariage, ne commet pas d'adultère, il semble résulter par *a contrario* que celui qui, toutes autres choses étant égales, sait l'existence du mariage, commet une adultère ; il n'en est rien : si celle que tu as connue, « *quæ tibi stupro cognita est* » a exhibé çà et là une forme vénale « *venalem formam exhibuit* », et s'est, comme prostituée, offerte à tout venant « *vulgo se præbuit* », tu ne commets pas d'adultère avec elle «*adulterii crimen in eâ cessat* » (L 22. C. IX. 9). Il y a bien ici : les actes matériels, le mariage, et la connaissance du mariage, mais cette connaissance ne renferme pas l'intention coupable, le *dolus malus* .

b) Violence. La femme, qui a subi la violence, ne commet pas d'adultère : « *cæterum quæ vim patitur, non est in eâ causâ ut adulterii vel stupri damnetur.* » Ainsi quelqu'un prétend que sa femme a commis un adultère chez l'ennemi : il faut dire bien doucement qu'il peut l'accuser *jure viri* ; cependant le mari vengera cet adultère, si la femme n'a pas subi la violence de l'ennemi ; mais celle, qui a été violentée ne peut être condamnée pour adultère (L 13, § 7, D. h. t.). Et la femme violentée ne pourrait être condamnée, même si par pudeur elle n'avait pas dénoncé au mari l'injure reçue. (L 39, pr. D. h. t.). Nous ne dirons rien du cas où le complice aurait

---

[1] Genèse : cap. XXXIX. « La femme de Putiphar jeta les yeux sur Joseph et lui dit : « *Dormi mecum* » (v. 7) Mais Joseph refusa : « *Ille autem noluit* » (v. 8). C'est une première scène. Voici la seconde : « *Et attraxit cum vestimentis, dicens : Dormi mecum. Et relinquens vestimenta sua in manibus ejus fugit, et exivit foras* » (v.13 et suiv).

été violenté : Joseph laissa son manteau à la femme de Putiphar [1].

Tels sont les éléments constitutifs de l'adultère.

§ 3. Lenocinium.

» *Lenocinii quidem crimen lege Julia de adulteriis præscriptum est* » (L 2, § 2, D. h. t.) La loi Julia prévoit, outre l'adultère, le crime de lenocinium. Aprè avoir frappé les deux coupables d'adultère, la femme et le complice, elle va atteindre toutes les personnes qui « rôdent » autour de ce crime et le rendent plus fréquent : C'est le mari, ce sont les *entremetteurs*, ce sont les *maîtres chanteurs* [2], ce sont les *épouseurs* de femmes adultères, qui vont maintenant entrer en scène. « La loi froide et pratique parlera plus haut sur l'affaissement des mœurs que la satire la plus indignée. » [3] — Voyons d'abord le lenocinium du mari, puis celui des étrangers.

1° Lenocinium du mari.

La loi frappe le mari mercenaire, et le mari complaisant.

---

[1] La violence peut être physique ou morale. Lucrèce subit une violence morale. Tarquin lui dit : « Silence, Lucrèce, je suis Sextus, je tiens mon épée; tu es morte, si tu cries, *Tace, Lucretia, inquit, Sextus Tarquinius sum ; moriere, si emiseris vocem...* » Tite-Live. *Liv.* I. Il affirme ensuite, qu'après l'avoir tuée, il placera près de son corps le corps nu d'un esclave égorgé, afin de faire croire qu'elle aurait été poignardée dans la consommation d'un ignoble adultère. Lucrèce céda, puis s'enfonça un poignard dans le cœur. Cet acte de désespoir a fait l'admiration de toute l'antiquité.

[2] Qu'on me pardonne cette expression moderne, commode pour exprimer cette pratique, qui n'avait pas de nom spécial dans la langue latine, et qu'on appelle aujourd'hui « chantage ». En général, nous nous sommes efforcés de conserver aux idées leur expression romaine.

[3] Esmein. *Op. cit.* p. 23.

Le mari est coupable de lenocinium, lorsqu'il reçoit quelque chose, *quid cœperit* (L. 2, § 2), lorsqu'il retire un bénéfice de l'adultère de la femme, *qui quœstum ex adulterio uxoris suœ fecerit* » (L. 8 pr.).

C'est là un grand crime, « *nec enim mediocriter delinquit qui lenocinium in uxore exercuit* » (L. 29, § 3).

Aussi la loi le punit comme l'adultère... *quasi adulter punitur* (L. 8, pr.).

Et le mari est considéré comme ayant retiré un profit, *quœstum facere videtur*, toutes les fois qu'il a reçu quelque chose, que ce soit souvent ou une seule fois, *sœpius vel semel.* ; qu'il l'ait reçu personnellement ou par un intermédiaire, *propriè vel meretricio quodam genere* » (L. 29, § 4).

Ce trafic ne devait pas en effet se produire d'ordinaire sous la forme d'un marché brutal : le mari voulait-il spéculer avant l'adultère ? Il n'apparaissait pas sans doute en personne, mais devait de préférence se servir d'intermédiaire. Voulait-il spéculer une fois l'adultère accompli ? Avec la preuve de l'adultère, il menaçait le coupable, et renonçait à l'accusation moyennant argent. Aussi la loi, prévoyant ce dernier cas, déclare punissable quiconque touche un prix à raison d'un adultère qu'il a découvert. « *Plectitur et qui pretium pro comperto stupro acceperit* » (L. 29 § 2). Ce texte frappe non seulement le mari, mais encore les étrangers qui auraient touché de l'argent, soit qu'ils aient aidé le mari dans la découverte et qu'ils participent au prix, soit qu'ayant découvert le crime sans le mari ils touchent de l'argent pour se taire. Nous les retrouverons [1].

---

[1] L. 14, § 4, D. h. t.

La loi punit le *lenocinium* du mari, mais, chose surprenante, elle prévoit aussi ce crime chez la femme. Elle dispose : « Si une femme a reçu un prix pour l'adultère de son mari, elle est punie par la loi Julia comme adultère » (L. 33, § 2, D. h. t.). Nous inclinons à penser qu'il devait être tout au moins rare que la femme se trouvât dans ce cas, pour avoir favorisé les « bonnes fortunes » de son époux. Ce prix, elle pouvait plutôt l'avoir reçu de son mari pour se taire. « La loi n'avait aucune action pénale à la femme pour poursuivre l'adultère du mari, mais elle avait l'action de *moribus* ; sa colère n'est pas à mépriser, on peut songer à l'apaiser par un don [1] ».

Après le mari mercenaire, le mari complaisant.

La loi châtie le *lenocinium* du mari qui a gardé sa femme surprise en adultère, et a renvoyé son complice « *qui deprehensam uxorem in adulterio retinuit adulterumque dimisit* » (L. 29 p. D. h. t.). On entend par femme surprise, celle qui a été surprise en flagrant délit, *in ipsa turpitudine.*

Le mari qui surprend sa femme en flagrant délit ne peut pas la tuer, mais il doit la répudier ; il ne peut lui pardonner. Cette nécessité de répudier la femme surprise, Fustel de Coulanges l'explique par le caractère inflexible de la vieille religion de famille : « Cette religion était si sévère que l'homme n'avait pas même le droit de pardonner complètement, et qu'il était au moins forcé de répudier sa femme ». Mais l'idée religieuse était déjà bien affaiblie au temps d'Auguste, et nous croyons avec M. Esmein que ce qui préoccupe plutôt le législateur et la loi Julia est l'avilissement des caractères : « Pour le

---

[1] Esmein. *Op. cit.* p. 26.

Romain du siècle d'Auguste la vieille religion du foyer
n'est plus qu'une légende ; mais chose plus grave encore,
il n'est plus sensible à l'honneur : il n'a pas appris le pardon et il ne sait plus se venger ; il faut que la loi le fouette
pour qu'il sente la honte. » Le *repudium* doit être sérieux
et définitif : le mari qui après avoir répudié sa femme
se remarie avec elle, *si dimissam reduxerit,* est coupable de *lenocinium* ; il l'a renvoyée, mais il l'a reprise ;
innocent aux termes de la loi, il est coupable d'après son
esprit, *ex sententia legis tenetur* (L. 33, § 1, D. XLVIII
5.).

Le mari doit aussi poursuivre le complice : celui qui
ayant surpris l'adultéré, le renvoie, *qui adulterium
dimisit,* est coupable de *lenocinium.* En disant que le
mari ne doit pas *dimittere adulterum ,* renvoyer le
complice, elle n'entend pas dire qu'il doit le garder, mais
qu'il doit le poursuivre. Ainsi, le mari, sans poursuivre
le complice, le garde, *retinuit :* il ne le renvoie pas, *non
dimittit ,* et cependant il sera puni, non d'après les
termes de la loi, mais d'après son esprit. Quand, me
direz-vous, le mari s'avisera-t-il de garder le complice sans
le poursuivre ? Supposez que c'est son esclave qui a commis l'adultère avec l'époux, ou le fils avec sa belle-mère,
cum novercâ (L. 33, § 1, D. h. t).

La loi, qui oblige le mari qui surprend les adultères à
répudier la femme et à poursuivre les complices, ne
s'applique pas au mari aveugle, elle ne frappe pas celui
qui laisse sa femme le tromper soit par négligence, soit
par incurie, soit par une sorte de patience, soit par une
trop grande crédulité : celui-là est hors la loi, *extra
legem positus videtur.* (L. 23, § 4, D. h. t).

II. Lenocinium des étrangers.

Le *lenocinium*, au sens spécial du mot, est le commerce de prostitution [1].

La loi note d'infamie ceux qui pratiquent ce commerce : *infamia notatur... qui lenocinium fecerit* (L. 1, D. III, 2).

En matière d'adultère, le lenocinium ne signifie pas seulement le commerce de prostitution d'une femme mariée ; nous comprenons sous cette dénomination bien d'autres actes : en ce qui concerne le mari, nous l'avons vu, le lenocinium consiste soit à recevoir un bénéfice de l'adultère, soit au cas de flagrant délit à ne pas répudier la femme et à renvoyer le complice impuni ; en ce qui concerne les étrangers nous disons que sont coupables de ce crime : ceux qui avec ou sans profit, matériellement ou par conseils, ont favorisé l'adultère, *les complices* ; ceux qui sans avoir favorisé l'adultère ont voulu, une fois l'adultère découvert, se faire payer leur silence,

---

[1] A Rome, ce commerce était fort répandu : il y avait des maisons, *lupanarii*, principalement affectées à ce genre de commerce, dans lesquelles un *leno* ou une *lena* administrateurs tenaient à la disposition du public des femmes esclaves ou libres, instruments de leur commerce, *corpora quæstuaria* ; il y avait aussi d'autres genres de maisons, qui à leur principal commerce joignaient accessoirement celui de la prostitution : les cabaretiers, *cauponi*, les logeurs, *stabularii*, les baigneurs, *balneatores*, avaient pour apporter les vins, tenir les logements, garder les habits, des servantes, *ministrantia*, qui à l'occasion de leur service faisaient d'autres profits *occasione ministerii quæstum faciunt*. (L. 4, § 2, D. III, 2).

les *maîtres chanteurs* ; ceux qui se sont mariés avec une femme condamnée pour adultère, les *épouseurs*. Ici la loi ne punit pas le lenocinium de l'infamie seulement, mais des peines de l'adultère.

a) Les complices. La loi dispose : « *Qui domum suam ut stuprum adulteriumve cum alienâ matrefamilias, vel cum masculo fieret, sciens præbuerit : cujuscumque sit conditionis, quasi adulter punitur* » (L. 8, D. h. t.)

Ce texte de la loi frappe quiconque a offert sa maison, de quelque condition qu'il soit, par conséquent le *leno*, le *cauponus*, le *stabularius*, le *balneator*, ou tout autre : les *lenones, cauponi, stabularii, balneatores*, peuvent, sous la seule sanction de l'infamie, prostituer des femmes esclaves ou libres, mais à la condition qu'elles ne soient pas mariées ; si elles le sont, la loi frappe ces lenones des peines de l'adultère : il faut cependant excepter leurs femmes : avec elles ni adultère, ni lenocinium ; leur vie vile, *vilitas vitæ*, les rend indignes de l'intérêt de la loi. Tout autre que ces professionnels qui offrirait sa maison serait également puni.

Il ne faut pas s'arrêter là : les jurisconsultes romains donnent de ce texte de loi l'interprétation la plus large : il faut frapper quiconque a facilité l'adultère, soit matériellement, soit simplement de ses conseils. Voyons plutôt :

La loi punit celui qui prête sa maison, *domum suam* (L. 8.). Mais ce n'est pas sa maison qu'il a offerte, c'est celle d'un ami ; n'importe, il sera tenu. (L. 9 p.). C'est une maison de campagne ; c'est une maison de bains : la loi le frappe (L. 9. § 1). Mais ce n'est pas dans ce lieu de rendez-vous que l'adultère s'est accompli, rien ne s'est passé là, *nihil fuerit admissum :* qu'est-ce que cela fait ? Il faut le frapper encore, car c'est là que l'adultère s'est préparé (L. 9, § 2.). Mais il a offert sa maison par complaisance : ce n'est pas un *leno*, un cabaretier *cauponus*, un logeur *stabularius*, un baigneur *balneator*, gens dont on paye les services ; c'est un ami : rien ! Il savait les projets adultères, il a offert sa maison, *sciens præbuerit* ; cela suffit, *quasi adulter punitur*.

Est-ce tout du moins ? Celui-ci n'a pas offert sa maison, d'aucun fait matériel il n'a favorisé le crime, c'est un simple donneur de conseils, il est *is qui suasit* : il ne peut échapper ; le texte de la loi le plus général nous vient en aide : *ne quis posthac stuprum facito sciens dolo malo* (L. 12, D. L. 4.) Ce texte atteint non-seulement les adultères eux-mêmes, mais celui qui les a conseillés, *pertinet ad eum qui suasit*. Eh quoi ! n'y a-t-il pas *dolus malus* ?

b) Les maîtres chanteurs. L'adultère est accompli, quelqu'un l'a découvert, pour le taire il se fait donner de l'argent : il est puni par la loi, *plectitur, et qui pretium pro comperto stupro acceperit* (L. 29 § 2 D. 1. .). Que faut-il ici ? Avoir favorisé l'adultère ? Non, il suffit qu'on ait eu connaissance du crime, *conscientiam stupri*, et qu'on ait reçu de l'argent pour garder le silence. Aussi, ne serait-on pas puni, si l'on avait gardé le silence, sans en avoir reçu le prix : *cæterum si gratis quis remisit, ad legem non pertinet.* (L. 29 § 2). La loi assimile le mari et les étrangers : nous devons préciser la portée du texte. Les étrangers qui ont découvert le crime, que ce soit au moment même de son accomplissement, ou après coup, et qui gratis se sont tus, ne sont pas atteints par la loi. Mais pour le mari, il faut distinguer : s'il a découvert le crime après coup, même règle que pour les étrangers ; si au contraire il avait surpris le flagrant délit, il serait coupable alors même qu'il n'aurait rien reçu, s'il laissait les adultères impunis ; il doit, nous l'avons vu, répudier sa femme et poursuivre le complice.

La loi frappe non seulement ceux qui ont reçu de l'argent pour se taire, mais encore ceux qui se sont entremis pour faire conclure ce traité : « *Is cujus ope, consilio, dolo molo factum est, ut vir, fœminave in adulterio deprehensa, pecunia, aliave qua pactione se redimerent, eadem pœna damnatur* (L 14 p. D. h. t.).

Les voilà donc punis, mari ou étrangers, tous ceux qui ont reçu de l'argent à l'occasion de l'adultère ; mais cet argent, pourront-il le garder ? ceux qui l'ont donné, femme adultère ou complice, ne pourront-ils pas le répéter ? En principe, pas de répétition ; « *Si ob stuprum datum sit, vel si quis in adulterio deprehensus redemerit se : cessat repetitio, idque Sabinus et Pegasus respenderunt* » (L 4, p. D. XII). Le motif ? C'est qu'il y a ici turpitude de la part de celui qui a donné et de la part de celui qui a reçu, et c'est un principe en droit romain que : *ubi et dantis et accipientis turpitudo versatur, non posse rep eti* (L 3, D. XII, 5). Mais à défaut *de condictio ob turpem causam*, le préteur donne à celui qui a été dépouillé l'action ou l'exception *quod metus causa* ; si celui qui a donné l'argent prouve qu'il l'a donné sous l'influence d'une violente menace, d'une *major malitia*, telle que la mo rt ou les chaînes, il pourra recouvrer ce qu'il a donné. (L. 7, §, 1, D. IV. 4).

c) *Les épouseurs*. Quiconque épouserait la femme condamnée pour adultère serait coupable : *Ait lex : adulterii damnatam si quis duxerit, ea lege teneri* (L. 29, §, 1, D. h. t.).

Les jurisconsultes atténuèrent la rigueur de ce texte de la loi, et l'interprétèrent en ce sens, que si le mariage est interdit à la femme condamnée pour adultère, le concubinat lui est permis ; quiconque la prendra pour concubine ne tombera pas sous la disposition de la loi : *qui autem damnatam adulterii in concubinatu habuit, non puto lege Julia de adulteriis teneri. quamvis si uxorem eam duxisset, teneretur* » (L. § 2, 1, D XXV. 7).

Pourquoi la loi interdit-elle le mariage de la femme condamnée ? « Rien n'est plus remarquable que cette loi qui, après avoir chassé la coupable du foyer conjugal, la condamne à un célibat éternel, au milieu d'une société où les mariages se nouent et se dénouent perpétuellement. Cette sévérité ne procède point d'une grande idée morale ; ce n'est pas une façon de dire à la femme que, pour pleurer sa faute, elle n'a pas trop de tous les jours qui lui restent à vivre. Le but poursuivi est plus utilitaire et moins profond. Auguste veut relever le mariage discrédité, le rendre honoré et enviable ; pour cela il en ferme l'accès à toutes celles qui ont déjà failli, dont la faute a été solennellement constatée, et qui failliraient probablement encore dans une union nouvelle. Mais cette pécheresse peut se repentir : cela est invraisemblable, et d'ailleurs ce n'est pas dans la Rome antique, qu'on hésite à sacrifier l'individu, lorsque c'est la condition d'un grand bien pour la société [1] ».

Telles sont les incriminations de la loi Julia : *Stuprum, adulterium, lenocinium* sont punis. Voyons, en ce qui concerne l'adultère, par quelle procédure, et de quelles peines.

---

[1] Esmein. *Op. cit.* p. 28.

CHAPITRE II

DE LA PROCÉDURE

———

SECTION I. — DE L'ACCUSATION

L'action de la loi Julia sur les adultères est une action
publique, c'est-à-dire une action que tout citoyen peut intenter. Avant la loi Julia le droit d'accuser la femme
n'appartenait qu'au père ou au mari devant le tribunal
de famille, ou au magistrat devant l'assemblée du peuple.
Quant au complice, il pouvait au cas de flagrant délit être
amené par le mari devant le magistrat ou être dans tous
les cas traduit par le magistrat devant l'assemblée du peuple. Le droit d'accusation n'appartenait donc qu'aux personnes intéressées, ou à une personne revêtue de fonctions
particulières. Mais la loi Julia fait de l'adultère un *crimen publicum*, relevant d'une *quœstio perpetua*.

Dans ce système pénal, le *principe* est que : *Tout citoyen* peut accuser *(*L. 43 § 10 D. XXIII, 2; Inst. IV, 18.*)*
— à moins d'être privé de ce droit par une loi « *quo (judicio publico) cuilibet experiri licet, nisi si cui lege ali-
qua accusandi publico judicio non est potestas.* » Les
personnes *exceptées* de ce droit d'accusation sont des
personnes suspectes dont les lois 8, 9, 10, 12, D. XLVIII, 2
nous donnent la liste avec les causes d'exclusion. Ce sont :
propter sexum, les femmes; *propter œtatem,* les pupilles;

propter sacramentum, les militaires; *propter potestatem*, les magistrats ; *propter delictum*, les infâmes ; *propter turpem quœstum*, ceux qui soutiendraient comme accusateurs deux procès criminels encore en suspens, ou qui auraient reçu de l'argent pour accuser ou ne pas accuser ; *propter conditionem suam*, les affranchis contre leurs patrons ; *propter suspicionem calumniœ*, ceux qui ont été condamnés pour faux témoignage ; *propter paupertatem*, ceux qui ont moins de 50 pièces d'or.

Faut-il appliquer à l'adultère le même principe et les mêmes exceptions? Nous avons ici un droit d'accusation ouvert à tous, et un droit d'accusation privilégié, en d'autres termes, deux actions sont ouvertes par la loi contre le crime d'adultère :

1º une *action privée*, appartenant au mari et au père.

2º une *action publique*, qui peut être intentée par tous.

Voyons :

(a) En ce qui concerne la femme.

(b) En ce qui concerne le complice.

Le fonctionnement de chacune de ces deux actions :

(A). **Accusation de la femme** (*Adultera*).

Avant toute accusation le mari doit répudier sa femme ; tant que dure le mariage, la femme ne peut être accusée ni par le mari, ni par un étranger.

Que le mari ne puisse accuser sa femme avant de la répudier (L 11, C. IX, 9), c'est logique dans une loi qui interdit d'épouser la femme condamnée pour adultère. Et si les étrangers ne peuvent pas plus que le mari accuser la femme avant la répudiation (L 11, § 10 ; L 26, pr. D. h.t), c'est qu'il ne faut pas que la tranquillité du mariage soit

troublée : *quiescens matrimonium non debet alius turbare atque inquietare* ». Alors un mari complaisant
pourra, s'il ne veut pas répudier sa femme, empêcher toute
poursuite? Non, tout citoyen pourra le poursuivre pour
crime de *lenocinium*, et si le mari est déclaré coupable
de ce crime, la femme pourra être accusée sans qu'il soit
besoin de la répudiation.

La femme, une fois répudiée, peut être accusée. Par
qui? Nous l'avons dit : deux actions sont ouvertes contre
elle :

1° Une action privée, action privilégiée appartenant au
mari et au père.

2° Une action publique, qui peut être intentée par tous.

I. *Action privée*

Le mari et le père ont un droit privilégié. Pendant
soixante jours à compter du divorce, eux seuls peuvent
accuser; les étrangers ne sont admis qu'après l'expiration
de ce délai. Et ce n'est pas le seul avantage de ce droit
privilégié : il échappe aux règles ordinaires au point de
vue des *incapacités*, et au point de vue du péril de la *calomnie*. Nous allons l'étudier à ce triple point de vue.

· *a*) Le droit du père et du mari est, disons-nous, exclusif pendan *soixante jours* à compter du divorce.

Ce délai est-il un temps continu, *tempus continuum*,
ou un délai utile, *tempus utile*? en d'autres termes ce
droit exclusif cesse-t-il exactement à l'expiration des soixante jours ou bien ne faut-il compter dans les soixante
jours que ceux pendant lesquels aucun obstacle de fait ou
de droit n'empêchait l'accusation?

Des textes au Digeste disent que c'est un délai utile :

(L. 11,§ 6 ; Lt. 11.§ 5. D, h t § 21 C, ht.). Nous y voyons que les jours fériés comptent pour le calcul du délai, mais seulement si l'accusateur a eu la faculté de s'approcher des magistrats ; nous y voyons encore que les jours pendant lesquels on avait monté la garde ou pendant lesquels on avait été absent de la République ne devaient pas être comptés dans la computation du délai. Mais d'autres textes semblent dire que c'est un délai continu : ils sont au titre *qui et a quibus manumissi liberi non fiunt* (L. 14, § 1 : L. 13. 1, 12, § 6. D. XL, 9) ; la loi, nous le verrons, permet, dans l'accusation *jure mariti* ou *patris* de mettre les esclaves à la torture, et, pour empêcher qu'on puisse les soustraire à cette *quæstio*, elle défend à la femme de les affranchir dans les soixante jours du divorce « *intra sexagesimum diem divortii* ». Sextus Cœcilius dit fort bien (L. 12 § 6) que c'est là un temps extrêmement court « *angustissimum tempus* ». N'est-ce pas là une preuve que c'est un délai continu et non un délai utile? Du reste le délai de l'accusation et le délai de la prohibition d'affranchir devaient sans doute être les mêmes : le second était dépendant du premier, et si le premier eût été utile, il fallait imposer aux *manumissores* l'obligation de calculer les jours utiles pour l'accusation : peut-on supposer une pareille obligation, si l'on songe que la loi tient compte, non seulement des obstacles de droit, mais encore des obstacles de fait ? Enfin la L. 30, § 1 (D. h. t.) n'est-elle pas incompréhensible, si elle parle de jours utiles : « *sexaginta dies numerantur; in diebus autem sexaginta et ipse sexagesimus est.* »

On peut donc supposer, en présence de ces deux séries de textes opposés, que les deux modes de computation ont été usités successivement : à l'origine on aurait compté les jours de façon continue ; puis, dans le but de favoriser l'accusateur, et par imitation du mode de computation toujours employé pour les accusateurs *jure extranéi*, on aurait compté aussi dans l'accusation *jure patris aut mariti* seulement les jours utiles. Si cette explication n'est pas exacte, les jurisconsultes de l'un et de l'autre mode de computation étant de la même époque, la controverse est insoluble ; il n'y a plus qu'à dire que les jurisconsultes étaient divisés : Papinien était partisan d'un délai utile; Ulpien, Paul, et Scœvola étaient pour un délai continu.

b) Le droit du père et du mari est, en second lieu, privilégié en ce qui concerne les *incapacités* qui excluent les accusateurs.

Nous avons dit que dans l'accusation publique, l'accusation est ouverte à tous, mais que certaines personnes sont exclues par la loi comme suspectes. Nous verrons bientôt, qu'outre ces incapacités générales à l'accusation publique, il y a en ce qui concerne l'accusation d'adultère des incapacités spéciales, édictées par la loi Julia contre ceux qui accusent *jure extranei*; par exemple, le mineur de 25 ans ne peut accuser d'adultère.

Eh bien, ces incapacités soit générales, soit spéciales, qui feraient écarter un étranger, ne peuvent être opposées au mari ; une seule des incapacités générales subsiste contre lui, celle qui défend à un haut magistrat d'accuser tant qu'il est en charge (L. 15, pr. D. h. t.) : on craint son influence.

Il en était de même du père.

c.) Un troisième privilège, attaché au droit du père et du mari, consiste dans la situation particulière qui leur est faite, quant à la *Calumnia,*

La *calumnia* est une accusation fausse, injuste, sans fondement légal. (L. 1, § 1, D. XLVIII. 16.) La loi, dans un système de procédure où l'accusation est ouverte à tous, doit protéger les citoyens contre la mauvaise foi des accusateurs que pousse la haine ou l'intérêt. Cette protection consiste à punir les « *calumniatores* ». La peine fut portée par une loi *Remnia* citée plusieurs fois au Digeste (L. I, § 2, D. XLVIII. 5,. L. 13, D. XXII, 5,), mais dont nous ignorons le texte et la date : nous savons toutefois qu'elle était en vigueur au temps de Cicéron. A l'origine, la peine était cruelle : on marquait avec un fer rouge la lettre *K* sur le front du *Kalumniator*[1]. Cette peine dut disparaître de bonne heure : les textes du Digeste indiquant comme peine de la *calumnia*, *l'infamie* (L. 14 D. XLVIII 1 ; § 1. 4 D. III. 2). Puis sous le système *des cognitiones extraordinariæ*, ce dut être la peine du *talion*, c'est-à-dire qu'on punissait l'accusateur calomnieux de la peine dont eut été puni l'accusé s'il avait encouru la condamnation (L. 10 C, IX. 46).

La peine de la *calumnia* était-elle encourue par le père ou le mari qui accusaient *jure patris aut mariti*, c'est-à-dire dans le délai de soixante jours ? La question est controversée, car nous avons des textes contradictoires.

La loi 37 § 1 (D. II 4) et la loi 4 § 5 (Coll. h. V. c. t. nous disent que celui qui accusait *jure patris aut mariti* pouvait perdre le procès sans encourir le peine de la *calumnia*, « *potest sine calumniæ pœna vinci* ». Mais à côté de ces textes formels, deux autres nous disent le contraire d'une façon très précise (L. 44 § 3 : L. 30 pr. D. XLVIII. 5) : d'après ces deux textes, le père ou le mari

---

[1] Cicéron. *Pro Sex. Rosç. amer* 19, 55; *Pro. Rose. am.* 20. 57.

qui accuse *jure proprio aut privilegiario, « sine periculo calumniæ non potest agere. »*

Il faut choisir entre ces textes ou les concilier :

A choisir, nous adopterions la première solution : le père et le mari étaient des juges avant la loi Julia, on ne peut maintenant les traiter comme des accusateurs ordinaires.

Comment les concilier ? Cujas et Brissonius l'ont fait : ces textes ne sont pas contradictoires ; des solutions différentes sont données pour des hypothèses différentes : le père et le mari ont-ils agi de bonne foi, convaincus de la culpabilité de la femme, mais seulement trop prompts à accuser ? Ils ne seront pas punis comme calomniateurs. Ont-ils agi de mauvaise foi, sachant la femme innocente, mais l'accusant pour porter atteinte à sa réputation ?. Ils seront punis. — M. Esmein se rattache à cette théorie, mais il l'explique. « Il y a eu, pensons-nous, deux doctrines successives en matière de *calumnia*. A l'origine il suffisait que l'accusation n'eût pas réussi pour que l'accusateur pût être condamné comme *calumniator*. C'était là une théorie bien dangereuse, surtout avec le jury. Aussi en vint-on à déclarer que celui-là pourrait seul encourir les peines de la calomnie, qui était de mauvaise foi, une simple faute ne suffisait pas pour cela : telle est bien la doctrine qu'attestent de la façon la plus nette certains passages du Digeste et du Code. (L. 1 § 3 D. XLVIII, 16 ; L. 3 C IX, 46). Le soin même que les jurisconsultes apportent à établir que la faute ne suffit pas, montre qu'il existe une théorie contraire et plus ancienne. (Paul I. 5. 1. L. 233, D. L. 16 L. 1 § § 3 et 5 D. XLVIII. 16). Sous l'empire de cette ancienne doctrine il était absolument juste d'écarter toute action en *calumnia*, lorsqu'il s'agissait du père et du mari accusateurs. C'est ce qu'avait fait la loi Julia. Avec l'opinion nouvelle qui ne punit le *calumniator* que lorsqu'il y a vol évident, cette exemption n'avait pas sa raison d'être ; et on entendit la loi en ce sens, qu'elle avait voulu dire, ce qui était le droit commun, qu'on ne pourrait point condamner le père et le mari pour une simple faute[1]. »

Ajoutons un mot : Les accusateurs peuvent être téméraires de trois façons : ils sont ou *calumniatores*, ou *prœvaricatores*, ou *tergiversatores* ; les *calumniatores* sont ceux qui accusent de crimes faux ; les *prœvaricatores* ceux qui, par collusion avec le coupable, cachent des crimes vrais ; les *tergiversatores*, ceux qui se désistent de l'accusation (L. 1, pr. § 1, D. XVVIII, 16). Nous venons de voir la situation du père et du mari *calumniatores* ; *prœvaricatores*, ils seront punis s'ils se trouvent dans un des cas du *lenocinium* ; enfin, *tergiversatores* leur-appliquerons-nous les peines du *Senatus-consultum Turpillianum* ? On fera la même distinction qu'au cas de *calumnia*, (L. 15, § 2, D. XLVIIII, 16 ; L. 16, C. IX, 9). En généralisant, nous voyons que dans les trois cas, ce que la loi punit, c'est la mauvaise foi, l'intention coupable.

En résumé : privilège au point de vue du *temps*, privilège au point de vue de la *capacité* ; privilège au point de vue de la *calumnia*. Telle est la situation du père ou du mari, comparée à celle des accusateurs étrangers.

Mais tout père et tout mari avaient-ils ce droit privilégié ? Le mari d'abord : le droit qu'a le mari d'empêcher toute accusation en ne répudiant pas sa femme existe dans toute espèce d'unions ; ce n'est pas de ce droit qu'il s'agit. Nous nous demandons si, après la répudiation, tout mari a le

____

[1] Esmein, *Délit d'adultère à Rome*, p. 402,

droit privilégié et exclusif d'accusation dans les soixante jours ? Ce droit n'existe que pour le mari uni en justes noces. Il est refusé au mari d'une femme épousée contrairement aux *leges novœ* (L. 13, § 4, L. 24, § 3, D. h. t.), au mari uni en mariage de droit des gens (L. 13, § 1, D. h. t), à celui qui vivant avec une concubine aurait le droit de l'accuser (L. 14, pr. D. h. t.). Dans tous ces cas, tout le monde peut accuser, et avec tous le mari évidemment mais seulement *jure extranei*.

Quant au père, il n'aurait d'après la L. 14, § 2, D. h. t. joui de ce droit que s'il avait eu la *potestas* sur sa fille. Alors il y aurait eu corrélation entre le *jus accusandi* et le *jus occidendi* ; ces deux droits n'eussent existé que sur la fille *in potestate*. Mais d'après une autre opinion, cette corrélation ne devait pas exister : tandis qu'on ne donnait le *jus occidendi*, droit odieux, que sur la fille *in potestate*, le *jus occidendi*, droit favorable, aurait existé même sur la fille émancipée. Ce droit du père était en outre dépendant de celui du mari, et n'existait pas au cas où n'existait pas le droit du mari.

Entre le père et le mari, y avait-il pendant les soixante jours concurrence absolue ? Non ! Le mari sera préféré. S'ils se présentent tous deux ensemble, *si simul ad accusationem veniant*, le mari prime le père, « *magis est ut maritus prœferatur* ; » car il est à penser que poussé par la colère et la douleur il poursuivra l'accusation plus vigoureusement (L. 2, § 8. D. h. t.). Si le père a prévenu le mari et déjà déposé le libellé d'accusation, le mari sera encore préféré (L. 2, § 8,) ; le retard du mari vient de ce qu'il préparait l'accusation, et recueillait les preuves. Si un obstacle juridique, comme par exemple la fonction de magistrat, empêche le mari d'agir, le père ne pourra agir tant que dure l'obstacle : mais les soixante jours ne courent pas contre lui (L. 15, pr. h. t.) Il y a un cas où le père passe avant le mari, c'est lorsqu'il prétend et démontre que le mari infâme s'entend, collude avec sa femme plutôt qu'il n'a l'intention d'accuser (L. 3, D. h. t.).

II. Action publique.

Le père et le mari ont un droit privilégié et exclusif, que nous avons appelé action privée. A défaut de ce droit, le principe des *judicia publica* reparaît : l'action publique existe, l'accusation est ouverte à tous (L. 4, § 1 ; L. 14, § 2 ; L. 29, § 5, D. h, t.), à ceux que, par opposition au mari et au père, nous appelons les *extranei*.

a) A quel moment s'ouvre ce droit des *extranei* ? Ce n'est pas donner une notion complète que de dire, soixante jours après le divorce. Il faut préciser : nous dirons que le droit naît lorsque le droit privilégié est éteint. Voici les diverses hypothèses.

Avant la dissolution du mariage, le droit des étrangers peut s'ouvrir quoiqu'en principe le droit d'accusation ne s'ouvre qu'après la dissolution : c'est lorsque le mari qui refuse de répudier sa femme sera condamné pour *lenocinium*.

Après la dissolution, il faut distinguer : la dissolution du mariage peut avoir lieu par le divorce et par la mort du mari, par la mort de la femme aussi évidemment, mais nous n'avons pas ce cas à prévoir ici puisqu'il s'agit de l'accusation de la femme ; nous aurons à le prévoir lorsqu'il s'agit d'accuser le complice. La dissolution a-t-elle eu lieu par le divorce ? Le droit des étrangers n'existe qu'à l'expiration des soixante jours, pendant lesquels le père et le mari ont un droit exclusif ; toutefois si dès maintenant ceux-ci déclarent qu'ils n'agiront pas, le droit des étrangers naît immédiatement. La dissolution a-t-elle lieu par la mort du mari ? Pas de privilège : tout le monde peut intenter contre la femme le *crimen adulterii*. Avec le mari disparaît toute accusation privilégiée : l'accusation *jure patris* n'est en effet que l'accessoire de l'accusation *jure mariti*, et ne peut naître qu'avec elle [1].

Pendant combien de temps subsiste ce droit des étrangers, à quel moment s'éteint-il? — Si le mariage est dissous par le divorce, ce droit s'éteint six mois après le divorce, *sex menses ex die divertii* (L. 1, § 10,D. XLVIII, 16).

Pendant les soixante premiers jours, le père et le mari seuls peuvent agir; c'est pendant les quatre autres mois qu'existe le droit des étrangers : *post sexaginta dies , quatuor menses extraneis dantur et ipsi utiles.* (L. 4, § 1, D. h. t.). Ce délai est un délai utile. — Si le mariage est dissous par la mort du mari, pas de privilège, le droit des étrangers naît immédiatement; et il est accordé pendant six mois, six mois qui courent, semble-t-il, à partir de la mort du mari, car c'est à ce moment seulement que commence la possibilité de l'accusation. Mais, d'après un rescrit mentionné au Digeste (L. 29, § 5, D. h. t.), les six mois courent si le mari est mort sans divorcer à partir du jour où l'adultère a été commis, *ex die commissi crimi-nis.* Il y a là une décision de faveur, dictée par une idée de pardon. — Cette prescription de six mois à partir du divorce, de la mort du mari, ou même de l'accomplissement

---

[1] Mais elle ne s'éteint pas avec elle ; si le mari accuse, puis meurt, le droit du père subsiste.

du crime, prescription courte en elle-même, pourrait devenir fort longue, ces six mois devant être comptés utilement : aussi admet-on en faveur de la femme une autre proscription, celle qui atteint l'action contre le complice, et que la femme pourra invoquer si elle lui est plus avantageuse : cinq ans *continus* à partir du crime, *a die commissi criminis*, aucune accusation ne sera admise contre la femme.

Cette prescription de l'action d'adultère fut une des premières introduites dans la loi, car à l'origine les actions criminelles étaient, comme les actions du droit civil, perpétuelles. Il fallait favoriser les seconds mariages et, pour cela, vite écarter la crainte qu'ils ne puissent être éternellement troublés par une accusation d'adultère.

b) Tous les *extranei* peuvent-ils accuser les adultères? Nous avons dit en parlant du père et du mari que la loi les soustrait par privilège aux incapacités qui frappent les étrangers. Ces *incapacités* sont, d'abord, les incapacités générales, qui dans toute accusation publique écartent certaines classes de personnes : les militaires, les magistrats, les infâmes etc... [1]. Il y a en outre des incapacités spéciales édictées par la loi Julia : le mineur de 25 ans ne peut accuser d'adultère (L. 15, § 6, D. h. t.). « C'eût été là un censeur bien jeune, et il eût été permis le soupçonner quelque dépit amoureux ». Le fils de famille, qui, en général, peut accuser (L. 5, D. XXXIV, 9.), ne peut accuser d'adultère *jure extranei*, sans l'autorisation de son père (L. 37, D. h. t.

c) Enfin, les *extranei* peuvent encourir plus facilement

---

[1] Voir l'énumération en tête de cette section.
[2] Esmein. *Op. cit.* p. 406.

que le père et le mari la peine de la *calumnia*. Voilà poursuivie jusqu'au bout la comparaison entre l'action privée et l'action publique.

Dans cette accusation publique, qu'arrive-t-il s'il se présente en même temps plusieurs accusateurs ? Le magistrat doit, dans un débat préliminaire appelé *divinatio*, choisir parmi les accusateurs, *cognita causa*, après avoir examiné leur dignité, leur intérêt, leur âge, leurs mœurs, etc., et n'en désigner qu'un seul. Car il est de principe dans la procédure des *judicia publica* qu'il ne peut y avoir qu'un seul accusateur.

(B). **Accusation du complice** (*adulter*).

Durant le mariage, *constante matrimonio*, le complice ne peut être accusé par personne ni par le mari ou le père ni par un étranger : « *Ignorare non debuisti durante eo matrimonio inquo adulterium dicitur esse commissum, non posse mulierem ream adulterii fieri sed nec adulterium interim accusari posse.* » (L 11 § 10 D. h. t.) Ce texte est formel. Cependant Cujas[1], après Accurse, admettait bien que le mari ne peut durant le mariage accuser le complice, mais un étranger le pourrait. Théorie étrange! L'étranger ne peut accuser la femme; pourquoi ? pour ne pas troubler la tranquillité des familles, *quiescens matrimonium non debet alius turbare*. Et l'étranger pourrait accuser le complice ! En quoi ce trouble serait-il évité?

---

[1] Cujas (*Prælectiones in codicum* : sur la loi 3 C. IX — 9)
Cette opinion de Cujas se fonde sur la L 3 § 51 D h 1. qui semble l'imposer. Esmein (op. cit. p. 450), explique fort bien ce texte en nous disant qu'il vise l'hypothèse où la femme s'est remariée : nous verrons que dans ce cas le complice peut être poursuivi et qu'il doit l'être avant la femme.

A la dissolution du mariage, le complice pourra être poursuivi : Le mariage est-il dissous par le divorce ? Nous suivrons en ce qui concerne le complice les mêmes principes qu'en ce qui concerne la femme. Le père et le mari auront pendant soixante jours leur droit d'accusation prvilégiée (L 6, § 3, L 38 § 9, D. h. t.) [1]. Puis le complice pourra être accusé par les étrangers.

Le mariage est-il dissous par la mort ? Si c'est par la mort du mari, l'accusation est immédiatement ouverte à tous contre l'adultère. Si c'est par la mort de la femme, rien n'empêche de poursuivre le complice. (L 11 § 4, L. 39, § 2 D. h. t.) « La loi Julia est en effet une loi très ingénieuse qui cherche à ménager tous les intérêts, mais que de hautes considérations morales n'ont pas inspirée. Chez nous, bien que la loi ne le dise point, la jurisprudence décide que si la femme est morte sans avoir été condamnée, il est impossible de poursuivre son complice. L'époux emporte alors dans la tombe une présomption d'innocence invincible. Il y a là un sentiment de respect très élevé, et en ce point, plus que les Romains, nous avons le véritable culte des morts [2] ».

L'adultère accusé peut invoquer la prescription. Le délai est de cinq ans. Il court du jour du crime *a die commissi criminis*. C'est un delai continu, *tempus continuum*. (L 29,6. L, § 31. D, h. t. L 1, § 10, D. XLVIII, 16).

Tels sont les accusateurs ; tels sont les délais dans lesquels ils peuvent accuser.

---

[1] L'opinion contraire nous dit Esmein a été un instant émise par Cujas dans ses leçons sur le Code, mais sur le lendemain même du jour où il l'avait professé il le rétractait avec la grande bonne foi du savant véritable. (Esmein *op. cit.* p, 640).

[2] Esmein, *op. cit.*

Mais dans quel ordre doit-on accuser la femme et son complice? Le même accusateur ne peut les accuser simultanément. La loi Julia (ch 8) disait : « *ne quis adulterii reos marem et fœminam ex eâdem causâ facito* », que personne n'accuse en même temps la femme et son complice. Cela ne signifie pas que les deux coupables ne puissent en aucune manière être accusés en même temps : ils peuvent l'être, mais par des personnes différentes, dans des instances séparées. Ce que la loi défend, c'est qu'ils soient accusés simultanément par la même personne, *ab eodem ambo simul postulari non possunt* » (L. 17, § 6, D. h. t.).

C'est là une prohibition particulière, car le droit romain n'empêchait pas en général de comprendre plusieurs coupables dans la même accusation (L. 2, C. IX, 6); du reste, en notre matière, la prohibition de poursuivre deux coupables était restreinte au seul cas de l'accusation de la femme et du complice : ainsi on pouvait poursuivre, en même temps que la femme ou le complice, celui qui a conseillé le crime, celui qui a offert sa maison pour l'accomplir L. 32 §. 1 D. h. t.); ainsi encore, on peut accuser en même temps deux amants de la femme adultère (Paul sect. II, 26 § 16 *l*.)

Quel est le motif de cette prohibition? Est-ce là une règle protectrice des accusés qui ne donnerait à l'accusation qu'une victime à la fois, dans l'espoir qu'un premier procès l'apaiserait[1] ? A-t-on voulu empêcher que la calomnie d'un seul put opprimer deux innocents ou sa privarication faire échapper deux coupables à la vindicte des lois[2] ? ou plutôt ne vaut-il pas mieux voir là une

[1] Cujas (oper. Edit. Fabrot t. IX, Coll. 1327).
[2] Syeye *Th*. 1875, p. 136.

mesure ayant pour but d'assurer la répression, et introduite dans la crainte que les efforts réunis des deux coupables ne réussissent à attendrir ou à corrompre les
juges ? notre loi n'est pas une loi de douceur [1].

Le même accusateur ne peut poursuivre en même
temps les deux coupables. A-t-il du moins le choix de
commencer par l'un quelconque des deux? oui; en prin
cipe. Il n'y a qu'une exception, un cas où il doit commencer par le complice. Et, dans ce cas, un second
accusateur ne peut accuser la femme tant que la cause
du complice n'est pas jugée.

Ce cas exceptionnel est celui où, après la répudiation
ou après la mort du mari, la femme s'est remariée. Il ne
faut pas troubler l'harmonie de ce nouveau mariage.
Aussi, la femme ne pourra être poursuivie qu'après que
le complice aura été convaincu d'adultère : *non ante
accusari poterit quam adulter fuerit convictus* (L. 11,
§ 11, D. h. t.). Ainsi l'*adulter* sera poursuivi le premier. Est-il absout ? même par collusion avec son accusateur (L. 19, § 3, D. h. t.), la femme mariée ne pourra être
accusée ni par cet accusateur ni par personne : *si abso-
lutus fuerit mulier per eum vincet.* (L. 17, § 6 D. h. t.)
Est il condamné ? La femme pourra être accusée, mais
ne sera pas nécessairement condamnée, elle pourra défendre sa cause. Cette protection ne sera pas toujours
accordée à la femme remariée : lorsque le mari, en répudiant sa femme, lui 'a notifié de ne pas se remarier, *ne
nuberet*, en mentionnant dans la rédaction du libelle le
motif de sa défense (L. 16, L. 17, pr. 1, § 2. D, h. t.) ;
lorsque la femme se remarie après avoir été accusée,

---

[1] Esmein, *op. cit.* p. 412

inter reos recepta ; lorsque remariée, elle est devenue libre avant l'expiration des six mois (L. 19 § 2, D. h. t.), elle peut être accusée avant le complice [1].

SECTION II. — DES MOYENS DE DÉFENSE ET DES PREUVES.

§ 1er. Des moyens de défense.

L'accusé pouvait se défendre au moyen d'exceptions ou présenter des excuses.

I. Les exceptions.

Les exceptions, que les textes appellent *prœscriptiones* devaient être discutées avant l'ouverture de l'instance. Ces *prœscriptiones* étaient fort nombreuses. Nous en connaissons déjà quelques-unes; nous groupons ici les principales, sans prétendre en donner une énumération complète.

Les exceptions sont dilatoires ou péremptoires.

a) Les exceptions *dilatoires* ont pour but de retarder le procès. Parmi ces exceptions, nous citerons les suivants:

1° La femme ou le complice, que le père ou le mari veulent accuser *jure patris aut mariti* après l'expiration des soixante jours, peuvent leur opposer une exception, parce qu'il ne peuvent agir que *jure extranei*.

2° La femme remariée avant toute dénonciation peut, si elle est accusée, opposer une exception qui retarde son accusation jusqu'après la condamnation du complice. (L. 11, § 11, D. h. t.).

---

[1] Les formes de l'accusation ne différaient pas de la procédure ordinaire des « *judicia publica* » (Voir sur ces formes: Esmein. *Delit d'adult. à R*. p, 414. Rev. hist. 1878),

3° Celui qui est absent pour le service de la République ne peut être accusé : *ne quis inter eos referat eum qui sine detreclatione republicæ causa aberit* (L. 15, § 1, D. h. t.). Il est nécessaire qu'il soit absent *sine detreclatione,* car s'il avait fait en sorte d'être absent pour le service de la République afin d'éviter une condamnation, cela ne servirait à rien (L. 15, § 2, D. h. t.). Peut être considéré comme absent, quoique présent, celui qui est « *invigili- bus* » ou qui « *in castris urbanis militat* » (L. 15, § 3, D. h. t.). Généralement on entend par absent celui qui est en fonctions dans une province autre que celle où il est dénoncé ; car s'il avait commis l'adultère dans la province où il est en fonctions, il pourrait être accusé (L. 15, § 4, D. h. t.)

Plus tard, Adrien posa la règle générale d'après laquelle celui qui a une fonction publique ne peut agir ou défendre en justice pendant la durée de ses fonctions : «*Pars litte- rarum divi Hadriani* : Τοὺς ἄρχοντας, ἐν ᾧ ἄρχουσιν ἐνιαυτῷ, μήτε εἰσιέναι δίκην ἰδίαν, μήτε διωκόντων μήτε φευγώντων· μήτε περὶ εον αὐτοῖς πρὸς τοὺς φευγόντυς καὶ τοις φεύγουσι πρὸς ἀυτοὺς εἰσαγωγίμους εἶναι τὰς δικας Id est : *Magistratus, quo anno cum imperio sunt, neque propriam, neque eorum, quorum tutelam vel curam gerunt, causam in judicio, vel agendo, vel defen- dendo sustinento. Simul ac vero magistratus dies exierit non ipsis tantum adversus reos suos, sed etiam adversus ipsos litem intentare jus fasque esto* ». (L. 48, D. V, 1.).

b) Les exceptions *péremptoires* sont celles qui font tomber l'accusation. En voici un certain nombre :

1° Les incapacités qu'on pouvait opposer aux accusateurs *extranei* étaient des exceptions péremptoires.

2° La femme et le complice peuvent opposer une exception au mineur de vingt cinq ans qui les accuse, car il est incapable *propter œtatem* de porter une telle accusation.

L'accusateur, après s'être désisté, veut reprendre son accusation, l'accusé peut lui opposer une exception tirée de son *désistement*.

4° Le mari, après avoir répudié et accusé sa femme, la reprend, il ne peut l'accuser de nouveau : en la reprenant il lui a pardonné ses fautes antérieures (L. 13, § 3, D, h. t.) [1], c'est l'exception de *réconciliation*.

5° La femme adultère et le complice peuvent-ils au mari coupable de *lenocinium* qui les accuse opposer une exception *lenocinii* ?

Il n'y avait dans la loi Julia à ce sujet aucune disposition formelle, peut-être n'y avait-elle pas été introduite parce qu'on jugeait évidemment impossible d'ouvrir, à ce mari ouvertement tolérant et punissable une accusation contre les coupables dont il avait favorisé le crime. Ce qui est certain, c'est que sous Ulpien l'exception de *lenocinium* n'était pas admise : « *non est hujusmodi compensatio admissa.* (L. 2, § 4, D. h. t.) Ni le complice, ni la femme ne peuvent faire tomber l'accusation : mais l'« *adulter* » pourra intenter tant qu'il n'est pas *inter reos receptus* une contre-accusation contre le mari ; quant à la femme elle ne pourra pas accuser, elle n'a pas *propter sexum le jus accusandi* ; mais on admit bientôt que le juge pourrait d'office appliquer la peine.

La *præscriptio lenocinii*, disparue au temps d'Ulpien, existait avant Dioclétien. Cet empereur dans une constitution déclare, qu'il n'en conserve que trois au nombre desquelles figure la *prescriptio lenocinii quod marito objicitur (L. 28, C. IX. 9)*.

5° Enfin, une autre exception péremptoire est la *pres-*

---

[1] Adde L. 13 § 10 D. h. t.

cription proprement dite, que nous connaissons déjà. Rappelons-en brièvement les délais.

La femme peut repousser le père ou le mari qui veulent intenter l'accusation *jure patris aut mariti* après soixante jours utiles à compter du divorce. Elle peut également repousser le père ou le mari qui intentent *jure extranei* l'accusation six mois après le divorce. Contre un étranger, la femme peut invoquer cette exception si elle est accusée six mois utiles après le divorce ; ou si le mari est mort sans divorcer, six mois à partir de la mort ; ou même par décision de faveur à partir du jour du crime. Dans tous les cas, aucune accusation ne sera admise au bout de cinq ans continus depuis le crime.

L'adulter aussi peut invoquer cette prescription de cinq ans.

II. Les excuses.

On présente sous le nom d'excuses l'erreur et la violence.

Un des éléments essentiels de l'adultère est la mauvaise foi, le *dolus malus*. (L. 12, D. XLVIII, 5). Cette mauvaise foi fait défaut dans les cas où la volonté a été atteinte par (a) l'*erreur*, (b) et la *violence*.

A vrai dire, ce ne sont pas là des excuses ; c'est plutôt l'absence d'un élément constitutif, nous en avons déjà parlé.

C'est fini avec les exceptions et les excuses. En terminant, parlons d'une règle spéciale à la loi Julia relative à la défense des accusés absents.

La femme accusée ne peut être défendue si elle est absente au jour des débats : *ea quæ inter reas adulterii recepta esset absens defendi non potest* » (L. 1, § 2, D. t)

Quel était le droit commun en matière de défense des accusés? Les accusés ne pouvaient en principe se faire représenter dans les procès criminels (L. 13, § 1, D. XLVIII, 1); et cependant condamnés, quoique non entendus, la condamnation était définitive. Exception était faite pour les crimes capitaux, dans lesquels la défense des accusés était permise: « *reos capitalium criminium absentes etiam per procuratorem defendi leges judiciorum publicorum permittunt.* »(L. 3, C. IX, 2).

Il y a relativement à la défense en matière d'adultère exception au droit commun; en quoi consiste cette exception? Pour ceux qui pensent que l'adultère est un crime capital, l'exception est évidente : la défense des accusés est en droit commun permise dans les crimes capitaux, l'adultère est un crime capital, donc la défense devrait être permise ; la loi voulant par exception au droit commun interdire cette défense nous le dit dans un texte spécial (L. 2, § 2, D. h. t.). Pour nous qui pensons que l'adultère n'est pas un crime capital, y a-t-il dans notre texte une application du droit commun ou une exception? Il y a une exception. Dans les crimes non capitaux, les accusés ne peuvent se faire représenter ; or ils ne le peuvent pas non plus en matière d'adultère. Si c'était ce qu'a voulu dire le texte nous n'aurions en effet qu'une application du droit commun, puisque l'adultère est un crime non capital. Aussi tel n'est pas le sens que nous lui donnons. Dans les crimes non capitaux les accusés ne peuvent se faire représenter, mais ils peuvent obtenir une remise de la cause (L. 13, § 1, D. XLVIII, 1). L'exception dans les procès d'adultère consistera dans la privation de cette remise. Et c'est ce qu'a voulu dire notre texte. Il faut pour éviter toute corruption que le procès marche sans re-

tard » *In crimine adulterii nulla dauda est dilatio* »
(L. 41, D. h. t.). [1]

§ 2. Des preuves.

La théorie des preuves dans la loi Julia est régie par
des régies spéciales. Les principales preuves en matière
d'adultère sont : *l'aveu* et le *témoignage*. Si l'aveu et le
témoignage ne sont pas spontanés ou paraissent contraires
à la vérité, on a recours à la question. La question est un
interrogatoire accompagné de tourments qu'on fait subir
aux accusés ou aux témoins des faits éprouvés. Ce serait
peut être ici le lieu de nous indigner contre la torture : nous
nous épargnerions cette indignation devenue banale depuis
Beccaria [2]. Le résultat de la question est la solution du
problème suivant plus digne d'un mathématicien que d'un
juge : La force des muscles et la sensibilité des fibres d'un
innocent étant connues, trouver le degré de douleur qui
le fera s'avouer coupable d'un crime donné. — Dans quel
cas la question est elle admise ? 1° Contre l'accusé ? 2° Contre les témoins ?

I. Aveu

L'aveu de l'accusé est la principale preuve que cherche
le vieux droit romain. L'accusé peut être un homme libre
ou un esclave.

a) L'accusé est un homme libre. — On emploie *l'in-
terrogatio in jure*, mais l'accusé ne peut être contraint

---

[1] Adde : Paul Sentent, II. 26, 17. Voir Esmein. *op. cit.*
[2] Beccaria. *Traité des délits et des peines.* p. 63.

à l'aveu par la question. Depuis les lois *Valeriæ et Porciæ* les citoyens romains sont à cet égard inviolables. Qui ne se souvient de la description du supplice de Gavius, et de l'indignation de Cicéron contre Verrès, qui avait osé mettre à la torture ce citoyen romain : « Sur la place publique de Messine, on battait de verges un citoyen romain, et au milieu des douleurs, au milieu des coups qui l'accablaient, on n'entendait d'autre cri, d'autre gémissement que cette parole : Je suis citoyen romain, *Civis romanus sum...* ô doux nom de liberté ! ô droits augustes attachés au titre de citoyen ! Loi Porcia ! Loi Sempronia ! Puissance tribunitienne si amèrement regrettée et enfin rendue au peuple ! Est-ce là votre pouvoir ! [1] ».

b) L'accusé est un esclave. — L'esclave, nous le savons, ne peut être poursuivi pour violation de son union (*contubernium*), mais il peut être accusé comme complice d'adultère commis avec la femme d'autrui.

L'esclave interrogé en justice devra, c'est une tradition commune à toute l'antiquité classique, être mis à la torture. Les textes ne disent pas interroger un esclave, ils disent : torturer un esclave, *torquere servum.*

Cet esclave, pénalement responsable est civilement l'objet d'un droit de propriété ; le droit pénal veut qu'on le torture, le droit civil doit se demander qui supportera la dépréciation que va occasionner cette torture : de là des difficultés.

Si l'accusé est l'esclave de l'accusateur, aucun conflit ne peut naître.

Mais si l'accusé est l'esclave d'autrui, qu'arrive-t-il ? — En droit commun, lorsqu'un esclave était accusé « *juditio*

---

[1] Cicéron : *In Verrem, de suppliciis* c. LXII, 171, 172.

publico le maître pouvait ou l'abandonner ou le défendre (L. 19 D, XLVIII. 19). Si le maître l'abandonnait, l'accusateur pouvait réclamer la torture, l'intérêt de la répression l'exigeait ainsi ; mais dans ce cas si l'accusé était reconnu coupable, le maître n'avait aucune action en indemnité, et si l'accusé était reconnu innocent, le maître n'avait contre l'accusateur qu'une action de dol, qui suppose la mauvaise foi évidente de l'accusateur. En matière d'adultère, le législateur dérogea à ces principes : il faut éviter ici plus qu'ailleurs les accusations téméraires. L'accusateur devait s'engager avant la question à payer l'indemnité fixée par la loi ; les juges estimaient la valeur de l'esclave. Si celui-ci était reconnu innocent, l'accusateur devait payer le double de son estimation. Voici le texte même de la loi : « *Capite quidem nono : Si servus adulterii accusetur, et accusator in eo quœstionem habere velit, duplum pretium domino prœstari* » (L. 27, § 16, D. h. t). Une moitié de cette indemnité était donnée au maître, l'autre à l'esclave.

Nous avons vu la torture de l'accusé, voyons celle des témoins.

II. Témoignage.

Comme les accusés, les témoins peuvent être des hommes libres ou des esclaves.

a) Le témoin est un homme libre. — L'homme libre qui va porter témoignage prête serment ; cela suffit pour qu'il dise la vérité. Accusé, il ne peut être torturé ; témoin, il ne pourra pas l'être davantage. La règle est la même.

b) Le témoin est un esclave. — L'esclave n'a ni dieux,

ni patrie ; il ne peut donc prêter serment. Le serment sera remplacé par la torture.

En droit commun, voici les principes qui régissaient le témoignage des esclaves. En principe, l'esclave ne peut porter témoignage. Cependant, comme en fait les esclaves étaient témoins de beaucoup d'actes, on fut forcé d'admettre qu'on pourrait les entendre. On les entendait, mais on les torturait. L'esclave ne peut être entendu contre son maître : *in caput domini servum non torquetur* (L. 1, §§ 7, 13, 16, D. XLVIII, 18). Contre tout autre que son maître, il peut être entendu : appartient-il à l'accusateur? aucune difficulté ; appartient-il à un tiers? le maître n'est pas obligé de le livrer, il fallait donc l'acquérir de gré à gré. Tels sont les principes.

En matière d'adultère, on y déroge : les esclaves peuvent être entendus contre leur maître, ne seront-ils pas souvent les seuls témoins de l'adultère? en outre, l'accusateur pourra forcer certains tiers moyennant indemnité à livrer leurs esclaves pour la question. Distinguons pour préciser, suivant que c'est la femme qui est accusée d'adultère, ou le complice.

S'agit-il de l'adultère de la femme? Si l'accusation est intentée par un étranger *jure extranei*, le droit commun est maintenu, l'esclave ne peut être mis à la question. (Cuj. T. IX, sur la loi 3). Si l'accusation est intentée par le père ou le mari, *jure patris aut mariti*, on ne déroge pas à proprement parler au principe, mais on tourne la difficulté : on vendait l'esclave au trésor public ou à lui-même, et ainsi devenu étranger à l'accusé, il pouvait déposer contre lui. D'où vient cette *quœstio* anomale? D'où vient qu'elle ne fut accordée qu'à l'accusation « *jure patris aut mariti* ? » L'adultère n'aura souvent

pour témoin que les esclaves domestiques devant qui on
ne se cache pas : cette idée a certainement été dans l'esprit du législateur ; mais il a surtout songé, croyons-nous,
au temps où la femme comparaissait devant le tribunal
de famille. Alors point de restrictions, on torturait tous
les esclaves qui se trouvaient ordinairement autour d'elle.
La loi Julia a voulu maintenir les mêmes facilités devant
la juridiction publique ; elle n'introduit pas là, à proprement parler, un droit nouveau ; elle n'a fait qu'accommo-
der les vieux usages aux formes nouvelles [1]. Quels esclaves pouvait-on mettre à la torture *jure patris aut viri*?
Tous les esclaves sans distinction de la femme répudiée pour adultère, et non seulement ses propres esclaves, mais ceux que le père, la mère, l'aïeul, l'aïeule
avaient mis à son service (L. 27, § 6, D. XLIII, 5). (L. 3
C. IX, 19. L. 12, §§ 1, 5. D. XL. 9); même les esclaves
donnés en usage ou en usufruit. Ce n'est pas la question de propriété qui décide, c'est la question d'entourage
de la femme, *nec tam proprietatis causa ad quœstionem quam ministerii pertinet* (L. 27, § 8, D. h. t.).

Pour assurer l'effet de ses prescriptions, le législateur prit
des précautions spéciales : il eût été facile d'éluder la loi et
de soustraire les esclaves à la question en les affranchissant
ou en les aliénant. Le loi prévint cette fraude en édictan[t]
que toute aliénation ou tout affranchissement intervenant
pendant les soixante jours du divorce, c'est-à-dire tant que
dure la possibilité de l'accusation *jure patris aut viri*,
seraient nuls (L. 12 § 15, D. XL, 9).

S'agit-il de l'accusation du complice? on suivra les
mêmes règles que pour l'accusation de la femme : si l'accu-

---

[1] Esmein. *Op. cit.* p. 42.

sateur est un étranger, l'esclave ne peut être mis à la torture ; il peut y être soumis au contraire, si l'accusateur est le père ou le mari, *jure viris aut patris*. Les raisons ne sont plus les mêmes que pour l'accusation de la femme, puisque le complice n'avait jamais été soumis au tribunal de famille ; mais on avait voulu maintenir l'égalité entre les deux coupables. Cependant il y avait une différence : ici ne subsiste plus l'interdiction de l'aliénation ou de l'affranchissement.

Qu'arrivait-il une fois que l'esclave avait été torturé ? Si l'accusation était suivie d'un acquittement, les juges estimaient la dépréciation de l'esclave et l'accusateur pouvait être poursuivi par une *condictio ex lege* pour payer cette estimation. Si l'accusation aboutissait à une condamnation, aucune indemnité.

Après la question, les esclaves étaient confisqués au profit du fisc : *Jubet lex eos homines, de quibus quæstio ita habita est, publicos esse »* (L 27 § 11 D. h. t.) La raison ? pour qu'ils disent la vérité sans crainte, *ut sine ullo metu rerum dicant*; ils pourraient en effet être amenés à nier mensongèrement le crime, soit sous l'impulsion de la crainte d'être maltraités en retombant sous la puissance du maître soit dans l'espoir d'être récompensés à leur retour. (L. 27. § § 13. 14, D. h. t.).

Ces dispositions de la loi ne se maintinrent pas intactes. Le droit de réclamer la torture, réservé tout d'abord à l'accusateur *jure patris aut viri*, fut étendu au mari accusant *jure extranei*, puis donné à tout étranger (Coll. h. t. C. 11). L'accusateur put forcer toute personne à livrer son esclave pour la torture par une *actio ad exhibendum* contre le propriétaire (L 3, C. IX. 9). Enfin tout affranchissement fait, même par le propriétaire étranger, pour soustraire un esclave à la torture fut déclaré nul (L. 27, 6 D. h. t.).

Telles étaient les règles relatives à la torture des esclaves. Nous connaissons les éléments constitutifs de l'adultère
(Ch. 1) la procédure (Ch. 2); arrivons à la sanction (Ch. 3).

CHAPITRE III

DE LA PÉNALITÉ

La pénalité d'un crime s'entend, à proprement parler, des peines criminelles ou civiles infligées par la loi. Mais en matière d'adultère, à côté de la peine proprement dite, nous trouvons la vengeance privée dont nous devons nous occuper aussi.

Nous diviserons notre étude de la Pénalité en deux sections.

Section I. Droit de tuer (*Jus occidendi*)

Section II. De la peine proprement dite.

Section i. — Droit de tuer (*Jus occidendi*)

Avant la loi Julia, le mari qui prenait sa femme en flagrant délit d'adultère, pouvait la tuer légitimement : « *in adulterio uxorem tuam si deprehendisses, sine judicio impuni necares* », disait Caton. Le mari pouvait aussi tuer impunément le complice. Le père, dans le même cas de flagrant délit, avait le droit de tuer sa fille et le complice.

Sous la loi Julia, ce droit subit des restrictions nombreuses. Examinons sucessivement : 1o le droit du père, 2o Le Droit du mari, — quant à la femme adultère et quant à son complice.

§ 1. Droit du père.

Le père a, sous certaines conditions, le droit de tuer sa fille et le complice.

1° Droit du père sur sa fille adultère.

Le père ne peut tuer sa fille adultère qu'aux conditions suivantes :

a) Il faut, premièrement, que la fille soit sous sa puissance, *in potestate* : « *Patri datur jus occidendi adulterum cum filia quam in potestate habet* (L. 20, D. XLVIII, 5) ».

Le père ne peut donc tuer sa fille *sui juris*, émancipée avant ou depuis son mariage. Si la fille est *alieni juris*, deux hypothèses sont possibles : elle est *filiafamilias* ou *in manu mariti*.

Filiafamilias, la fille peut avoir pour *paterfamilias* son père ou son aïeul. Si c'est le père qui est *paterfamilias*, sa fille est sous sa puissance, il a le *jus occidendi*. Mais si c'est l'aïeul, le père étant sous la puissance de ce dernier, ce père *filiusfamilias* aura-t-il encore ce droit ? Non, d'après Papinien : *Sed nec filiusfamilias pater* (L. 2, D. h. t.) Ulpien fait remarquer que dans ce cas nul n'avait le droit de tuer, ni le père ni l'aïeul; l'aïeul parce que la loi ne donne ce droit qu'au père, le père parce que la fille n'était pas sous sa puissance. Paul, au contraire, pense (Sent. I, 26, § 2) que dans ce cas le père n'a la pas le droit de tuer aux termes de la loi, mais que cependant ce droit doit lui être accordé. Il n'en donne pas la raison. La fille doit donc être sous la puissance du père : et peu importe qu'elle y fut au moment du mariage, ou qu'elle y soit tonbé plus tard, par exemple, par la mort de son aïeul, il suffit qu'elle y soit au moment du meurtre.

Si la femme était tombée *in manu mariti* ? suivant les vieux principes, dit M. Esmein, le père avait perdu sur elle le droit de vie et de mort, mais la loi Julia le lui rend par une disposition remarquable [1]. En consentant à la *conventio in manum*, il n'a abdiqué ce pouvoir que pour le transmettre au mari en quelque sorte : la loi, en en dépouillant ce dernier, le restitue au *paterfamilias*.

l) Il faut, en second lieu, que le père surprenne sa fille en flagrant délit, *in ipsa turpitudine*. Quod ait lex : *In filia adulterium deprehenderit non otiosum videtur* [2] *voluit enim ita demum hanc potestatem patri competere si in ipsà turpitudine fiiliam de adulterio deprehendat* ».

In ipsà turpitudine ! c'est ce que Pomponius désigne, sans mépris, par ces mots : *In ipsis rebus veneris.* Ἐν ἔργῳ, disaient les lois de Solon et de Dracon.

c) Pour que le père puisse tuer sa fille prise en flagrant délit, il faut, troisièmement, qu'il la surprenne dans sa maison ou dans celle de son gendre, « *domi suæ vel generi sui deprehensam* », dit Paul (Sent. II, 26, § 1).

La raison de cette condition est que le législateur a pensé que l'audace de la femme, qui introduit l'adultère dans la maison de son père ou de son mari, constitue une injure plus grave (L. 23, § 2, D. h. t.). Par maison,

---

[1] Collat, h. t. c. 2. § 3 : « *Secundo capite permittit patri, si in filia suà quam in potestate habet, ant in ea quæ eo auctore, cum in potestate esset, viro in manum convenerit, adulterum deprehenderit, ut is pater adulterum sine fraude occidat, ita ut filiam in continenti occidat.* » Esmein. *Op. cit.* page 13.

[2] Pothier. Av. 1, § 1, n° 60 (Voir ci-contre*).

il faut entendre habitation réelle : si le père a une maison qu'il habite et une qu'il n'habite pas, et qu'il surprenne sa fille dans celle où il n'habite pas, il ne pourra la tuer, (L. 23, § 3, D. h. t.).

d) Quatrièmement : Le père qui tue sa fille doit la tuer sur l'heure même. « *Ait lex* : *In continenti filiam occidat* » (L. 23 § 4 D. XLVIII. 5).

Si la fille fuit, et que le père ne l'atteigne qu'après une poursuite de plusieurs heures, elle sera censée avoir été tuée sur le champ. (L. 23 § 1). Le motif de la loi légitime cette décision : la loi suppose, en effet, que c'est l'indignation qui fait le meurtre.

e) Enfin, le père doit tuer sa fille *manu sua* (Paul Sent. II, 26 § 1). Tel est l'ensemble des restrictions au droit du père de tuer sa fille.

<h3 align="center">2⁰ Droit du père sur le complice.</h3>

Les restrictions imposées au meurtre du complice, sont les mêmes que celles imposées au meurtre de la femme : flagrant délit, dans la maison du père ou celle du mari, meurtre immédiat, de sa propre main.

A ces conditions, il faut en joindre une autre, imposée aussi au meurtre de la femme, mais que nous indiquons ici, parce qu'elle a pour but principal la protection du complice plutôt que celui de la femme :

Le père doit frapper à la fois la fille et son complice « *prope uno ictu et uno impetu utrumque occidere* » (L. 23 § 4 D. h. T). Il faut qu'il tue non pas la fille seule ou le complice seul, mais tous les deux *in continenti*. S'il ne tue que l'un des deux, il sera coupable de meurtre selon le droit commun , *lege Cornelia reus erit. Si ,* ayant tué le complice, le père a blessé seulement sa fille, il est coupable aux termes de la loi, mais des écrits des empereurs Marc-Aurèle et Commode lui accordèrent l'impunité, encore exigeaient-ils que les blessures fussent graves : Car c'est alors le destin qui a conservé la fille, non la volonté du père (L. 32 pr. D. h. T.)

Tout complice peut-il être tué ? Oui, le père n'a pas à s'inquiéter de sa condition, « *cujuscunque dignitatis* ». Il en est autrement du mari.

Auguste, on le voit accorda au père le droit de tuer les adultères. Concession aux mœurs de son époque ! Mais de quelles entraves il entoura ce droit.

§ II. Droit du mari.

Le droit du mari était encore plus limité que celui du père.

1º Droit sur la femme.

Le mari ne peut jamais tuer sa femme (Paul Sent. II, tit 26. § 4).

Quelle est la raison de cette différence avec le père ? « *Quod plerumque pietas paterni nominis consilium liberis capit; cæterum mariti calor et impetus facilè decernentis fuit refrænandus* ».

Mais le mari furieux viole la loi et tue sa femme : c'est un meurtrier. Il tombe sous l'application de la loi *Cornelia de sicariis*. La loi de Julia ne contenait aucune atténuation en sa faveur; mais le droit postérieur en introduisit. Il le punit plus doucement à cause de l'irritation de sa juste douleur « *ignoscitur ei* » dit Ulpien. Ce pardon n'était qu'un adoucissement.

Le mari ne pouvait tuer sa femme adultère, quels étaient donc ses droits, je dirai même ses devoirs? Il devait, sous peine de *lenocinium*, répudier sa femme aussitôt, et déclarer dans les trois jours avec qui et dans quel lieu il l'avait surprise en adultère. (Paul Sent II, 26, § 6).

2° Droit sur le complice.

Le mari ne pouvait tuer sa femme, mais il pouvait tuer le complice. « *Marito quoque adulterum uxoris suæ occidere permittitur* (L 24, pr. D. h. t.).

A quelles conditions était soumis son droit? Étudions le en le comparant au droit du père.

a) Le mari, qu'il fut *sui juris*, ou *filius familias*, poupouvait tuer le complice (L 24. § 2. D. h. t.). Au contraire le père *filius familias* ne le pouvait pas, puisque dans ce cas il ne pouvait tuer sa fille, et que la loi exigeait le meurtre des deux coupables.

b) Le mari, comme le père, devait surpendre le complice en *flagrant délit*.

c) Mais, tandis que le père pouvait le tuer soit dans sa propre maison, soit dans celle de son gendre, le mari devait l'avoir surpris dans *sa propre maison*.

d) Il devait le tuer *in continenti*; mais à la différence du père qui devait tuer les deux coupables, le mari n'en pouvait tuer qu'un seul.

e) Devait-il le tuer *sua manu*? Non, il pouvait se servir de la main de ses enfants. (Sen 1° dell. Cout. 4 et 2).

Le père pouvait tuer le complice, de quelque rang qu'il fût.

Le mari avait-il le même droit?

La loi faisait des catégories : d'un côté les personnes

honorables ne peuvent être tuées ; de l'autre les personnes viles, infâmes peuvent l'être. Sur la liste de ceux qui
peuvent être tués impunément, nous trouvons : les esclaves, les affranchis du mari, de la femme, du père, de la
mère, du fils, de la fille ; et, parmi les hommes libres :
celui qui a été *leno*, celui qui a été condamné par nn
jugement public et n'a pas été réhabilité, le comédien,
le danseur, le chanteur, et tous ceux qui font métier de
leur corps, *qui corpore quœstum faciunt.* (L. 24, pr. D.
h. t. Paul Sent. II, 27 § 4).

Le mari qui avait tué le complice de sa femme, devait
dans les trois jours déclarer les faits et le lieu où ils s'étaient passés au magistrat.

Ces conditions réunies, le mari a le droit de tuer l'adulter. S'il n'a pas le droit de le tuer, par exemple parce
qu'il l'a surpris hors de sa maison, ou si, ayant ce droit, il
ne veut pas en user, le mari peut retenir le coupable prisonnier pendant 20 heures de jour ou de nuit pour appeler des témoins qui constateront l'adultère. Une fois
relâché, on ne peut le reprendre. S'il s'est échappé, on
peut le ramener et le retenir pendant 20 heures. (L. 25,
pr. § 1, 2, 3, 4, D. 48, 5). La loi n'accorde expressément ce droit qu'au mari, mais je crois qu'il faut aussi
l'accorder au père.

Telle est la mesure dans laquelle le mari pouvait se
faire « le médecin de son honneur ». La loi Julia avait
muliplié les obstacles autour de ce droit de vengeance
personnelle.

Section ii. — peine de l'adultère.

L'adultère est puni d'une peine *criminelle* : c'est la relégation. En outre, il est puni de peines *civiles* : privation
de biens, incapacités, etc...

I. Peine criminelle.

Quelle était la peine édictée par la loi Julia contre les
adultères ? Dans le Digeste (XLVIII, 5.) au titre *Ad
legem Juliam de adulteriis coercendis*, nous lisons souvent ces mots : *AIT LEX...* suivis du texte de la loi.
Mais le texte relatif à la pénalité de l'adultère ne nous est
pas parvenu. De là, grande controverse. A défaut du texte
de la loi, avons-nous du moins d'autres textes ? Certainement les textes ne font pas défaut. Et les adversaires
d'argumenter.

Voici d'abord deux textes très nets tous les deux et
contradictoires, les deux pivots pour ainsi dire de la controverse :

Justinien (Inst. IV, 18, § 4) nous dit : *Lex Julia de
adulteriis coercendis... temeratores alienarum nuptiarum GLADIO punit »*. La loi Julia punit du glaive les
profanateurs du mariage d'autrui. Pris à la lettre, le texte
ne parle que de l'*adulter*, mais il faut l'étendre à l'*adultera*. Pour les deux coupables, c'est la mort.

Mais Paul, dans ses sentences (Sent. II, 26, § 14) :
*« Adulterii convictas mulieris RELEGATIONE IN
INSULAM placuit coerceri. Adulteriis vero viris, pari
in insulam relegatione... dummodo in diversas insulas
relegentur »*. C'est la relegatio in insulam.

Textes clairs, précis et contradictoires : il faut prendre parti. Nous pensons que la peine de l'adultère était la relégation.

a) Les partisans de la peine de mort n'invoqueraient-ils que ce seul texte, il nous faut l'écarter. Mais ils en ont d'autres.

Celui-là d'abord (Inst. IV, § 4) : *Lex Julia...* GLADIO *punit* », n'est-ce pas sans réplique ? Ce texte est une interpolation de Tribonien. Cet habile jurisconsulte, *vir excellentissimus*, qui ne faisait pas de l'histoire mais du droit pratique, a attribué à la loi Julia une disposition qui ne fut édictée que par des constitutions postérieures: Le cas n'est pas isolé : ainsi les Instituts nous disent que la peine de la loi Julia *Majestatis* était la mort (Inst. IV, 18, 3).Or, d'après un texte de Paul,(Sent. V, 29, 1), c'est l *aquæ et ignis interdictio.*

Ainsi encore Justinien nous dit (Inst. IV. 29, 1) que la loi *Cornelia de Sicariis* punit les homicides de la peine de mort, et nous lisons au Digeste (L. 3, § 5, D. 48, 8) que c'est de l'interdiction de l'eau et du feu et de la déportation. Interpolations de Tribonien pour rendre les textes conformes à la pratique de son temps.

Où sont les autres textes sur lesquels s'appuient les partisans de la peine de mort?

La L. 9 C. IX. 9. C'est une constitution d'Alexandre Sévère (an 225 ap. J.-C.). Cette constitution, après avoir reconnu qu'il convient de continuer à appliquer les peines de la loi Julia, décide qu'il faut appliquer les peines de *lenocinium* à celui qui épouse une femme condamnée pour adultère lorsque celle-ci d'une façon ou d'une autre a échappé à la peine capitale : *Si quocunque modo pœnam capitalem evaserit.* Donc, dit-on, la peine est

la mort[1]. Est-ce encore une interpolation de Tribonien :
c'est l'opinion de Cujas (*ad hanc legem* C. Edit. fabr.
t. IX, col. 1328, 1329). C'est aussi l'opinion de M. Esmein. Voici la raison qu'il en donne : la loi Julia est une
loi des *judicia publica*. Or, dans toutes ces lois les
peines étaient fixes ; elles ne comportaient ni maximum
ni minimum, n'admettaient ni aggravation, ni atténuation.
Lorsque le vote de la majorité des jurés avait été *con-
demno*, le prêteur ou *judex quœstionis* n'avait qu'à appliquer exactement la peine indiquée par la loi, il n'avait
pas à la mesurer au fait ; elle était immuable. Il n'y
avait pas de milieu entre l'absolution et la condamnation
à la peine intégrale[1]. Dès lors que nous parle-t-on de
femme condamnée qui aurait échappé à la mort. Plus
tard, sous le système des *cognitiones extraordinariœ*,
une atténuation fut possible ; mais il ne faut pas confondre les époques. Elle ne l'était pas sous la loi Julia.
La loi 9 du code a été interpolée par Tribonien. Ne l'eût-
elle pas été, que prouverait ce texte? que la peine de mort
pour adultère existait du temps d'Alexandre Sévère en l'an
225 ap. J.-C., et la loi Julia est de l'an 337 de Rome
(16 ans av. J.-C) [2].

Autre texte : C'est la L. 18 Code. de transactionibus II,
4, une constitution de Maximien (an 293 ap. J. C.) :
« *transigere vel pacisci de crimine capitali excepto
adulterio, prohibitum non est,* » il n'est pas défendu de
transiger sur un crime capital, excepté sur l'adultère.

---

[1] Esmein *op. cit.* p. 28 et 31.

[2] Dion Cassius. raconte que Caracalla faisait mettre à mort les
adultères, mais il constate que c'était contrairement aux lois,
παρὰ τὰ νενομισμένα. (LXXVIII, 16) Cité par Esmein, op. cit. p. 31.
Mais Caracalla est antérieur à Alexandre Sévère.

C'est donc que l'adultère est un crime capital. Encore une interpolation de Tribonien, d'après Cujas (L. 6, observ. Cap. II et lib. 19 cap. pen.). Voulez-vous qu'il n'y ait pas interpolation ? Je vous réponds : la constitution d'Alexandre Sévère, an 225, nous a appris que sous cet empereur la peine était la mort ; celle-ci postérieure, an 293, nous apprend que sous Dioclétien on ne pouvait transiger sur l'adultère, quoiqu'il fut crime capital.

Ainsi jusqu'ici trois textes en faveur de la peine de mort; tous trois interpolés. L'interpolation, *deus ex machinâ*, me direz-vous. Bon. J'y renonce. Qu'avez-vous? La constitution d'Alexandre Sévère et la constitution de Dioclétien prouvent seulement que la peine de mort existait en l'an 225, mais non sous la loi Julia. Reste le texte des Institutes prouve-t-il quelque chose, s'il n'est pas interpolé? Je ne fais que transcrire la *novelle 134 ch. 10* : « *Nonulli tamen principes antè Constantinum pœnam* « *legis Juliæ quandoque auxerunt, feceruntque capita-* « *lem ; sed id contigit tantum, extra ordinem et ex causâ* « *speciali* ». « Quelques empereurs avant Constantin augmentèrent la peine de la loi Julia et la rendirent capitale ; mais cela n'arriva qu'extraordinairement et pour une cause spéciale. » Voilà donc Justinien en contradiction avec lui-même. Interpolation de Tribonien, vous dis-je !

Enfin voici un dernier texte sur lequel s'appuient les partisans de la peine de mort : Paul Sent. V, 4 § 14. Chose grave, ce texte est de Paul! Paul sur lequel nous nous appuyons, et qui dit (II *Sent* 26 § 14) que la peine est la rélégation. Paul comme Justinien serait-il en contradiction avec lui-même?

Voyons le texte : » *Qui puero prætestato stuprum ali-*

*udve flagitium abducto ab eo vel corupto comite persu-
aserit mulierem puellamve interpellaverit quidve cor-
rumpendœ pudicitiœ gratia fecerit, domum prœbuerit
pretiumve quo id persuadeat dederit perfecto flagitio*
CAPITE PUNITUR ; *imperfecto in insulam deportatur : cor-
rupti comites summo supplicio afficiuntur »*

Ce texte est reproduit par la L. 1 §. 2, D. *de criminis extraordinaribus* XLVI, 11. La contradiction de ce texte,
qui édicte la peine capitale, avec le tit. 26 § 14 (Sent II)
qui prononce la rélégation n'est-elle pas évidente ? Non.

Paul (Sent II) prononce la rélégation ; il s'agit bien là d'un
adultère ; le texte est simple, la rubrique porte *de adulteriis*.

Sommes-nous ici absolument dans la même hypothèse ?
Les rubriques du texte, deux fois reproduit sont : *De in-
juris* et *de criminis extraordinaribus*. Et au reste, que
voyons-nous ? Séduction d'un enfant *puer*, d'une jeune fille
ou d'une jeune femme, *mulier puellave* ; séduction de
leurs gardiens, *comites* ; ils ont été sollicités, amenés
dans une maison, de l'argent a été offert pour vaincre les
dernières résistances, le crime a été consommé, le corrup-
teur, les compagnons à mort ! Est-ce là la punition de l'a-
dultère ? n'y a-t-il pas plutôt un crime extraordinaire, et
Justinien lui-même ne vient-il pas de nous dire que pour
une cause spéciale on augmentait la peine.

Ce texte ne prouve pas plus que les autres en faveur de
la peine de mort.

b) Nous avons renversé les textes de nos adversaires.
Mais avons-nous des textes spéciaux sur lesquels fonder
notre opinion, des raisons particulières de penser que la
rélégation était la peine de la loi ?

Nous avons d'abord le texte de Paul (Sent. II, 26, § 14) :
« RELEGATIONE in insulam placuit coerceri ».

Et voici qui vient l'appuyer : La loi défend à tout citoyen d'épouser une femme condamnée pour adultère sous p eine d'encourir le châtiment du *lenocinium* (L. 11, § 13, 29, § 1 D. h. t.) ; elle interdit à celui qui a été condamné pour adultère d'épouser la femme non condamnée, avec qui il l'a commis : Claudius Seleucus pose à Papinien la question de savoir si Mévius condamné pour adultère avec Sempronia, non condamnée, a contracté avec elle un mariage valable. (L. 13, D. XXXVIII, 9); la loi prescrit que les condamnés pour adultère, hommes ou femmes, ne peuvent être témoins ni dans un testament, ni en justice. (L. 14, 18 D. de test. XXII, 5) ; elle déclare que le condamné pour adultère ne peut devenir soldat, et que, s'il l'est, sa condamnation le délie de son serment (L. 4 § 7 D. XLIX, 16. L. 2, § 3 D III, 2). Ces prescriptions ne seraient-elles pas absurdes, si la loi punit de mort les coupables d'adultère? On nous répond par la loi 9 au code : Ces textes auront leur application « lorsque le condamné d'une façon ou d'une autre échappera à la mort ». Nous avons déjà dit que sous la loi Julia cette hypothèse est impossible, la peine n'a pas de degrés : ou absolution ou condamnation intégrale. Et si la peine était la mort que nous parlerait-on du mariage des condamnés, de leur témoignage, etc... ?

Invoquerai-je la loi 11 § 2 (D. XLVIII, 5) d'après laquelle « la femme accusée d'adultère et absoute ne peut-être défendue » ? On sait qu'il est permis de défendre un absent dans les causes capitales. Si l'adultère eût été puni de mort, la défense aurait donc été permise. Il est vrai qu'on pourrait me répondre : en matière de défense, comme nous l'avons vu en matière de transaction, l'adultère fait exception à la règle.

Mais ne puis-je argumenter de la combinaison des lois 2 § 2, l. 8, l. 11 (D, XLVIII, 5) ? Le mari coupable de *lenocinium* est puni par la loi Julia (l. 2, § 2) ; il est puni comme l'adultère (l. 8), or, la loi militaire, qui a commis ce crime, en pactisant avec le complice de sa femme, est délié de son serment et puni de la déportation (l. II). La peine de l'adultère pour un militaire n'était donc pas la mort, et cependant le soldat ne subissait pas des peines adoucies, il était au contraire puni plus sévèrement que le paganus.

Enfin ce dernier texte n'est-il pas concluant ?_« *Si quis viduam vel alii nuptam cognatam, cum quà nuptias contrahere non potest, corruperit,* IN INSULAM *deportandus est : quia duplex crimen est : et inêcstum qua cognatam violavit contra fas ; et adulterium vel stuprum adjunxit* ».

Ainsi quelqu'un corrompt sa parente à un degré où le mariage est prohibé : il y a inceste : était-elle veuve ? Il y a inceste et stupre ; était-elle mariée ? il y a inceste et adultère. La peine sera la déportation « parce que le crime est double ».

Comment soutenir maintenant que la peine est la mort ?

Les textes ne suffisent pas ? ouvrons l'Histoire !

Julia, fille d'Auguste et épouse de Tibère, fut reléguée dans l'île Pandateria. Ses complices furent punis, les uns de la mort comme criminels *majestatis,* les autres de la simple relégation : on peut citer, Quintus Crispinus, Appius Claudius, Scipion et enfin Sempronius Gracchus [1]. La plus jeune, Julie, petite-fille d'Auguste fut reléguée par lui dans

---

[1] Tacite. *Ann.* I, 53 ; XIV, 63. Dis. Cass. I, 1, LV, 10, 13 ; LV, 10. 13. Suet. oct. XLV, Tib. XI, 50.

l'île de Trimère, et y vécut 20 ans. Ses complices eurent le même sort. — *Ovidius Naso* fut exilé comme complice de l'adultère de Julie, bien qu'il n'en eût été que le témoin oculaire [1]. — *Varilia Appuleia*, nièce de Tibère, coupable d'adultère, fut reléguée à 200 milles de Rome, et son complice Manlius fut banni d'Italie et d'Afrique [2]. — *Vestilia*, dame romaine, qui s'était prostituée publiquement comme *meretrix* fut reléguée dans l'île de Sériphon [3]. — *Aquilia*, accusée d'adultère avec Varius Ligur fut condamnée, selon la loi Julia, par le consul Lentulus Gentilicus et exilée par Tibère [4]. — *Claudia Pulchra* exilée aussi [5]. — La sœur de Caligula, coupable d'adultère avec Emilius Lepidus, fut reléguée par son frère, à Pontia. Le même empereur relégua sa femme *Livia Orestilla*, coupable de relations illicites avec son premier mari, Ch. Pison [6]. — *Julia*, nièce de Claude, fille de Germanicus, épouse de Vinicius, fut accusée d'adultère, sur les instigations de Messaline et reléguée [7]. — *Octavia*, femme de Néron, soupçonnée d'adultère avec un esclave, nommé Eucerus fut reléguée en Campanie ; rappelée peu de temps après, et accusée par Anicetus, sur les instigations de Poppœa, elle fut envoyée à l'île Pandateria, où elle périt par ordre de l'Empereur [8] — .... Enfin, sous Septime Sévère, trois mille procès en adultère furent insérés dans les annales judi-

---

[1] Tacite. *Ann.* III, 24 ; IV, 71 ; Suet. *oct.* 65, *Tib.* II ; Ovide IV. *Tristes*, 10, 99, et suiv.

[2] Tacite. *Ann.* II, 50.

[3] Tacite. *Ann.* II, 35.

[4] Tacite. *Ann.* IV, 42

[5] Dio. Cass., LIX, 8.

[6] Suet. *Cal.* 24, 25. Dio. Cass. LIX, 8, 11, 22.

[7] *Suet. Claud.* XXIX, Dio. Cass. LX, 18.

[8] Tacit. *Ann.* XIV, 60, 62, 64, Suet. *Néron* 35.

ciaires de la ville de Rome, et la même peine fut constamment appliquée [1]. -

Les textes et l'histoire, tout concours à prouver que la peine criminelle édictée par la loi Julia était la relégation. Il y avait deux sortes de relégation : la rélégation simple et la relégation dans une île (L. 7 pr. D. XLVIII, 22). La relégation dans une île, pouvait être perpétuelle ou temporaire (L. 7, § 2). La peine des adultères était la *relégation à temps dans une île*. La condamnation à cette peine, entraînait comme toute condamnation criminelle, l'*infamie*. Spécialement, la femme condamnée n'avait pas le droit de porter la *stola* des matrones, chaste vêtement, mais devait revêtir la *toga*, robe d'infamie, vêtement des meretrices.

Ces peines, unies aux peines civiles, dont nous allons parler, ne justifient-elles pas l'expression, appelée hyperbolique, de Juvénal, qui les qualifie de peines « terribles, aux Dieux même redoutables,

> . . . leges revoc cabat amaras
> Omnibus, atque ipsis Veneri Martique timendas [2] ? »

II. Peines civiles.

La peine principale de l'adultère était la relégation. Mais cette peine était accompagnée de pénalités complémentaires, qui consistaient en une peine pécuniaire et en certaines déchéances.

Quelle peine *pécuniaire* frappait les adultères ? C'était pour la femme, la confiscation de la moitié de sa dot et la

---

eDio. *Cass.* LXXVI, 16, Ces exemples et d'autres encore, ont été receuillis par Rein *Dasecriminalrcce der Romer* et cités par Brousse th. 1869.

[2] Juvénal *Saty.* 2, v. 31.

tiers de ses biens ; pour le complice, la confiscation de la moitié des biens. Nous n'avons qu'un texte de Paul : « *Adulterii convictas* MULIERES DIMIDIA PARTE DOTIS *et* TERTIA PARTE BONORUM... *placuit coerceri. Adulteriis vero* VIRIS... DIMIDIAM PARTEM *auferri* ». (Paul, Sent. II, 26, § 14).

Est-il bien certain que cette pénalité fut édictée par la loi Julia ? Pour soutenir le contraire, on a invoqué deux textes : l'un (L. 3, D. XLVIII, 20) d'après lequel la loi Julia ne prononcerait pas la confiscation de la moitié de la dot, et l'autre (L. 18, D. XLVIII, 22) d'après lequel le relégué ne subirait la confiscation d'aucuns biens.

Le premier texte (L. 3, D. XLVIII, 20) énumère limitativement les lois qui prononcent la confiscation de la dot, et la loi Julia n'est pas comprise dans la liste : « *quinque legibus damnatœ mulieris dos publicatur : Majestatis* « *Vis Publica, Parricidii, Veneficii, de Sicariis* ». On peut répondre à ce texte qu'il énumère les lois qui prononcent une confiscation totale, et que la loi Julia ne prononce qu'une confiscation partielle. Cette réponse ne suffit pas ! voici la réponse ingénieuse de Cujas : en observant bien le texte, on voit qu'Upien, après avoir annoncé cinq lois, est obligé pour arriver à faire le compte sans la loi Julia, d'en dédoubler une en deux : il n'y avait pas deux lois, l'une contre les meurtriers (*sicarii*), l'autre contre les empoisonneurs (*veneficii*), il n'y en avait qu'une pour les deux crimes, la loi *Cornelia de Sicariis et Veneficis*. Sans ce dédoublement, le juriconsulte n'énumère que quatre lois ; la cinquième, celle qui est omise, est précisément la loi Julia *de adulteriis* [1].

---

[1] Cujas. *Ad lib II. Papiniani, de adulteriis,* (*Op.* Edit. Fabret. *IV, Coll.* 1377).

Faut-il réfuter l'argument tiré de la loi 18 (D. XLVIII
22) : « *Relegatus integrum suum statum retinet, et
dominium rerum suarum, et patriam potestatem, sive
in tempus, sive in perpetuum relegatus sit* ». La lo
Julia, dit-on, prononçait la relégation, et, d'après ce texte,
la relégation n'était pas accompagnée de la confiscation
des biens. Répondons tout simplement que ce texte qu'on
nous oppose, est une règle générale à laquelle la loi a fai
exception en matière d'adultère.

Nous voici arrivés à la fin de l'étude de la pénalité de
l'adultère. Résumons :

L'adultère était puni d'une peine criminelle : de la *relégation* : avec la relégation, de l'*infamie*.

L'adultère était puni aussi d'une peine pécuniaire : pour
la femme, de la *confiscation* de la moitié de la dot et du
tiers des biens ; pour le complice, de la confiscation de la
moitié des biens.

L'adultère subissait, en outre, certaines *incapacités*
dont nous avons eu l'occasion de parler incidemment :

Les condamnés pour adultère ne peuvent être témoins
ni dans un *judicium publicum* (L. 18, D. XXII, 5) ni
dans un testament. (L. 14, *Cod. cod tit.*).

Le complice d'adultère, condamné comme tel, ne peut
être soldat (L. 4, § 7, D. XLIX, 16).

L'adultère est une cause de divorce.

La femme condamnée pour adultère ne peut se remarier (L. 29, § 1, D. h. t.).

Rappelons que l'infamie entraîne pour la femme la privation du droit de porter la *stola*, vêtement des matrones,
et les oblige à mettre la *toga*, vêtement des courtisanes,

Vis dare quæ meruit munera, mitte togam

[MARTIAL II, 29.]

« Veux-tu, dit Martial, lui envoyer le cadeau qu'elle a
gagné ? envoie-lui une toge ».

La voilà donc cette loi de moralisation ! Dans la famille, elle punit l'adultère ; hors de la famille, le stupre :
le plaisir avec toute *persona honesta* doit être réprimé.
Et non seulement ces crimes, adultère ou stupre, sont
punis par la loi, mais encore la complicité de ces crimes :
le lenocinium. L'accusation ! elle est ouverte à tous les
citoyens. La peine ! elle est rigoureuse.

Il fallait bien rétablir les mœurs ruinées ! Et c'est Auguste, débauché et adultère lui-même, *amoribus adulte-
riisque turpiter maculatus*, qui tente cet effort ! La loi
fut impuissante. Quand la morale a perdu tout pouvoir
dans l'âme des citoyens, c'est en vain qu'elle va chercher
dans la rigueur des lois une inutile sanction.

La loi se dresse ! Mais toujours « *per civitatem gras-
santur adulteria.* »

TROISIÈME PÉRIODE

L'ADULTÈRE APRÈS LA LOI JULIA

« *Ubi nunc lex Julia? Dormis?* » dit Juvénal das
une de ses satyres[1]. Elle dormait en effet, abrogée par a
désuétude. Etait-elle donc devenue inutile ? Plus qe
jamais elle eût été nécessaire, si les lois répressives avaiat
le pouvoir de pouvoir de purifier les mœurs. La corru-
tion grandissait toujours. Auguste le premier, lui, e
réformateur des mœurs, le répresseur d'adultères, s'étit
mis au-dessus de ses propres lois. Suétone l'excuse de ss
adultères par raison d'état : « *Adulteria quidem exc-
cuisse ne amici quidem negant, excusantes sane nn
libidine sed ratione commissa, quo facilius consïo
adversariorum per cujusque mulicres exquireret*[2] ».
Après Auguste, Rome vit ses dignes successeurs : Tibèə,
Caligula, Claude, Néron et les autres. Leurs femmes js
égalèrent : Julie, fille d'Auguste et femme de Tibèr;
Octavie, femme de Néron; la plus célèbre de toutes, Ms-
saline, femme de Claude, dont les basses prostitutias
sont liées dans la mémoire des hommes aux vers que sr
elle jeta l'indignation de Juvénal... « *atque œra poposcit.* »
Matrones et citoyens suivirent les exemples d'en hat.

[1] Juvénal. *Sat.* II. V. 37.
[2] Octavienus § 79.

La licence ne connut aucun frein : Les hommes vendaient leurs femmes, les femmes achetaient des amours de jeunes gens ; on divorçait pour se remarier, on se remariaient pour divorcer ; on comptait le nombre des années non par le nombre des consulats mais par le nombre des maris[1]. En même temps se répandait dans Rome un vice odieux[2] venu des Grecs, qui, donnant moins de prix aux femmes, rendait les maris moins sensibles aux affronts conjugaux. Comment s'étonner que la loi Julia dormit ? Au milieu de la dépravation générale, les accusateurs faisaient défaut. De temps en temps cependant paraissait un édit, et les poursuites se ranimaient et se multipliaient, mais « c'était un feu vite éteint, et bientôt la loi était rendue à son profond sommeil[3] ».

Vers le second siècle se produisit un mouvement de procédure qui favorisa les poursuites. Sous le système des *questiones perpetuæ*, c'étaient les citoyens qui étaient juges : c'étaient eux qui étaient accusateurs ; et sans accusateur, aucune condamnation n'était possible. A ce système se substitua lentement et progressivement le système

---

[1] Juvenal exprime dans une de ses satyres cette facilité des divorces par cette boutade qu'il met dans la bouche d'un de ces personnages :

« Va-t-en I. *foras* ! (formule de la répudiation). « Va-t-en, tu te mouches trop ; j'en veux épouser une qui ait le nez sec. »

[2] Ce n'est pas sans étonnement que nous avons lu dans Duruy, *Hist. des Romains* T. V p. 656, la note suivante ; note 3 : « une loi morale encouragea peut-être cette immoralité, la *lex Julia de adulteriis* qui par son extrême sévérité et par la facilité qu'elle donna aux délateurs d'attaquer sur ce chef ceux qu'elle ne pouvait prendre par d'autres... » Ainsi, d'après Duruy, ce serait pour éviter les peines de l'adultère que les Romains se seraient livrés au vice grec. Eh quoi ! le « *stuprum cum masculo* » n'est il pas puni, comme l'adultère par la Loi *Julia de adulteriis* ! (L. 8 D. h. T.).

[3] Esmeïn. *Op, cit.* p. 431.

des *cognitiones extraordinairæ*. L'empereur était le juge
suprême ; au-dessous de lui, le *Prœfectus Urbis* à Rome,
les *Prœsides* dans les provinces, étaient chargés de la justice criminelle : ces juges pouvaient condamner d'office
un coupable sans qu'il y ait d'accusateur (L. L. 3. pr. D.
I. 18).

Ainsi purent se ranimer les poursuites d'adultère. Mais
ce n'était pas la loi Julia telle que l'avait édictée Auguste,
qui fut appliquée. Elle subit des modifications. Nous ne
pouvons entrer à ce sujet dans l'infinité des détails, en
suivant pas à pas la législation sous chaque empereur ;
mais nous parcourrons les principales modifications, en
divisant notre étude en trois époques : 1º de Tibère à Constantin, 2º de Constantin à Justinien, 3º Législation de
Justinien.

I. De Tibère à Constantin

Sous *Tibère* (14-37), la loi Julia resta à peu près intacte.
Cependant sous cet empereur fut rendu un Sénatus-consulte célèbre, pour réprimer la prostitution des matrones.
On sait que la loi Julia punissait non seulement l'adultère,
mais encore le stupre de la matrone ; tandis qu'au contraire les prostituées ne pouvaient jamais être poursuivies
ni pour stupre, ni pour adultère. On vit des matrones pour
éviter la rigueur des lois se faire inscrire comme prosti
tuées chez l'édile, sur le registre des mœurs. Cette coutume
prit des proportions inquiétantes ; la loi dut s'en occuper.
Ce fut à l'occasion de Vestilie qui, issue d'une famille pa-
tricienne, s'était ainsi prostituée que fut rendu notre Sénatus-consulte. Tacite : « *Eodem anno* (772 v. c.) *gravibus
senatus decretis libido fœminarum coercita ; cautumque*

ne quæstum corpore faceret cui avus, aut pater, aut maritus eques romanus fuisset » (Ann. II, 85). Ce Sénatus-consulte défendait donc à toute femme dont l'aïeul, le père, ou le mari avait été chevalier romain de se prostituer. Ce texte fut étendu par l'interprétation ; « *Mulier quæ evitandæ pœnæ adulterii gratia lenocinium fecerit, aut operas suas in scenam locavit adulterii accusari damnarique ex senatusconsulto potest* » (L, 10, § 2, D. h. t.) Ainsi on défendit à la matrone romaine d'être prostituée, entremetteuse et actrice.

Un autre Sénatus-consulte, probablement de la même époque prévoit une hypothèse étrange : « *Si vir infamandæ uxoris adulterium subjecerit, ut ipse deprehenderit et vir et mulier adulterii crimine tenentur et senatusconsulto de eo re facto* » (L. 14, §. 1, h. t.) Si un mari dans le but de déshonorer sa femme lui suscite un amant pour les surprendre : le mari et la femme seront tenus du crime d'adultère. Sans ce Sénatus consulte, la femme ne pouvait être punie, elle eut invoqué la *prœscriptio lenocinii* ; et le mari ne pouvait pas l'être aussi, car il n'était pas coupable de *lenocinium*; il n'avait pas reçu de l'argent, il n'avait qu'à répudier sa femme et à poursuivre le complice.

Claude (41-54), à l'instigation de l'affranchi Pallas, rendit le Sénatus-Consulte Claudien, d'après lequel toute femme libre qui connaissant sa condition entretenait des relations avec l'esclave d'autrui, et y persistait, nonobstant trois sommations à elle faites par le propriétaire de l'esclave perdait, au profit de ce dernier, sa liberté et ses biens.

Sous *Néron* (54-60), la loi Julia se maintint. Néron tua de sa propre main Octavie, sous prétexte qu'il agissait « *jure viri* » après l'avoir accusée publiquement. Ce fut sous lui que les consuls Petronius et Turpilianus proposèrent une loi qui fut sanctionnée par le Sénat. C'est la loi Petronia et le Sénatus-Consulte Turpilien sur le désistement. Le zèle des accusateurs s'était refroidi et ceux qui accusaient n'étient pas au-dessus de toute corruption. On obtenait facilement son silence à prix d'argent. Ce Sénatus-Consulte décida qu'une fois les formalités de l'accusation accomplies, les accusateurs ne pourraient se désister sans une permission du juge que l'on appelait « *abolitio* ». S'ils se désistaient sans cette permission, ils encouraient les peines du Sénatus-Consulte : infamie, amende de cinq livres d'or.

Après Néron, *Galba*, *Othon*, *Vitellius* laissèrent la loi Julia dans l'oubli. C'était l'époque où les femmes de Rome avaient les livres de la République de Platon, qui pense que les femmes doivent être communes : « *Verba enim viri illius amplectuntur, non sensum* « (Epictète. Serm. 38).

Domitien (81-96) réveille la loi Julia endormie en la promulgant à nouveau : « *Lusus erat sacræ connubia fallere tedæ... tu prohibes, Cæsar* » lui dit Martial. En renouvelant la loi d'Auguste, Domitien augmenta la peine à l'encontre des femmes, sinon la peine criminelle, du moins les peines civiles. Tranquillus rapporte, qu'il dépouilla les matrones romaines du droit de recueillir les legs et les hérédités. (Domitien ch. 3).

Sous *Nerva, Trajan, Adrien, Antonin le pieux* la loi Julia subit quelques modifications de détail, certainement intéressantes, mais sur lesquelles nous n'avons pas le loisir d'insister. Rappelons pourtant que ce sont des rescrits d'Antonin le Pieux, de Marc-Aurèle et de Commode, qui accordent au mari qui a tué sa femme surprise en flagrant délit une mitigation de la peine, car d'après la loi Julia il s'exposait à la peine intégrale de la loi *Cornelia de sicariis*; un texte même, pris à la lettre, lui assurerait l'impunité complète : « *Si tamen maritus in adulterio deprehensam occidat... ignoscitur ei* » (L. 3, § 3, D. 29, 5). »

Septime Sévère (193-211) rendit un édit sur l'adultère qui n'était que la loi Julia, augmentée de dispositions nouvelles. « A le suite de cette loi, nous dit Dion Cassius, les accusations devinrent très nombreuses. Etant consul, j'en trouvai trois mille au tableau des affaires criminelles. Mais comme très peu aboutissaient, l'empereur lui-même cessa de s'en préoccuper » (Dion Cassius LXXVI, 16).

Un rescrit des empereurs *Sévère* et *Antonin* édicta que la fiancée infidèle pourrait être punie comme l'épouse adultère « *quia neque matrimonium qualecumque, nec spem matrimonii violare permittitur* » (L. 13, § 3, D. h. t).

Le débauché *Caracalla* (211-217) voulut, comme Domitien, prendre le rôle de réformateur : il punit de mort les adultères, bien que la loi n'exigeât pas cette sévérité, et fit enterrer vives quatre vestales qu'il prétendait avoir violé leur vœu. L'une d'elles qu'il avait essayé de séduire, s'écriait en allant au supplice : « César sait bien que je suis vierge encore ». [1]

Elagabale (218-222), cet empereur, dont les sens étaient éveillés aux plus abominables désirs, et l'esprit aux plus folles aberrations ; Elagabale, qui en moins de quatre ans, épousa quatre ou cinq femmes qu'il répudia et reprit, lui qui se faisait appeler *domina* ou *imperatrix*, Elagabale ne songea pas à punir les adultères.

---

[1] Dion Cassius, qui rapporte ces paroles, la suppose pourtant coupable (LXXVII, 16).

Jusqu'à Constantin, aucune modification nouvelle qui ait quelque importance.

II. De Constantin à Justinien.

Avec *Constantin* (306-337) le christianisme arrive au pouvoir. Son influence en ce qui concerne l'adultère se fera sentir par une aggravation de pénalité. Ce n'est pas la doctrine du Christ que l'on suivra : « Va-t-en et ne pêche plus » c'est la loi hébraïque. *Moyses dicit : « quicumque mœchata fuerit » morte moriatur, qui mœchatus fuerit et quœ mœchata fuerit »* (Coll. h. 1. C. 1.) La loi romaine dira *sacrilegos autem nuptiarum gladio puniri oportet »* (L 4 Th 39. 9). — Mais Constantin, s'il augmenta la peine, restreignit les voies d'accusation.

Sous Constantin, l'accusation n'est plus ouverte à tous, elle est réservée à certaines personnes *« quos verus dolor accusationem impellit »* : c'étaient le mari, le père, le frère, les oncles paternels et maternels. Les étrangers, sauf dans un cas, celui où la femme avait commis l'adultère avec son propre esclave [1], ne pouvaient se porter accusateurs. Le but poursuivi était d'empêcher les mariages d'être troublés par les accusateurs de mauvaise foi *« ne volentibus temerè liceat fœdere connubia... nam nonnulli... falsis contumeliis matrimonia deformant »* (C IX, 3)

Les personnes limitativement désignées par la loi, qui peuvent intenter l'accusation d'adultère ne sont pas sur le même rang. Le mari conserve un droit privilégié : pendant soixante jours utiles il est dispensé d'inscription et n'encourt pas les peines de la calomnie ; les soixante

jours écoulés, il est obligé de s'inscrire et pourrait être
condamné comme calomniateur. Le mari peut en outre,
accuser la femme sur un simple soupçon : ce n'est pas
seulement la femme de César qui ne doit pas être soupçonnée (Suétone Ch. 74).

Mais le mari, autrefois obligé de répudier sa femme
avant toute poursuite, ne peut la répudier maintenant
qu'après condamnation.

Après le mari, viennent les autres accusateurs, père,
frère, oncles paternels ou maternels. En dehors d'eux nul
ne peut accuser : nous avons dit que c'est pour éviter le
trouble dans les ménages. Ce motif ne pouvant être ou
exister après la dissolution du mariage, certains pensaient
qu'après cette dissolution les étrangers avaient le droit
d'accuser et que ce droit ne leur était enlevé que pendant
le mariage.

Constantin introduisit aussi à l'égard des accusés une
modification importante. Sous la loi Julia, l'adultère ne
pouvait être commis avec les maîtresses d'auberge, assi-
milées aux prostituées de profession. Constantin pour
réhabiliter la profession de sa mère (la mère de Constantin
était cabaretière) fit une distinction entre la maîtresse
d'auberge et ses servantes : les servantes continuent à
pouvoir commettre l'adultère, « *vitæ vilitas dignas legum
observatione non credidit* » ; mais les maîtresse d'auberge
ne seront pas exclues de l'accusation, « *ut si domina ta-
bernæ fuerit, non sit a vinculis juris excepta* » (L. 29,
C. X. 9). Ainsi la maîtresse d'auberge est soumise au
lois des matrones.

En même temps qu'il restreignait le droit d'accusation,
Constantin portait contre l'adultère une peine plus sévère :
à la relégation il substituait la peine de mort. « *Sacrile*

gos autem nuptiarum gladio puniri oportet » (L. 30, C. IX 9). L'authenticité de ce texte est constestée.

Voët pense que la peine de mort existait avant Constantin : Godefroy admet que c'est Constantin qui le premier édicte la peine de mort : Cujas professe que ce fut seulement sous les lois de Constantin que l'adultère fut puni de cette peine [1]. Nous pensons avec M. Esmein [2], que jusqu'à Constantin la peine de mort ne fut pas prononcée d'une façon ordinaire et normale. On trouve, avant lui, des exemples d'empereurs condamnant à mort pour adultère, mais c'étaient là des sévérités qui, croyons-nous, ne faisaient pas jurisprudence : le soin avec lequel les historiens et les biographes les relèvent, montre que c'étaient des cas exceptionnels. C'est sous Constantin que l'adultère devint, en droit, un crime capital.

Les fils de Constantin renchérirent encore sur la sévérité de leur père ; ils assimilèrent l'adultère au sacrilège, au parricide, et le punirent des mêmes peines ; les adultères étaient mis dans un sac et brûlés vifs : « *tanquam manifestos parricidas, sacrilegos nuptiarum insuere culeo viros, vel exsurere judicantem oporteat* (Const. 4, Théod. 11, 56).

Arrivons à la législation de Justinien ; et étudions-la dans ses détails.

III. Législation de Justinien.

Justinien, dans les Novelles 117 et 134, apporte à la législation sur l'adultère des modifications importantes. Ces modifications, indulgentes pour les femmes, rigoureuses pour les hommes, c'est sous l'influence de l'impératrice

---

[1] Syeye. De *l'adultère.*,Th. 875.
[2] Esmein. *op. cit.* p. 435.

Théodora, ex-prostituée, que les fit l'*uxorius imperator*.

a) Accusation. — L'*accusation* n'est pas ouverte à tous : elle est limitée, comme sous Constantin, aux proches parents ; les étrangers en sont exclus. Justinien, suivant encore la législation de Constantin, ne force pas, comme le faisait la loi Julia, le mari à répudier sa femme avant de l'accuser ; bien plus, il le lui défend ; la répudiation ne pourra être faite qu'après la condamnation « *Si accusatio verax esse ostenditur, tunc repudio misso...* » (Nov. 117, C. 8, § 2). Le droit du père et du mari subsiste distinct et a la même durée que sous la loi Julia. Mais voici une innovation en faveur de la femme : si le mari succombe dans son accusation, il est puni ; la femme peut lui envoyer le libelle de répudiation, reprendre sa dot, et gagner la donation « *antè nuptias* » ; de plus, si le mari n'a pas d'enfants, la femme peut prendre sur ses autres biens une valeur égale au tiers de la donation *antè nuptias*. — En ce qui concerne la *preuve*, une innovation originale : le mari ne sera pas obligé de prouver l'adultère ; le simple soupçon, entouré de certaines formalités, suffira pour la condamnation ; dans certaines circonstances déterminées, il pourra même donner au mari le « *jus occidendi* ». Nous allons en reparler tout à l'heure. — Le temps dans lequel doit se terminer l'accusation est limité à deux ans : celui qui ne poursuit pas l'accusation dans le temps voulu encourt, s'il est de distinction, la peine de l'infamie et la confiscation du 1/4 des biens ; s'il est de condition humble, l'exil. L'accusé absent ne peut être défendu par procureur, quoique le crime soit devenu capital du moins pour le complice, et que cette défense soit admise dans les crimes capitaux ordinaires.

Justinien renouvelle pour le complice la défense d'épouser la femme adultère ; la femme ne peut recueillir la succession de son amant. Le patrimoine du ravisseur est adjugé aux père et mère de la femme, lorsque ceux-ci n'ont pas consenti au mariage ; s'ils y avaient consenti, ils seraient condamnés à la déportation. Les père et mère n'existant pas, les biens du complice sont confisqués ; toutefois le mari peut prélever sur ces biens une valeur égale à celle de la dot de sa femme. La question des esclaves subsiste toujours : mais les esclaves étrangers à la cause, qui se trouvaient à la campagne ou en province, pouvaient être affranchis.

b) Jus occidendi. — Qu'est devenu sous Justinien le *jus occidendi ?* Sous la loi Julia, le mari ne pouvait infliger à sa femme aucun châtiment corporel, même lorsqu'il la surprenait en flagrant délit. Sous Justinien il peut la fustiger, qu'il l'ait ou non surprise, « *si quis uxorem suam castiga verit»* Nov. 117, Ch. 15 pr. Quant au complice, sa situation est très aggravée, non seulement au point de vue du *jus occidendi* mais encore, ainsi que nous l'avons annoncé, au point de vue de la preuve de l'accusation. Jusque là, le complice ne peut être tué que surpris en flagrant délit « *in ipsa turpitudine »*, et il ne peut être condamné qu'une fois convaincu d'avoir réellement commis le crime. Sous Justinien, le simple soupçon, dans de certaines conditions, suffira pour exposer *l'adulter* à la vengeance du mari et à la peine du juge. Le mari soupçonnait-il quelqu'un de vouloir séduire sa femme? « *si quis forsan suspicatur aliquem velle suæ uxoris illudere castitati »*, il n'avait qu'à lui faire trois avertissements par écrit *contestationes ei ex scripto tres destinaverit,* ces avertissements revêtus du témoignage de personnes dignes de foi « *habentes testimonia trium virorum fide dignorum »*. Après ces avertis=

sements, si le séducteur soupçonné se laissait surprendre en certains lieux déterminés : dans la maison du mari, dans celle de la femme, dans la sienne propre, dans les tavernes « *in popinis* », ou dans les faubourgs « *aut in suburbanis* », le mari avait le droit, sans craindre d'être puni, de le tuer de ses propres mains « *esse licentiam marito propriis manibus talem perimere nullum periculum et hoc formidanti.* »

Si le mari trouvait ce séducteur à causer avec sa femme en tout autre endroit, « *si vero in alio loco talem invenerit cum sua uxore loquentem* », il pouvait prendre trois témoins dignes de foi pour constater le fait, puis traduire l'individu devant le juge : le juge n'avait qu'à constater qu'après trois sommations, un tel avait été trouvé avec la femme et par ce seul fait, *ex hoc solo*, sans chercher aucun motif, *nullæ aliâ ratione quesitâ*, il pouvait le condamner à la peine de l'adultère. (nov. 168 Ch. pr.). Et la peine pour le complice était la mort. Certes la loi n'était pas douce aux séducteurs. Aussi les adultères durent tout imaginer pour tenter de se voir en secret : les rendez-vous adultères dans la maison du mari, ou de la femme, ou du complice sont facilement découverts ; les tavernes sont des lieux publics, et dans les faubourgs on peut être rencontré, ces lieux ne sont pas sûrs : c'est dans l'ombre insoupçonnée des églises que, sans respect pour le lieu saint et sans crainte de Dieu, des impies engageront des conversations criminelles. Le mari soupçonneux qui, après les avertissements d'usage, les aura surpris là, aura les mêmes droits que s'il les avait surpris ailleurs ; et d'une façon générale, Justinien dispose : « *ut si quis invenerit suam uxorem aut filiam, aut neptem, aut sponsam in venerandis locis cum aliquo loquentem,*

*et suspicatus fuerit turpis gratia causæ eos colloqui:
tradat eos defensori, aut aliis sanctissimæ ejus ecclesie
clericis, ut ipsi suo periculo utrasque personas divisin
taùndim custodiant, donec judex accipiat, et secundun
leges causas dicernat »* (nov. 117 Ch. 5, § 1 *in fine*.)

c) *Pénalité.* — Quelles sont les peines de l'adultère ?

La femme ne subit plus la peine de mort : la peine
était le fouet, et la réclusion dans un monastère. On a
contesté que la femme fut fouettée avant d'être enfermée
au couvent ; les termes de la Novelle 134 ne sont-ils donc
pas assez clairs ? « *Adulteram vero comptentibus vulneri-
bus subactam in monasterium »,*-(c 10), et « *mulierem cas-
tigatam et detrusam monasterio mitti jubemus* ». Une
fois fustigée, la femme était enfermée dans un monastère
Pendant deux ans, le mari avait le droit de la reprendre
en lui pardonnant. « *Si quidem intra biennium recipere
eam vir suus voluerit potestatem ei damus hoc facere* ».
Après ce délai, ou avant l'expiration des deux ans, si le
mari venait à mourir sans avoir pardonné, la femme
était voilée, rasée, recluse à perpétuité, « *tondere eam et
monachium habitum accipere et habitare in ipso monasterio in omne propriæ vitæ tempore* » (nov. 134 Ch. 10)
Etranges hôtesses pour les religieuses que ces femmes adultères ! « *devirginata cum virginibus, polluta cum puris,
corrupta cum integris, adultera cum castis et Deo dica-
tis* » Des monastères refusèrent de les recevoir ; d'autres
(y étaient-ils sollicités par un attrait pécuniaire) les reçu-
rent, mais eurent à déplorer des excès. Aussi Justinien
fut obligé de bâtir une maison exclusivement destinée aux
femmes adultères et qu'il appela « *Metanea* ». (Procope
de œdif Just.). L'adultère de la femme entraînait pour
elle, outre la fustigation et la claustration, des consé-

quences pécuniaires : la femme définitivement cloîtrée
perd tous ses biens. Les donations « *propter nuptias* » et
la dot sont attribuées en pleine propriété au mari, s'il n'y
a pas d'enfants ; et s'il y a des enfants, le mari a l'usufruit, les enfants la nu propriété. Quant aux autres biens de
la femme : si elle des laisse descendants, ils en ont les deux
tiers, l'autre tiers appartient au couvent ; si, à défaut de
descendants, elle laisse des ascendants qui ont désapprouvé la faute, ils prennent un tiers, les deux autres tiers
sont attribués au monastère ; si elle ne laisse ni descendants, ni ascendants qui aient désapprouvé le crime, tous
les biens reviennent au monastère. Malgré les termes
singuliers de la loi, qui a l'air de dire que les biens étaient
seulement donnés en dépôt au couvent, « *omnem ejus sub-
stantiam accipere monasterium conservandam* », il y
avait là une attribution définitive. (Nov. 117, ch. 8, § 2 ;
Nov. 134, ch. 10.)

La loi, devenue relativement douce aux femmes, est sévère aux maris infidèles. Lorsque le mari a entretenu une
concubine dans la maison conjugale ou dans la ville où se
trouve la maison conjugale, après trois avertissements de
ses parents, de ceux de la femme ou d'autres personnes honorables, « *semel et secundo culpatus, aut per eos aut per
mulieris parentes aut per alias aliquas dignas fide per-
sonnas hujus modi luxuria non abstinuerit* : la femme
peut divorcer ; elle garde la donation *propter nuptias*,
et la valeur égale à cette donation sur les autres biens du
mari (Nov. 117, ch. 9, § 5).

Enfin le complice est le plus maltraité ; nous savons
que légalement soupçonné et surpris dans certains lieux,
il peut être tué ; surpris ailleurs, il peut être poursuivi,
et condamné ; la peine est la mort. Au point de vue des

conséquences pécuniaires : s'il est marié, sa femme reprendra sa dot et les donations *propter nuptias* ; s'il n'y a pas de contrats dotaux, *dotalia instrumenta,* la femme reprend le quart de la fortune de l'époux infidèle ; et les autres biens ? S'il y a des ascendants ou des descendants, jusqu'au 3ᵉ degré, ce sont eux qui les prennent ; sinon, ils vont au fisc.

Avec la législation de Justinien, notre étude est terminée. Cependant nous voulons, avant de conclure, dire quelques mots de la constitution de Léon le Philosophe (Imp. Léon, Cont. 32).

Le crime d'adultère, d'après cet empereur, doit être sévèrement puni, la peine doit être celle de l'homicide. Car souvent le meurtrier, de sa main sanguinaire, ne tue qu'une personne, tandis que l'adultère criminel, *scelestus adulterii perpetrator,* frappe d'un seul coup mari, enfants, parents et autres. Cependant comme ce crime, autrefois puni de mort a été dans la suite frappé d'une peine plus douce, nous aussi, dit Léon, nous sommes entraînés presque à la douceur, « *ferè ad benigniora* » : on leur coupera le nez, « *ut nempè nasus detestandis illis ambobus abscindatur.* »

Cette peine n'est pas pour le mari, à raison d'une si grave injure, une consolation suffisante : on lui donnera la dot de sa femme pour achever de le consoler.

En outre, la femme ne pourra se remarier.

Elle ne pourra pas davantage se livrer hors du mariage à des gens libidineux, « *secum libidinosis commiscere.* »

On l'enfermera dans un monastère, comme en exil ; et là, qu'elle se repente, et trouve la peine légère.

Si la femme, séduite par la vie monastique, se fait religieuse : que ses biens extra-dotaux (la dot va au mari) soient partagés entre le monastère d'une part, et ses enfants de l'autre ; ou à leur défaut ses ascendants, ou à défaut de ceux-ci, ses collatéraux. Si la femme meurt sans avoir pris l'habit religieux et avec la faculté de tester, ses biens extra dotaux seront distribués d'après les dispositions de son testament.

Notre étude de droit romain est terminée. Ce sont les influences de ce droit que nous allons trouver dans l'ancien droit et dans le droit moderne.

ANCIEN DROIT

Notre étude de l'adultère dans l'ancien droit comprendra : le droit barbare, le droit canonique, le droit monarchique. En étudiant la législation romaine, nous nous sommes affranchis, dans le cadre que nous nous sommes tracé, des variations politiques de l'histoire, et, au lieu d'étudier l'adultère sous les Rois, sous la République, sous l'Empire, division factice en notre matière, nous l'avons pris avant, pendant, après la loi Julia, division plus conforme au développement juridique. De même, dans l'ancien droit, nous ne diviserons pas notre étude en périodes : Gauloise, Germanique, Carolingienne, Féodale, Monarchique.

Mais, au lieu d'aller ainsi pas à pas, tout en indiquant les transitions cependant, nous fixerons principalement notre attention : du ve au xe siècles, sur les lois barbares ; du xe au xvie siècle, sur la législation canonique ; du xvie au xviiie siècle, sur les coutumes monarchiques. Notre étude se divisera donc, comme nous l'annoncions, en trois périodes.

1° PÉRIODE : *Les lois barbares* (v^e au xe siècle).

II° PÉRIODE : *Législation canonique* (x^e au xvie siècle).

III° PÉRIODE : *Coutumes monarchiques* (xvie au xviie siècle).

PREMIÈRE PÉRIODE

LOIS BARBARES

(v^e au xe siècle)

Nous nous proposons d'étudier les Lois barbares.

Quelques mots cependant sur les premiers habitants de la Gaule avant les Barbares. Nous n'allons pas remonter jusqu'à l'époque tertiaire, époque à laquelle on prétend que l'homme a déjà existé. La période quaternaire ne nous occupera pas davantage : nous savons par M. de Quatrefages et Hamy, que le Gaule était à cette époque occupée par des hommes de race dolichocéphale, la « race de Canstadt » et la « race des Cro-Magnon ; mais de la vie sociale à cette époque nous ne savons rien, si ce n'est qu'elle était très rudimentaire. La période quaternaire fut suivie de la période géologique contemporaine : ce sont l'âge de la pierre polie, l'âge de bronze, l'âge de de fer. A cette époque, la civilisation devait être plus avancée et la famille plus existante qu'à l'époque précédente, mais encore ici ce serait pure chimère que de vouloir reconstituer les institutions de la famille [1].

C'est après l'âge de fer que vinrent en Gaule les Gaulois. Leurs mœurs nous sont quelque peu connues par

Glasson : *Histoire du droit et des institutions de la France ;* t. i, Intr. Ch. 1, 2, 3.

les Commentaires de César, monument le plus sûr et le plus complet que nous possédions sur ce sujet, encore est-il fort incomplet. Nous savons, par ces Commentaires, que les Gaulois sont d'une nature mobile, prompts à résoudre, changeants, avides de nouveautés; que la famille est basée sur le principe monogamique, mais que les chefs cependant devaient être polygames. Le mari avait un droit absolu sur sa femme, même celui de vie et de mort (Cœs, liv. iv, § 19). Peut-être ce droit était-il limité par un tribunal de famille, composé des *propinqui*. Dans tous les cas, cette autorité de la famille existait: ainsi nous savons que lorsqu'un père de famille de haute naissance venait à mourir, ses proches parents s'assemblaient, et, s'ils éprouvaient quelque soupçon sur les causes de sa mort, ils faisaient mettre ses femme à la torture; le crime était-il prouvé, elles étaient condamnées à périr par le feu et les tourments les plus horribles (Cés. liv. vi, § 19). Que conclure de ces renseignements au point de vue de l'adultère sur lequel César ne nous donne aucune indication particulière? Que la femme coupable devait être punie par le mari ou par le tribunal de famille, et puisque le mari et la famille avaient sur elle le droit de vie et de mort, c'était bien le cas d'en user. Rien à ajouter sur les Gaulois avant la conquête romaine.

La Gaule est conquise par César (58-50 av. J.-C.) et reste dans les mains de Rome jusqu'à la chute de l'empire d'occident (476 av. J. C.). La conquête a pour effet de faire disparaître les mœurs gauloises et d'assimiler la race conquise à la race conquérante. Pendant toute cette période, c'est le droit romain qui fut en vigueur dans la Gaule et le droit des codes Théodosien, Grégorien Hermogénien.

L'empire d'occident tombe, en 476, renversé par les
bandes d'Odoacre. Les barbares s'établissent dans la
Gaule ; les Burgondes (401-413), sur les bords du
Rhône ; les Wisigoths (412-450), au sud de la Loire ; les
Francs (481-500), sur les bords du Rhône et de l'Escaut.
Il y a donc sur le territoire de la Gaule un mélange de
peuples : des vaincus et des vainqueurs, des Romains et
des barbares. Il y a aussi diversité de législations: il n'y a
pas une loi unique qui gouverne, sans distinction de na-
tionalités, toutes les personnes qui habitent le même territoire ; chaque personne est, abstraction faite du territoire sur lequel elle se trouve, régie par la loi de la nation à
laquelle elle appartient. C'est le principe de la personnalité
des lois. Les barbares gardent pour eux leurs lois, mais
ils ne les imposent pas aux vaincus, ils leur laissent les
leurs[1]. C'est ainsi que nous avons à cette époque sur le
territoire de la Gaule : 1e le *droit romain*, 11e le *droit barbare*.

I. DROIT DES ROMAINS. — Le droit romain des
vaincus ne fut pas purement et simplement celui de l'Empire ; il fut revisé sur l'ordre des princes barbares, et
cette révision produisit deux lois principales : chez les
Burgondes, la *lex romana Burgundorum* (ou Papien) ;
chez les Wisigoths, la *lex romana Wisigothorum* (ou
Bréviaire d'Alaric) ; les Francs, eux, ne firent pas de rédaction personnelle pour leurs sujets romains ; comme
les Wisigoths et les Burgondes, ils acceptèrent le principe des lois personnelles, mais, à défaut de code spécial,
ils appliquaient aux Romains le droit du Bréviaire d'A-
laric ou du Papien.

---

1 Glasson. *Hist. du dr et des inst. de la Fr.* T. II, ch. 2, § 20, p.
155 et s.

I° *Lex romana burgondorum.*

La loi romaine des Burgondes fut publiée, entre 502 et 516, par Gondebaud. Cette loi est à peu près muette sur l'adultère. Le titre xxv « *de adulteriis* » se compose d'une loi unique, qui autorise le meurtre au cas de flagrant délit : le mari, s'il a trouvé un adultère avec sa femme, « *ita ut unum sint et sese commisceant* », aura le droit de les tuer tous les deux « *utrumque uno ictu punire* ». Ne pouvons-nous du moins recueillir des renseignements hors de ce titre ? Le titre xxi « *de divortiis* » nous apprend que l'adultère de la femme était une cause de divorce : la femme adultère, assimilée en cela à l'empoisonneuse, *venefica,* et à l'entremetteuse, *conciliatrix,* pouvait être répudiée par son mari, avec révocation des donations matrimoniales. L'adultère du mari ne donnait pas le même droit à la femme. En dehors de ces textes, plus rien qui vise l'adultère ; mais nous voyons que d'autres crimes contre les mœurs étaient sévèrement punis : le viol d'une femme ingénue ou d'une vierge était puni de mort ; puni de mort aussi le rapt d'une vierge ou d'une veuve. La loi, chose surprenante dans une loi romaine, interdit aux parents de « composer » avec le ravisseur ; on admettait donc le *Wergeld* dans d'autres cas ; preuve évidente que le droit romain était bien altéré.

II° *Lex romana wisigothorum.*

Ce recueil fut rédigé en 506 à Aire en Gascogne. Il est dû au roi Alaric II [1].

---

[1] C'est un abrégé, *Breviarium,* du Code et des Novelles de Théodose, des Institutes de Gaius, des sentences de Paul, de Papinien etc.—

En matière d'adultère, cette législation contient des règles assez nombreuses. C'est la législation romaine, à peu
près telle qu'elle était sous les Empereurs. Ainsi nous y
trouvons renouvelées les règles suivantes (*Codicis Theod.
lib.* IX. titre 4) : les servantes d'auberge ne peuvent être
accusées d'adultères (l. 1) ; le droit d'accusation n'appartient qu'au mari, *genitalis tori vindex*, et aux proches
parents, *quos verus dolor ad accusationem impellit* (l. 2) ;
les esclaves de l'un et de l'autre époux peuvent être mis
à la torture (l. 3) ; le mariage d'un juif avec une chré-
tienne ou d'un chrétien avec une juive est assimilé à l'a-
dultère (l.4).

La loi ne parle pas de la peine. Mais elle édicte celle
d'un autre crime contre les mœurs ; cette peine est la
peine du feu : — *Si flagitiosissimum scelus masculus in
masculum perpetraverit, coram populo hujusmodi faci-
nus flammis vindicibus expiabunt* » (l. 5) [1]. Nous n'ose-
rions soutenir par des déductions hasardées que la loi assimile les deux crimes : il est en effet à penser que le crime
prévu au texte, paraissait aux yeux des Romains d'alors
plus grave que celui d'adultère. La peine devait être
simplement la peine de mort. En ce qui concerne le droit
de vengeance : le mari, s'il surprend sa femme en flagrant
délit, a le droit de la tuer, pourvu qu'il tue en même
temps le complice. S'il ne la tue pas, il doit la répudier
sous peine de *lenocinium*. (L. 1, 2 Paul Sent. II, 27).

ces textes sont accompagnés d'une *interprétatio* qui nous fait connaître l'état des institutions à cette époque et des modifications que
les lois romaines ont subies dans la pratique.

[1] *Lex romana Wisigothorum.* Cod. Théod. lib. IX, tit. 4, 1.5 épit.
suppl. lat. 245. Edition Hœnel p. 178

En somme, rien d'original à remarquer dans les lois romaines.

II. DROIT DES BARBARES. — Les Barbares, avons-nous dit, tout en laissant aux vaincus le droit romain conservèrent leur usages nationaux appelés *Leges*. Les *Leges* constituent donc le droit coutumier, le *jus non scriptum* des peuples barbares, qui remonte à une époque indéterminée; il fut appelé *Lex* lors de sa rédaction à l'époque mérovingienne. Les *Leges* sont essentiellement personnelles : chaque *lex* est propre au peuple au sein duquel elle est née, et s'applique à tout membre de ce peuple, même en dehors de son territoire. Chaque peuple a sa loi : les Francs ont leur loi, les Francs saliens la *Loi Salique*, les Francs Ripuaires la *Loi Ripuaire* ; les Burgondes ont leur loi, la *Loi barbare des Burgondes* (Loi Gombette) ; les Wisigoths ont leur loi, la *Loi barbare des Wisigoths*. Nous allons les parcourir dans l'ordre de leur date.

I. Loi salique.

La loi salique, *lex salica*, ou loi des Francs Saliens, est la plus ancienne de toutes les lois barbares : d'après les travaux critiques les plus récents, le plus ancien texte a été rédigé sous le règne de Clovis entre 486 et 496. Cette loi est aussi de toutes les lois barbares la plus franchement germanique, celle qui a subi au moindre degré l'influence du droit romain. Elle est, sauf certaines rares dispositions de droit civil, un Code, écrit en latin barbare, le droit criminel; ou plutôt, un Code de *tarifs criminés*. Chez les peuples barbares, peuples ardents, violents, passionnés, la vengeance est un droit; ce droit, la loi salique le limite en établissant un tarif officiel des compositions. La composition ou *Wergeld* est la rançon ou indemnité

que le coupable d'un délit devait payer à la personne lésée
ou à sa famille, s'il voulait éviter l'exercice du droit de
vengeance.

Entr'autres crimes, dont la loi salique, fixe le wergeld,
sont, en quantité, des crimes contre les mœurs : bigamie,
viol, rapt, fornication, attouchements illicites. — *Bigamie*:
le crime de bigamie pouvait se commettre de deux manières,
en épousant la femme et en épousant la fiancée d'autrui.
Celui qui épouse la femme d'autrui est tenu de payer
200 sous, celui qui épouse la fiancée d'autrui 62 sous
1/2 [1] — *Viol* : celui qui a forniqué avec une fille ingénue en
usant de violence, *per virtutem*, doit être déclaré coupable
pour 62 sous 1/2 [2]. — *Rapt* : si le rapt d'une jeune fille ingénue a été commis par 3 personnes, chacune d'elles doit
de payer 30 sous ; si le nombre des ravisseurs est au-dessus
de 3, tous ceux qui sont au-delà de ce nombre payent 5
sous ; ceux qui sont armés de flèches, 3 sous en plus ;
quant au ravisseur lui- même, il est obligé de payer 62
sous 1/2 [3]. — *Fornication* : l'homme ingénu, qui du consentement d'une jeune fille, s'unit secrètement à elle, est tenu
payer de 45 sous [4]. Le commerce illicite de l'ingénu
avec une esclave est sévèrement puni ; l'union est-elle
publique, l'ingénu devient l'esclave du maître ; consiste-t-
elle en un rapport momentané, le coupable est tenu de
payer 15 sous d'or, et si l'esclave est une esclave du roi
30 sous. — *Attouchements illicites* : la loi impose une amende
à ceux qui touchent, avec une pensée de volupté, le corps
d'une femme ingénue : la pression du doigt ou de la main

[1] Tit. xiii 6 (10) ; xv.

Tit. xv.

Tit. xiii.

[4] Tit. xv. de Meskel.

est punie de 15 sous ; la pression du bras au-dessous du coude, de 30 sous ; la pression au-dessus du coude, de 35 sous [1]. Les Francs devaient punir aussi, et plus sévèrement encore les attouchements des membres inférieurs de la femme ; mais le taux de la composition nous est inconnu. Nous savons que, chez les Alamans, celui qui relevait la robe d'une femme jusqu'au milieu du tibia, payait 3 sous; jusqu'au genou, 6 sous; plus haut encore, 12 sous. Ces indemnités étaient d'un prix fort élevé [2].

Les Francs, on le voit, étaient les dignes descendants de ces rudes Germains dont Tacite disait: « Nul ne rit ici des vices; et corrompre et être corrompu ne s'appelle pas vivre selon le siècle [3] ».

Ainsi bigamie, viol, rapt, fornication, indécences sont des crimes qui demandent vengeance; la loi en fixe le *Wergeld*. Et l'adultère? L'adultère ne fait pas l'objet d'un titre spécial dans la loi salique. Un seul paragraphe, qui à

---

[1] Tit. xxv. Hessels et Kern. Col. 113,116.

[2] *Valeur des monnaies.* Les rédacteurs de la loi Salique fixent le Wergeld en sous et en deniers. Le sou est l'équivalent de 40 deniers. D'après les recherches minutieuses du Président Hiver, la valeur intrinsèque du sou d'or serait aujourd'hui de 11fr.85 ; celle du denier d'environ 29 centimes. Mais pour connaître la sévérité de la législation franque, il ne suffit pas de savoir la valeur intrinsèque de la monnaie; il faut aussi connaître dans quelle proportion la valeur a varié depuis cette époque. Les numismates ne sont pas d'accord (Pour les controverses de cette évaluation, voir *Revue numismatique* t. 1er p.242 et 811, t 2e, p. 28, 193, 408 ; t. iii p 169 et 275). D'après Hiver, la puissance de la monnaie est aujourd'hui 8 fois moins grande. Le *sou d'alors* aurait donc eu la puissance de 11fr.85 multiplié par 8, de *94 fr. 80 d'aujourd'hui*. Dans la loi des Ripuaires, nous trouvons la puissance d'acquisition du sou : un bœuf vaut 2 sous, une vache 1, un cheval 6, une jument 3.(Loi des Francs ripuaires, tit. xxxvi *De diversis interfectionibus*).

[3] Tacite. *De mor. germ.* xxi.

lui seul compose le titre xv, semble prévoir ce crime.
« Si quelqu'un prend la femme d'un autre du vivant du
mari, *si quis uxorem alienam tulerit a vivo marito*, il sera
déclaré coupable pour 800 deniers qui font 200 sous ». Ce
texte a-t-il en vue l'adultère ? Le mot « *tulerit* » employé
au texte (tit. xv) figure aussi au § 6 (10) du titre xiii :
« *Si quis sponsam alienam tulerit et eam sibi in conjugio
copulaverit, 2500 denarios qui faciunt 61 1/2 culpabilis judicetur.* » Dans ce dernier texte, il s'agit du mariage illicite
avec la fiancée d'autrui. Ne pourrait-on pas en conclure que
dans le premier, il s'agit du mariage illicite avec la femme
d'autrui, c'est-à-dire de la bigamie et non de l'adultère ?
Si tel est le sens de notre texte, le crime d'adultère n'est pas
prévu par la loi; si au contraire ce texte vise l'adultère, remarquons qu'il ne vise que l'adultère du complice, du ravisseur, *si quis tulerit*, et que l'adultère de la femme reste
hors de ses prévisions.

En présence de ce silence, que faut-il décider ? Les
Francs, comme les autres peuples barbares, n'ont pas
voulu codifier toute leur législation criminelle, de telle
sorte que tout crime qui reste hors des prévisions de la
loi soit impuni. A côté de la loi écrite, les coutumes natio-
nales subsistent toujours et forment, elles aussi, la loi des
Francs. Le texte lui-même de la loi Salique renvoie souvent au droit non écrit, et impose aux juges de juger
secundum legem Salicam sur les cas non prévus par le
texte [1]. L'adultère est donc puni selon les coutumes natio-
nales, et nous sommes porté à croire que, d'après ces coutumes, la peine consistait dans le libre exercice du droit
de vengeance.

---

[1] Tit. xlv ; 1. 4, 2, lii: lvii. Thonissen : *L'organis jud. de dr. pén. de
la Loi Salique.*

Montesquieu et les publicistes de son école ont prétendu que le droit de vengeance avait complètement disparu après la promulgation de la loi Salique. Quelques publicistes allemands ont soutenu au contraire que la base essentielle de la législation pénale des peuples germaniques était restée, même après leur établissement sur les débris de l'empire romain, la légitimité absolue de la vengeance. Entre ces opinions excessives s'est formée une opinion intermédiaire, émise par Pardessus dans une de ses savantes dissertations sur la loi Salique, et généralement adoptée aujourd'hui en Allemagne, en Angleterre, en Italie : le droit de vengeance n'est ni toujours enlevé, ni toujours admis ; il existe pour le meurtre, le sang peut être vengé par le sang, et pour les crimes les plus graves.

Au nombre de ces crimes, il faut ranger l'adultère. Nous n'hésitons pas un instant à admettre ce droit de vengeance au cas de flagrant délit. Est-ce possible de penser que les Francs avec leurs passions fougueuses et leur indomptable orgueil eussent consenti à réprimer leur colère et à conduire paisiblement devant le juge ceux qui souillaient leurs femmes ? La seule question que nous devions nous poser est celle de savoir si la vengeance était admise hors du cas de flagrant délit ? Les faits rapportés par les historiens nous autorisent à l'admettre[1]. Mais on a prétendu que ces faits ne sont pas strictement conformes à la loi. On a invoqué la loi Ripuaire, la loi des Burgondes, des Visigoths qui exigent le flagrant délit. Mais qu'importent ces lois postérieures ? La loi Salique s'occupe minutieusement de tous les attentats aux mœurs ; elle garde un silence absolu sur l'adultère. N'est-ce pas parce que ce crime n'est

---

[1] Grégoire de Tours. *Hist. Franc.* v, 33 ; I, 36.

pas rachetable ? En présence de l'adultère, un seul châtiment se dresse : le droit vengeance.

II° *Loi Ripuaire.*

La loi des Francs Ripuaires est un texte dont les diverses parties sont mal fondues ensemble, et appartiennent
à des dates différentes. D'après les derniers travaux de
la critique, les textes de cette loi s'échelonnent de
la première moitié du ve siècle à la première moitié du
viiie siècle. Sa forme actuelle date du viiie siècle[1].

Cette loi est sur les crimes contre les mœurs, moins
abondante de détails que la loi Salique. Elle fixe le
Wergeld, que devra payer celui qui presse la main ou le
bras d'une femme libre (tit. xxxix). Elle punit aussi le
rapt d'une femme ingénue : l'esclave paie ce crime de sa
vie, *de vitâ componat* ; l'homme libre sera condamné à
200 sous d'or, et si c'est un homme du roi ou un homme
d'église, *regius aut ecclesiasticus homo*, à 100 sous seulement (tit. xxxiv, l. 4, 1, 2,).

Quant aux attentats contre les femmes mariées, la loi
ne prévoit que le rapt : *Si quis alienam uxorem tulerit a
vivo marito* (tit. xxxv, l. 1,) : la peine est de 200 sous.
Sur l'adultère lui-même, la loi est à peu près muette : un
seul texte, qui nous révèle que le meurtre n'était permis,
au cas de flagrant délit, que si le coupable refusait de se
laisser lier : « Si quelqu'un a surpris un homme sur ses
biens, ou sur sa femme ou sur sa fille, qu'il ait voulu le
lier, qu'il n'ait pu y arriver, et qu'en luttant avec lui il l'ait
tué : il doit devant témoins élever le corps sur une claie,
au milieu d'un carrefour et le garder de 14 à 40 nuits ;
ensuite il doit affirmer devant le juge qu'il a tué cet homme

---

[1] Walter. *Corpus juris germanici antiqui : Lex ripuariorum.*

à son corps défendant ». S'il n'a pas accompli ces conditions, qu'il soit déclaré coupable d'homicide (tit LXXXVII)[1].
Ainsi l'adultère, comme le voleur, ne peut être tué que
s'il résiste au propriétaire, qu'il place ainsi dans une sorte
de légitime défense.

IIIᵉ *Loi barbare des Burgondes.*

Cette loi est la loi de Gondebaud, roi des Burgondes,
mort en 516; le texte que nous avons est le texte primitif,
modifié et complété par Sigismond, fils de Gondebaud, il
fut promulgué en 517 [2].

Comme les autres lois barbares, cette loi contient des
dispositions sur le rapt des jeunes filles (tit. XII); sur
la corruption violente des femmes (tit. XXX); sur l'inceste
(tit. XXXVI). La loi fixe le *wergeld*; ou réglemente le
droit de vengeance : ainsi l'esclave qui a violé une servante recevra 150 coups de bâton. Nous n'insisterons pas,
nous ne trouverions que des différences de quotité dans la
fixation du *wergeld*.

En ce qui concerne l'adultère, la loi est courte (Tit. XXXIII,
C. 1, 2). Au cas de flagrant délit, le mari peut tuer la
femme et son complice, il doit les tuer tous les deux : s'il
n'en tue qu'un seul, il doit en payer le wergeld. Hors du
cas de flagrant délit, la loi ne prévoit pas directement
l'adultère, mais elle nous dit dans un titre (*De divortis*
Tit. XXXIV) : « Si une femme a quitté le mari, auquel elle
est légitimement unie, qu'elle soit noyée dans la boue ».
A plus forte raison, la peine de l'adultère devait être la
peine de mort.

---

[1] Ce texte doit être du VIIᵉ siècle.

[2] Walter *Corpus juris germanici antiqui* · *Lex Burgundiorum.*

IVe *Loi barbare des Wisigoths.*

Les Wisigoths ont eu plusieurs recueils successifs de lois. Les textes que nous connaissons sont : un fragment appelé *antiqua*, attribué par Bluhme à Reccarède Ier qui a régné de 586 à 601 ; une loi appelée *Liber judicum* ou *Forum judicum* attribuée à Reccesuinthe, mort en 672. Cette loi des Wisigoths est « pleine de phrases », elle est à la lecture, d'une longueur exaspérante. On nous saura gré d'éviter, dans la mesure du possible, cette couleur locale [1].

Cette loi se pose en loi de morale ; on peut y lire : « *omne quod honestatem vitæ commaculat, legalis necesse est ut censura coerceat* » (Liv. III, tit. 3, 1. t.). Cette maxime révélatrice, incidemment jetée, la loi l'applique avec un luxe inouï de détails : les fiancées, les femmes, les veuves qui commettent adultère (Liv. III, tit. 2, 1. 1, 6 ; tit. 5) ; les femmes ingénues qui forniquent avec les esclaves ou les affranchis (Liv. III, tit. 2, 1. 2, 3) ; les ravisseurs (Liv. III, tit. 3, 6. 8,) ; les entremetteuses (Liv. III, tit. 13 1. 17) ; les prêtres impudiques qui souillent les religieuses vouées à Dieu, les veuves et les vierges (Liv. 8) ; les incestueux (Liv. III, tit. 5 1. 1) ; les *concubitores masculorum* (1. 5), les sodomistes (1. 7), — tous sont frappés, et de quelles peines : privation de biens, esclavage, décalvation [2], flagellation, mort et crémation [3] !

---

[1] Canciani. *Leges Barbarorum antiquæ* : T. IV, *codex legis Wisigothorum*.

[2] Cette peine consistait à rendre le coupable chauve.

[3] Ainsi le rapt d'une jeune fille ou d'une veuve est outre la privation des biens, puni de 200 coups de fouet, si attachés l'un à l'autre, le deux coupables se réunissent de nouveau « *ambi morti tradantur* » Si c'est un esclave qui a commis le rapt d'une ingénue, qu'il soit puni de la décalvation, et de 300 coups de fouet. Ainsi, la fornication d'une ingénue avec l'esclave d'autrui est punie de 200 coups de fouet si

L'adultère franchit, dans le temps, les limites du mariage ; il peut être accompli non seulement pendant le mariage par la femme mariée, mais encore avant et après, par la fiancée et par la veuve. Pas plus qu'elle ne peut se remarier dans l'année qui suit la mort du mari, la veuve ne peut « *adulterium facere* » sans être punie de la perte de la moitié de ses biens attribués à ses enfants ou à leur défaut aux parents les plus proches (L. III, § 2) ; mais c'est là un stupre d'un genre particulier plutôt qu'un adultère véritable. Restent la fiancée et la femme mariée. Il y a bien aussi, en dehors d'elles et de leur complice une autre personne incriminée ; ce n'est pas le mari, soyons sans crainte, mais c'est le complice du mari adultère : on l'attribue à la femme trompée qui se vengera : « *addicatur uxori cujus marito se miscuit ut in ipsius potestate vindicta consistat* » (Liv. III, tit. 4, l. 9). Revenons à la fiancée et à la femme mariée.

Mais avant de parler de la peine, notons deux dispositions de la loi, l'une ancienne, l'autre de physionomie récente : la première est relative à la torture des esclaves « *in domini dominœve capite servi vel ancillœ torquendœ sunt* » (l. 10) ; la seconde concerne le droit d'accusation, et dispose que si la femme fait prendre au mari

---

malgré la correction, les coupables recommencent «*iteratum centenos flagellos* » ; s'ils recommencent encore « *similiter centena flagella.* » et pour l'ingénue perte de la liberté. La fornication de l'ingénue avec son propre esclave — (je dis fornication et non adultère : le mot « *adulterium* » est employée dans un sens démesurément large par cette loi et a jeté les interprètes inattentifs dans de graves confusions ; le Liv. III, tit. 2, p. ex. employe, constamment le mot *adulterium* là où il s'agit du stupre des filles ou des veuves) — la fornication de l'ingénue avec son propre esclave est punie de la flagellation et de la mort par les flammes « *fustigentur et ignis conçrementur* »

des « *potions* » ou lui jette des « *sorts* » pour « *aliéner et précipiter ses esprits* », afin qu'il ne connaisse pas l'adultère ou ne puisse le poursuivre, l'accusation sera, dans ce cas, permise aux enfants légitimes et à leur défaut aux proches parents du mari (l. 13).

La peine de la fiancée, de la femme adultère, et de leur complice est personnelle et pécuniaire, privative de la liberté et des biens. La personne de la fiancée, de la femme et du complice est attribuée au mari « *cum suis rebus omnibus servituri* » (L. III, tit. 4, l. 1, 2.) Les biens sont attribués également au mari, avec des distinctions. Mais, dans tous les cas, le mari ne pourra se les voir attribuer que s'il cesse toute relation conjugale avec sa femme ; sinon il serait obligé de les abandonner en entier aux proches héritiers. (l. 12 cod. tit.).

Au cas de flagrant-délit, le mari ou le fiancé a le droit de tuer *l'adulter* avec *l'adultera* : *pro homicida non teneatur* (l. 4, Liv. III, tit. 4). Le même droit est accordé au père dans sa maison ; après la mort du père aux frères ou aux oncles paternels (l. 5). Si ce flagrant délit a été constaté par des esclaves, et que ceux-ci préviennent le maître, le droit de tuer n'existe plus, mais les esclaves pourront tenir les coupables *sub honesta custodia*, afin qu'amener devant le juge, ils soient condamnés à la peine légale.

Après avoir parcouru les lois des Barbares, nous pouvons dire avec autant d'exactitude que le disait Tacite des anciens Germains : « Il n'y a pas, chez eux, de pardon pour la pudeur qui se prostitue. *Publicatæ pudicitiæ nulla venia* ».

Capitulaires. Les *Leges* ne sont pas les seules sources du droit à notre époque ; à côté d'elles, il y a les *capitu-laires*, ordonnances ou constitutions rendues par le souverain seul ou dans certains cas par l'assemblée de tel ou tel peuple. « Les capitulaires étaient de plusieurs espèces. Les uns avaient du rapport au gouvernement politique, d'autres au gouvernement économique, la plupart au gouvernement ecclésiastique, quelques-uns au gouvernement civil. Ceux de cette dernière espèce furent *ajoutés* à la loi civile, c'est-àdire *aux lois personnelles* de chaque nation[1] ». Les capitulaires, peu nombreux sous les Mérovingiens, se multiplièrent à l'infini sous les Carlovingiens : ils contiennent d'assez-nombreuses-dispositions sur l'adultère et autres délits contre les mœurs [2]. Mais notre étude peut, sans aucune souffrance, passer. Les capitulaires en effet furent faits sous deux influences, l'influence des mœurs barbares, l'influence des idées chrétiennes. Ils ne sont qu'un mélange, très peu différent, des législations barbares et canonique. Nous jugeons superflu d'y insister puisque, d'une part, nous venons de donner le caractère des lois barbares, et que, de l'autre, nous passons à la législation canonique.

---

[1] Montesquieu. *Esprit des Lois* liv. xxviii, ch. 10.

[2] Pour ceux qui seraient curieux de voir dans leur détail les dispositions des Capitulaires nous donnons les quelques indications suivante : Baluze. *Capitularia regum francorum.*

Capitulare suessoniense Pappini principis.

Capitularia Synodalia, xviii, *anno christi* 752.

Alia capitularia synodi vermoriensis, I.

Capitulare compendiense viii, *anno christi* 764.

Capitulare Caroli magni et Ludovici (Pii Libri vii) liv. v, ccxvi.

Liv., vi, ccc. xcvii.

Capitulare de ministerialibus Palatii. liv. iii, vi, vii.

Capitulare Caroli Calvi, Tit. x, p. v, tit. xxi, cap. 5.

DEUXIÈME PÉRIODE

LÉGISLATION CANONIQUE

La législation canonique de l'adultère se rattache à la législation du mariage. Or dans la législation canonique du mariage, trois phases sont à distinguer : dans la première, le droit canonique se développe et coexiste parallèlement au droit séculier ; dans la seconde, elle le supplante et l'élimine ; dans la troisième, elle revient à son premier état.

Dès les premiers temps, l'église a ses règles spéciales sur le mariage ; mais ces règles ne s'imposent pas. le pouvoir civil garde la législation et la jurisprudence. Après la chute de l'Empire d'Occident, le pouvoir de l'Eglise sous les rois barbares reste, en principe, le même ; mais, sans que les principes fussent changés, ce pouvoir fait en réalité d'immenses progrès : d'une part les lois barbares sont sur certains points imprégnées de principes chrétiens, et les capitulaires, dans leurs dispositions sur le mariage et l'adultère, ont le plus souvent pour but d'adopter les règles ecclésiastiques en leur conférant une sanction ; d'autre part, à côté des tribunaux séculiers, s'élève toujours l'action disciplinaire de l'église, mais cette action disciplinaire prend un nouveau caractère, elle est exercée avec la connivence du pouvoir royal : dans les cas où la législation canonique et la législation civile concordaient, si l'église intervenait la première, le juge séculier n'avait pas à intervenir. C'est la première phase ; elle va jusqu'à la fin du ixe siècle.

Mais cette dualité devait faire place à l'unité. L'église devait enlever au pouvoir séculier la juridiction en notre matière et conquérir une juridiction proprement dite et exclusive. Du même coup et en même temps, elle conquit le pouvoir législatif. C'est vers le milieu du xe siècle que furent conquis ce pouvoir et cette juridiction ; l'église devait la conserver jusqu'au xvie siècle. C'est la deuxième phase, c'est l'âge classique du droit canonique.

Ce droit absolu et exclusif de l'Eglise disparut du xvie au xviiie siècle. Les théologiens de cette époque admirent généralement que le pouvoir séculier avait le droit de légiférer sur le mariage, mais qu'il devait s'abstenir de le faire par déférence pour l'église ; quant aux jurisconsultes, ils admettaient ce droit du pouvoir séculier sans restriction. Le pouvoir séculier, en même temps que le droit de légiférer, reprenait le droit de juridiction [1].

Ce fut donc pendant l'espace de cinq siècles du xe au xvie siècle que régna la législation canonique. C'est d'elle que nous allons nous occuper pendant cette période, nous parlerons ensuite de la législation civile du xvie siècle à la Révolution.

La doctrine du Christ était venu révolutionner le monde païen, et apporter sur les rapports des deux sexes des idées nouvelles. La loi de l'Evangile proclame le principe nouveau de l'égalité des sexes : « Il n'y a plus ni juif, ni Grec, ni esclave, ni libre, ni homme, ni femme, vous

---

[1] Esmein. *Le mariage en droit canonique.*

n'êtes tous qu'un en Jésus » (*Ep. ad galat,* III, 28). Et saint Jérôme professe ce principe en termes généraux qui en sont restés comme la formule : « *Aput nos quod non licet foeminis aque non licet viris et eodem servitus pari conditione censetur* » (Saint Jér. C. XIX,XX, C. XXXIII, qu. 5). Pour mieux rétablir cette égalité, le Christ allait même jusqu'à renverser en quelque sorte les rapports des deux époux et disait : « L'homme quittera son père et sa mère et s'attachera à sa femme. Ce nouveau docteur n'ordonnait pas la répudiation de l'épouse stérile, comme la loi Juive ou la loi païenne, il disait : « Que l'homme ne sépare point ceux que Dieu a unis ». Aux Pharisiens qui l'interrogeaient pour le tenter, il répondait : « C'est à cause de la dureté de vos cœurs que Moïse vous a permis de renvoyer vos épouses. » L'homme et la femme doivent rester unis : « *erunt duo in carne unâ* ». L'époux pourra peut être encore chasser l'épouse pour cause d'adultère, « *ob fornicationem* », mais s'il la chasse, qu'il ne la poursuive pas de sa haine ou de sa fureur ; qu'il lui dise : « Va-t-en et ne pêche plus à l'avenir » (Saint-Jean VIII, 11) [1].

Nous allons trouver quelque influence de ces idées sur la législation canonique ; nous ne jetterons qu'un rapide coup d'œil sur cette question, qui pourrait faire l'objet d'une monographie spéciale, nous conserverons dans cette étude le cadre général que nous avons établi pour l'étude de la législation romaine.

---

[1] Sur l'authenticité du récit de la femme adultère voir la savante dissertation de l'abbé Le Camus : *Vie de Jésus-Christ,* t. II, nouv. édit. Ch. IV. *La femme adultère,* p. 228 la note.

CHAPITRE PREMIER

DES ÉLÉMENTS ESSENTIELS

L'adultère est en droit canon un péché de luxure,
delictum carnis. Le péché est du domaine de la conscience, du for intérieur, *forum conscientiæ*, plutôt que
du domaine du droit, du for extérieur, *forum externum*.
Mais tandis que certaines péchés sont du domaine du for
intérieur seul, tels : la *delectatio morosa* ou la *simplex
mollities* ; certains sont à la fois du for intérieur, et
du for extérieur, tels : l'*adulterium* ou violation du lit
conjugal ; le *stuprum* ou défloration d'une vierge ; l'*incestus carnalis* ou *concubitus* avec une personne parente ou alliée à un degré où le mariage est prohibé ;
l'*incestus spiritualis* ou *concubitus* d'un prêtre avec sa
paroissienne, d'un confesseur avec sa pénitente ; le *sacri-
legium* ou *concubitus* avec une personne consacrée à
Dieu ; le *concubitus* ou concubinage qui est la fornication
habituelle avec la même personne ; la *sodomia* et la *bestiali-
tas* [1]... Nous n'avons à nous occuper que de l'adultère.

L'adultère peut être défini en droit canonique : *la conjonction illicite d'une femme mariée avec un autre
homme que son mari, ou d'un homme marié avec une
autre femme que la sienne* [2]. Cette définition est plus étendue
que la définition romaine, car elle comprend en même

---

[1] Lequeux. *Manuale compend. jur. conon.* t. II. qu. C. XXXI.
[2] Durand du Daillane. *Dict. d. dr. can. Vo adult.*

temps que la faute de la femme, celle de l'homme. Du
reste en droit canon, comme dans les autres droits, sauf
certaines particularités, l'aductère est constitué par trois
éléments essentiels.

I. Elément : Copula Carnalis. — A cesujet, grande «*disputa-
tio* » entre les Docteurs (Thomas Sanchez.*Disputationes* de
sancto matrimonii sacramento Lib. ix, disp. 46, p° 18).

Certains Docteurs exigent que les actes luxurieux aient
été poussés jusqu'à leur extrême limite. il faut qu'il y ait
« *seminis effusio* ». Cela ne suffit pas : il faut encore que
cette « *seminis effusio* » ait pu avoir pour conséquence la
génération.

Chaque époux a sur le corps de l'autre un droit de propriété, *dominium* ; non pas sur tout le corps, mais seulement
super semen parce que c'est par là *seminis effusio* qu'on
arrive à la génération-et que la génération est la suprème
fin du mariage, *potissimus matrimonii finis*. Il est impossible de se faire du mariage une conception plus na-
turaliste.

Certains autres Docteurs professent une théorie contraire
tout à fait extrême. Ils partent du même principe que le
mariage livre la propriété du corps. Mais d'après
eux, il la livre, non pas seulement en ce qui concerne la
copula carnalis elle-même, mais en tout ce qui y a
trait, la prépare ou la provoque. La foi du mariage oblige

---

[1] Il y a là des règles que « les canonistes » du moyen âge exposaient
avec une précision minutieuse et une innocente impudeur et, qu'il est
parfois assez difficile de rappeler, aujourd'hui que les mœurs ont
changé et que l'on n'écrit plus en latin » (Esmein : *Mariage, en dr.
canonique*).

« *ad abstinendum ab omni actu venereo cum alio.* » Sanchez va plus loin encore ; la fidélité enchaîne même la pensée adultère : « *imo et mentem in alium collocare astringit.* » Mais ici nous serions dans le domaine de la conscience et non dans celui du for extérieur.

II. Élément : Le mariage. — Le mariage crée une servitude du corps de l'un des époux sur le corps de l'autre ; cette servitude est la même pour les deux conjoints « *eadem servitus pari conditione censetur* » (St. Gér.) Les deux époux ont des droits égaux et des devoirs réciproques. En droit civil, la femme seule se doit à son mari, le mari ne commet pas adultère s'il a commerce avec une fille libre. Mais les canonistes et les théologiens ne font plus de distinction : *ex eo quod conjugalis fides et unitas duorum in carne una perfidè violatur.* St. Paul a dit que le mari n'est pas plus maître de son corps que la femme ne l'est du sien [1].

« *Mulier sui corporis non habet potestatem, sed vir. Similiter « autem et vir sui corporis non habet potestatem sed mulier* (St. Paul, Corinth. I, ch. 7 ».

Les canonistes furent ainsi amenés à distinguer l'adultère simple de l'adultère double : l'adultère simple est celui qui est commis par un homme ou une femme mariés avec une personne libre de tout lien ; l'adultère double est celui qui est commis par une personne mariée avec une autre personne mariée.

---

[1] Lactance exprime en ces termes cette différence entre le droit civil et le droit canon : *Non enim sicut juris publici ratio est, sola mulier adultera est, quæ habet alium ; maritus autem etiamsi plures habeat a crimine adulterii solutus est. Sed divina lex ita duos in matrimonium conjungit est adulter quisquis compagem corporis in diversa distraxerit* (Divin. inst. lib. VI C. XXIII n'o 24).

Les fiancés, de même que les personnes mariées, sont tenus du devoir de fidélité. On distinguait deux sortes de fiançailles : les fiançailles de présent et les fiançailles de futur. Les *sponsalia per verba de futuro* forment comme une préparation normale du mariage et entraînent l'obligation juridique de le contracter, mais n'obligent pas au devoir de fidélité. Les *sponsalia per verba de proesenti* sont l'expression par paroles du consentement actuel de se prendre pour mari et femme, ils sont un véritable mariage, sauf la consommation. Aussi Gratien distingue dans la Cause xxviii (quest. 2) deux degrés dn mariage : le *conjugium initiatum* qui résulte du seul consentement et existe par là même entre fiancés, et le *conjugium ratum* qui ne s'établit que par le *copula carnalis* et vient parfaire le premier. Les fiançailles de présent, étant un véritable mariage, créent donc un droit à la fidélité, le droit de servitude dont nous avons parlé, seulement un droit de servitude qui n'a pas encore été mis en exercice, voilà tout ; c'est l'*animus*, sans le *corpus*, mais cela suffit.

IIIe Elément. — L'Intention coupable. L'adultère suppose enfin, comme dans toutes les législations, l'intention coupable, c'est-à-dire l'absence d'erreur ou de violence. C'est même la pensée adultère qui, d'après Sanchez, constitue l'adultère ; nous avons dit qu'elle n'est pas suffisante, mais elle est toujours nécessaire.

CHAPITRE II

DE LA PROCÉDURE

Nous comprenons sous cette rubrique 1° L'accusation,
2° Les moyens de défense. 3° Les preuves. Nous nous
sommes étendus très longuement sur cette question en
droit romain ; nous aurons l'occasion d'y revenir dans la
dernière période de notre ancien droit aussi passerons
nous rapidement.

§ I. De l'accusation.

L'Eglise emprunta la procédure pénale du Bas-Empire.
C'est le principe accusatoire qui domine devant les tribunaux de l'Eglise comme devant ceux de l'Empire. Mais en
droit canonique, comme en droit romain, exception est
faite en matière d'adultère à ce principe de l'accusation
publique. C'est le mari qui est le premier accusateur, accusateur privilégié pendant soixante jours. Après lui le
père et les proches parents pourront aussi se porter accusateurs (P. Leuren. D. can. q. 6), mais les étrangers sont
exclus de l'accusation.

Au xiie et au xiiie siècles, les dérèglements et les
scandales tant des clercs que des laïques, étaient devenus
tels, ainsi que le constatent les textes officiels (C. 25. x.
de acc. v. i) qu'une répression énergique devint nécessaire. A côté de la procédure *per accusationem* se développe la procédure *per inquisitionem*. Elle permettait au

juge lorsqu'il n'y avait pas d'accusateur d'entamer un procès à toute personne diffamée. Dès qu'il y a *infamatio, clamosa insinuatio,* le juge se livre à une enquête secrète, *inquisitio famæ* (c. 10. 24. x de acc. v. i.) Ce changement de procédure influe sur l'adultère : si le mari est le gardien de la couche nuptiale, le procureur est gardien de la moralité publique ; lorsque l'adultère sera notoire et de scandale public, le procureur pourra agir d'office. Cependant dans certaines villes le juge ne pourra agir d'office avant la plainte des intéressés (Diaz, *Prat. cr.* C. 85, V° adult. n° 6).

§ 2. **Des moyens de défense.**

Les accusés peuvent présenter des excuses ou des exceptions.

Les excuses sont ici, comme dans toutes les législations, tirées de l'erreur ou de la violence.

Les exceptions principales sont : la prescription, la réconciliation, le *lenocinium* ou connivence, l'adultère du mari.

La prescription est, comme en droit romain, de cinq ans. (Farinac liv. i. tit. 1 qu 10, n° 15.)

Ce délai court, si le délit a été renouvelé et que l'adultère ait été commis pendant plusieurs années avec la même personne, non pas de premier acte, mais du dernier (ibid n° 16). Si l'adultère a été commis avec violence, *cum vi,* ou s'il a été accompagné d'inceste, *si mittatur incestus cum adulterio,* la prescription ne court pas (ibid. n° 18). La prescription ne frappe que l'action criminelle ; elle n'atteint pas les actions civiles, par exemple, l'accusation « *ut divortium fiat* (Farinac). »

Le *lenocinium* ou consentement du mari, peut être

opposé, comme une exception, et fait repousser l'accusation. Au point de vue du for intérieur même, ce consentement change ce crime en celui de fornication simple, « *copula cum conjugata, consentiente marito, non est adulterium adeoque sufficit confessione dicere se esse fornicatum.* » (Innocent XI *sub die* 2 ; *Martii* 1679, *in ordine* 50).

L'adultère du mari peut être aussi opposé[1] par la femme pour repousser l'accusation : il y a compensation de torts. Il faut même remarquer que si un des époux ayant commis l'adultère et l'autre ayant demandé et obtenu la séparation, celui-ci postérieurement à la séparation commet adultère, le juge ecclésiastique doit d'office ordonner la réconciliation et reprise de la vie commune (Sanchez l. 6, n° 31).

L'exception tirée de l'adultère de l'autre époux, quoique l'accusation d'adultère soit quinquennale, est perpétuelle « *excipiendi tamen potestas est perpetua* » (Farinac lib. I tit. 1, qu 10, n· 15),

<h2 align="center">§ 3. Des preuves.</h2>

La preuve de l'adultère est une preuve difficile « *Carnalis copula est difficilis probationis* » (Farinac lib. xv, tit. 16 qu cxxxvi n° 4). La preuve directe est même pour ainsi dire impossible : car, cette preuve consisterait à démontrer la *copula carnalis*, dans des conditions précises et déterminées ; or, cette certitude matérielle échappe aux regards. Il faut donc se contenter de présomptions : «*in iis quæ sunt difficilis probationis proesumptiva probatio habetur pro verâ et concludenti*». Les présomptions doivent être *probabiles, ingentes, legitimæ, violentæ* (Farinac.)[2].

---

[1] Job. ch. 21 : « *Si deceptum est cor meum super muliere et siad ostium amici mei insidiatur, scortum alterius sit uxor mea et super illam incurventur alii* ».

[2] Les Juifs avaient recours pour trouver la preuve de l'adultère à

La présomption la plus violente serait certainement celle où *quispiam nudus supra nudam fœminam in ipso actu reperiatur*. Si cette nudité et cette situation ne sont pas une preuve, il n'y aura jamais de preuve. Néanmoins, Sanchez pense qu'il y a seulement là un motif suffisant pour que l'époux innocent puisse refuser à l'autre le *debitum conjugale*, mais que l'adultère ne serait pas suffisamment prouvé pour servir de cause à une séparation ; (Sanchez : De matr. lib. 10, Disp. 12, qu. 39 et sqq) La présomption serait encore très forte, *si quis reperiatur solus cum sola in lecto* ; mais si on trouve les deux personnes, *in loco abdito, amplexantes et osculantes*, la présomption ne serait pas suffisante ; car ce ne sont là que des préparatifs, *quia hoec sunt præparantia ad adulterium*. Plusieurs docteurs se sont demandé si un ecclésiastique surpris embrassant une femme en tête à tête fournirait contre lui une présomption d'adultère, et ils ont décidé que non, parce que, ont-ils dit, il faut prendre ce geste pour une bénédiction, *quia proesumitur benedicendi et cohortandi causa facere*. Mais Angelus tourne en

l'épreuve des eaux amères.. On faisait prendre à la femme une certaine boisson et on lui disait : « Si personne n'a couché avec toi, et si, étant sous la puissance de ton mari, tu ne t'es point débauchée et souillée, tu ne recevras aucun mal de ces eaux amères qui portent malédiction ; mais, si étant en la puissance de ton mari, tu t'es débauchée et souillée, et que quelque autre que ton mari ait couché avec toi, que l'Eternel te livre à l'éxécration et que ces eaux maudites entrent dans ton ventre pour t'enfler l'utérus et te pourrir la cuisse. *Ingrediantur aquæ maledictæ in ventrum tuum et utero tumescente putrescat femur*. Et la femme répondra : *Amen. amen.* (nomb. 5).

dérision cette interprétation débonnaire, et prie Dieu de préserver ses amis d'une pareille bénédiction : « *A tali benedictione, libera nos, Domine* ! »

L'étude minutieuse de cette question de la preuve a un certain attrait de recherche casuistique. On trouverait les documents de cette étude dans Farinacius, T. V. in-fol. lib. 15 (*De delictis carnis* tit. 16.)

CHARITRE III

DES PEINES[1]

Les peines sont religieuses ou civiles :

I. *Peines religieuses.* — D'après la loi de Moïse, la peine de l'adultère était la peine de mort ; et le genre de mort était la lapidation. (Exod. C. 20 ; Deut. C. 22). Jésus condamnant la rigueur de la loi de Moïse, et des législations antiques, dit aux accusateurs de la femme adultère : « Que celui d'entre vous qui est sans péché lui jette la première pierre. » Participant à cette indulgence, le droit canonique ne prononce plus de peines corporelles, mais seulement des peines religieuses.

La peine des laïques, hommes ou femmes est l'*excommunication* (*C. intelliximus, de adulter*). De plus la femme subit la peine de la *claustration*, elle est enfermée dans un monastère, où si le mari ne veut pas lui pardonner et la reprendre, elle doit demeurer le reste de ses jours et faire pénitence. Mais les canons n'assignent pas au mari un délai fatal pour pardonner : tandis que d'après la législa-

---

[1] D'après notre plan général, nous devrions étudier ici le droit de tuer. Mais cette question ne se pose pas en droit canon au point de vue du for extérieur. Car lorsqu'un meurtre était commis sur les coupables d'adultère, la question appartenait aux Tribunaux séculiers. La question du meurtre au point de vue du for intérieur, du domaine de la conscience a préoccupé les canonistes (V. Sanchez, lib. x disp. 8 nº 37 et suivants), mais n'a pas dans notre étude droit à une place inévitable

tion de Justinien ce droit de pardon du mari n'existe que pendant deux ans, d'après les canons il est perpétuel. « Qui vous assure, dit le Pape Innocent III, que le mari ne se résoudra pas à pardonner à sa femme, quand elle aurait péché sept fois et septante fois sept fois. » (Can. 5 *de Bened.* Caus. 32, qu. 1).

Les clercs convaincus d'adultère étaient *destitués* de leur office, privés de la société des fidèles et des sacrements, et enfermés dans un monastère le reste de leur vie. (I card 63. p, 204). La destitution s'imposait lorsque le crime était connu des fidèles et avait causé du scandale ; il était nécessairement dans ce cas un obstacle à l'exécution des fonctions sacerdotales. Mais les canonistes, pénétrant jusque dans le for intérieur, allaient plus loin et décidaient que tous les crimes qui, quoique secrets, portent l'Eglise à exclure des sacrés ministères ou à en déposer ceux qui en sont convaincus, doivent porter tous ceux qui en sont coupables à se faire procès à eux-mêmes, et à se donner l'exclusion des Dignités Saintes « qui sont des rayons et des participations de l'Agneau Céleste » (Thomassin t. 2 part 2, liv, 2 ch. 51. n° 7). Il est vrai que l'amour du repos et les douceurs d'une sainte retraite avaient souvent plus de force sur l'esprit des ecclésiastiques que cette raison de de conscience.

II. *Peines civiles.* — Les peines civiles qui frappent l'adultère sont les suivantes :

L'époux adultère n'a plus le droit de demander à l'autre époux l'accomplissement du devoir conjugal : *Adulter conjux privatur jure petendi debitum conjugale.* (Sanchez, de matr. lib. 1, disp. 68, num. 4 ; lib. 10, disp. 9, num. 30 et disp. 12, num. 7).

L'adultère est une cause suffisante de *séparation de*

corps : *Adulterium est causa sufficiens divortii*. (Math.
5 et 19 ; Sanchez : lib. 10, disp. 8, num. 2). *Divor·
tium* chez les Canonistes ne signifie pas divorce, mais
séparation de corps, séparation du lit et de la table, *divortium a toro et mensâ*. Nous allons du reste entrer, un peu
plus loin, dans le détail de cette question.

L'adultère est une cause de *perte de la dot : uxor propter adulterium amittit dotem*. (Menoch. lib. 2 de arbitr.
cent. cas. 287 ; Sanchez, lib. 10, desp. 8, num. 2). Cependant la femme ne subit pas cette peine lorsqu'elle s'est
ivrée par violence, ou si c'est le mari qui est cause de
l'adultère parce qu'il a chassé sa femme de la maison ou
parce qu'il l'a traitée si cruellement qu'elle s'est enfuie
(Menoch. ibid.). On se demandait si l'adultère ayant été
commis dans un mariage nul, il y avait aussi perte de la
dot ; *non levis est controversia*. (Barbosa l. 2, in. pr. n°
93, 94 ff. *soluto matrimonio*).

Une autre question controversée entre les Docteurs est
celle de savoir si la femme perdait aussi ses *biens paraphernaux*. (Sanchez, lib. x, disp. 8 qu. 1 n° 10).

L'adultère était, sous certaines conditions une cause
d'*empêchement* à un mariage postérieur.

Enfin, les adultères étaient frappés d'*infamie : infamia
juris afficitur clericus aut laïcus damnatus de adulterio*,
Farniac. qu. 141 num. 25*)*.

Nous avons passé rapidement sur ce sujet, mais nous
allons particulièrement insister sur deux questions, au
sujet desquelles les idées religieuses ont exercé une vive
influence jusque dans les législations modernes. 1º L'adultère est-il, en droit canon, une cause de divorce ? 2º L'a-
dultère est-il un empêchement à un mariage postérieur ?

1° *question. L'adultère est-il, en droit canon, une* CAUSE DE DIVORCE ?

L'église place aujourd'hui au rang de ses dogmes l'indissolubilité absolue du lien conjugal ; c'est l'église surtout qui s'est élevée contre le divorce.

Cette doctrine ne s'est pas affirmée dès le commencement, elle est le produit d'une lente évolution. Pendant longtemps l'Église dut transiger avec le divorce ; car, dès le début et pendant des siècles, elle se trouve en présence de législations qui l'admettent, et, l'admettent avec facilité, la législation de l'Empire et les coutumes germaniques. L'église, il est vrai, réagit dès les premiers jours, mais le triomphe complet de la doctrine de l'indissolubilité ne fut législativement proclamé qu'au Concile de Trente (1er nov. 1541, — 4 déc. 1563).

D'où venait donc cette incertitude ? Les textes de l'Ecriture ne sont pas clairs : l'Evangile selon saint Mathieu paraît et est en contradiction avec l'Evangile selon saint Marc et selon saint Luc. Du reste, voici les textes :

Saint Mathieu (ch. XIX) nous rapporte que :

3 « Les Pharisiens allèrent à Jésus pour le tenter et lui dirent : Est-il permis à un homme de répudier sa femme, pour une cause quelconque, *quacunque ex causâ ?* »

4. « Jésus leur répondit : N'avez-vous pas lu que celui qui fit l'homme au commencement, les fit mâle et femelle, et dit :

5. « Pour cela, l'homme quittera son père et sa mère et s'attachera à sa femme, et ils seront deux en une seule chair : *erunt duo in carne una.*

6. C'est pourquoi ils ne sont pas deux, mais une seule chair. Donc que ce que Dieu a uni, l'homme ne le sépare pas.

7. Ils dirent : Pourquoi donc Moïse a-t-il ordonné de donner le libelle de répudiation et de renvoyer la femme ?

8. Jésus leur répondit ; c'est à cause de la dureté de vos cœurs que Moïse vous a permis de renvoyer vos épouses : mais au commencement il n'en fut pas ainsi.

9. Moi je vous dis : celui qui a chassé son épouse, *nisi ob fornicationem,* et en a pris une autre est adultère, *mœchatur;* et celui qui a pris la femme répudiée est adultère, *mœchatur* ».

St-Mathieu avait dit la même chose au chapitre v (v. 31 32).

31. « *Quicumque dimiserit uxorem suam, det ei libellum repudii.*

32. *Ego autem dico vobis quia omnis qui dimiserit uxorem suam, excepta fornicationis causa, facit eam mœchari, et qui dimisam duxerit mœchatur* ».

Ainsi deux fois, St Mathieu nous dit la même chose : Le divorce est défendu, si ce n'est pour cause d'adultère, *nisi ob fornicationem, excepta fornicationis causa.*

Mais St Marc et St Luc passent sous silence cette exception.

St Marc (Ch. x) v. 11. « Les disciples l'interrogèrent encore sur ce sujet dans la maison, et il leur dit : « quiconque répudiera sa femme et en épousera une autre, commettra un adultère sur elle. — v. 12. « Et si la femme a répudié son mari et s'est mariée à un autre, elle est adultère ».

St Luc (Ch. xvi), V. 18 : « quiconque répudie sa femme et en épouse une autre est adultère ; et quiconque épouse celle que son mari a répudiée est adultère ».

Ainsi, d'après ces deux derniers évangélistes, la prohibition est absolue, plus de trace d'exception.

En face de ces textes, deux opinions se formèrent parmi les Pères de l'Église [1] : Les uns, s'appuyant sur l'évangile de St Mathieu admettaient le divorce pour cause d'adultère. Certains, les plus rares, se fondant sur le principe d'égalité, admettaient cette cause au profit du mari et de la femme [2]. D'autres plus nombreux, très nombreux, interprétant strictement la lettre du texte ne l'admettaient qu'au profit du mari.

Cette dernière opinion fut professée par Tertulien [3]. Origène [4], Lactance [5], St Grégoire de Nazianze [6], pseudo-Ambroise [7], St Jean Chrysostome [8], Astérius d'Amassée [9], Théodoret [10], Hilaire de Poitiers [11]. Nous regrettons de ne pouvoir entrer dans les détails de discussion de leur doctrine.

Les autres ne tenant compte que des Évangiles de St Marc et de St Luc se prononcèrent dans le sens de l'interdiction absolue d'un nouveau mariage à l'un quelconque des époux tant que l'autre était vivant. St Augustin dans son célèbre traité *de adulterinis congugiis* [12] prend parti

[1] V. Revue des Pères de l'église dans Perronne : *De matrimonio christiano Romæ* 1858 t. II p. 248 et suiv. p. 770 et suiv.

[2] St Epiphane: *Adversuses hæres* lib. II (édit. Paris 1682 t. I p. 297)

[3] Lib. II, C. 74 (édit OEhler II, p. 248)

[4] *In Matthæum* C. 14.

[5] *Divin. inst. lib.* VI, c. 23.

[6] *Oratio* XXXI.

[7] *Super . Corinh*, c. 7, c. 17 c. XXXII, qu. 7.

[8] *De libello repudii* c. III.

[9] *Homilia In Matth.* XIX, 3 (bibiloth. max. patr. Lugd. 677 t. V. p. 818.

[10] *Hæretic. fac. V, C.* 23 (Edit. Sirmond IV, 308)

[11] *De adulter. conjug.* lib. II c. 10 p. 624

[12] *De adulter. conjug.* lib. II c. 10 p. 624

pour cette doctrine, et ce fut à sa suite l'opinion dominante. C'est lui qui jette vraiment les premières bases de la future théorie de l'indissolubilité du mariage, sacrement. Et cependant St-Augustin lui-même semble douter de sa propre doctrine en ce qui concerne l'exclusion du divorce pour cause d'adultère ; ailleurs il y revient, et il admet que l'homme qui répudiait sa femme pour cause d'adultère et en épousait une autre ne commet qu'un péché véniel. La doctrine, dit-il est si obscure dans les paroles divines, « *in ipsis divinis sententiis ita obscurum est...* »[1]

Comme la doctrine des Pères de l'église, la législation des Conciles fut hésitante : en principe, elle proclamait l'indissolubilité absolue du lien conjugal, mais elle admet des tempéraments pour ceux qui usent du divorce permis par les lois civiles. Le Concile d'Elvire (305 ou 306[2]) contient des pénitences qui doivent être infligées aux femmes divorcées et remariées : il les prive de la communion à temps ou jusqu'au lit de mort. Ce concile ne vise que les femmes. Le Concile d'Arles (314)[3] vise au contraire les hommes et s'ils reprennent une nouvelle femme avant la mort de la première les exclut de la communion catholique. Le concile de Carthage (314) et le concile d'Angers (453) prohibent un nouveau mariage à l'homme et à la femme. Le concile de Vannes (658)[4] exclut de l'anathème les hommes qui se remarient après répudiation de leurs femmes pour cause d'adultère. Aux VIIe et VIIIe siècle,

---

[1] Retractationum l. b. II. c, 19 — *De fide et operibus* c. 19 (Vivès t. XXI, p. 275.

[2] Bruns, (II p. 3.) C. 8, 9, 10.

[3] Bruns II, p. 210.

[4] Bruns II, *C. de Carthage* p. 8, note 3; *d'Angers* p. 138; *de Vannes* p. 143.

le concile de Nantes [1] défend au mari qui répudie sa femme pour adultère de se remarier tant qu'elle vit ; mais le concile d'Herford [2] ne fait que le conseiller ; le synode de Soissons (744) [3] prohibe le divorce, mais admet exception au cas d'adultère. C'est, en somme, un régime de tolérance. A partir du viiie siècle commence une ère de sévérité : le concile de Frioul (796), le concile de Paris (829), le concile de Tolède (861), le concile de Nantes (895), le concile de Tribur (895) défendent le nouveau mariage après répudiation [4]. Dans la seconde moitié du xie siècle triomphe définitivement la règle de l'indissolubilité absolue.

La doctrine se fixe en ce sens dans Gratien et dans Lombard. Gratien, cause xxxii qu. 7, discute les doctrines précédentes et conclut au principe absolu qu'aucun des époux ne peut contracter mariage du vivant de son conjoint. Pierre Lombard, sans s'embarrasser dans les discussions, affirme avec fermeté que le divorce pour cause d'adultère est interdit. Ce qui est permis, ce n'est pas le divorce, c'est ce que nous appelons la séparation de corps et qu'ils appelaient la séparation du lit et de la table : *divortium quoad torum et mensam*.

Le concile de Trente, convoqué par une bulle du Pape Paul II, le 22 mai 1542, s'ouvre le 1er nov. 1542 et est clos le 4 déc. 1563. La question du mariage est abordée dans la session 7e, tenue le 3 mars 1547 [5]. Le concile déclare qu'il y a sept sacrements et que le mariage est un des

[1] *Mansi concilia* xviii, 109.
[2] C. 10 Bruns, ii, p. 310.
[3] C. ix (*Boretius* p. 30).
[4] Labbe. *Concilia* t. vii, p. 1656 ; t. ix, p. 471, 463.
[5] Esmein : *Le mariage en droit canonique.*

sept. C'est le principe fondamental d'où le reste devait
découler. L'indissolubilité du mariage parut aux docteurs
qui prirent la parole une conséquence nécessaire du sacrement. Mais devait-on prononcer l'anathème contre
ceux qui soutiennent la dissolution pour adultère ? Telle
fut la question. On sait que les décisions du concile se
divisent en deux catégories, les *Canones* et les *Decreta* :
les canons statuent sur le dogme et prononcent l'anathème contre les dissidents, les décrets traitent de la
discipline et ne prononcent pas l'anathème, un canon fut
rédigé qui souleva des protestations très vives. A la
1re lecture, l'évêque de Ségovie ne voulait pas qu'on
lançât l'anathème ; à la 2e lecture, les orateurs de la République de Venise protestèrent au nom des populations
grecques qui admettaient la suprématie du Saint-Siège, et
qui cependant suivaient les coutumes de l'église orienta-
le, dans laquelle le divorce pour adultère était admis ; à
la 3e lecture, les Pères prirent la parole en sens divers;
enfin à la 4e lecture le canon fut définitivement adopté,
dans la xxive session, où l'archevêque de Nicosée protesta
solennellement en faveur de l'orthodoxie des Grecs unis
au Saint-Siège.

C'est un point encore controversé chez les théologiens
que de savoir si le canon 7 « *De Sacramento matrimo
nii* » est la proclamation d'un dogme, ou la confirmation
d'un point de discipline. Mais la thèse du dogme de l'indissolubilité est celle des théologiens orthodoxes [1].

2e *question : L'adultère est-il un empêchement à un
mariage postérieur ?*

[1] Pie IX. *Syllabus Errores de christiano* § 8, n· 67. — Léon XIII
Encyclique Arcanum divinæ du 10 fév. 1880.

Cette question, qui dans la plupart des législations ne se pose qu'au sujet de la femme, est théoriquement susceptible de recevoir trois solutions :

1° ou la défense faite à la femme de se remarier est générale : la femme adultère ne peut plus être épousée par personne.

2° ou cette défense est restreinte au mariage avec le complice : la femme adultère peut se remarier, sauf avec le complice.

3° ou enfin, cette défense n'existe pas : la femme adultère peut se remarier, même avec le complice.

C'est à partir du divorce que se pose cette question dans les législations qui admettent le divorce; dans les autres législations, et c'est le cas de la législation canonique, c'est seulement à partir de la mort du conjoint trompé.

En droit romain et sous la Loi Julia, nul ne peut épouser la femme adultère : quiconque l'épouserait serait coupable de *lenocinium*. Sous les Empereurs, qui punissent de mort la femme adultère la question ne se pose pas ; de même, sous les lois barbares.

Quelle est la solution du droit canonique ? L'adultère, soit de la femme, soit du mari, est-il un empêchement au mariage soit avec le complice, soit avec toute autre personne ? on sait qu'en droit canonique, une grande distinction domine la théorie des empêchements : celle des empêchements dirimants, et des empêchements prohibitifs ; les empêchements dirimants entraînent la nullité du mariage ; les empêchements prohibitifs, non. Y a-t-il ici empêchement dirimant ou prohibitif ? Les canonistes, Pierre Lombard [1], Gratien [2], Yves de Chartres, qui ont an-

---

[1] Sentent. lib. IV, D. XXXV, F.

[2] C. XXX, qu. I « *Quæritur an possit duci in conjugium quam potius polluta est per adulterium* ».

ciennement discuté la question, ont hésité et émis des doctrines peu fermes. Il semble qu'on érigeait en principe
général que la femme souillée par l'adultère ou même
par la fornication ne peut être épousée : *ut nullus co-
pulet matrimonio quam prius polluit adulterio* [1]. Mais
cette règle mal établie était considérée comme susceptible de faciles dispenses, et ne tarda pas à disparaître.
L'adultère de la femme ne fut plus ni un empêchement
dirimant, ni un empêchement prohibitif au mariage, même
avec le complice : telle fut la doctrine certaine du droit
canonique [2].

Mais si l'adultère n'est pas par lui-même un empêchement même prohibitif, l'adultère *qualifié* devient, dans
deux cas, un empêchement dirimant :

1er cas : Celui où un époux adultère machine la mort de
son conjoint afin de se rendre libre. Cet empêchement fut
établi par le concile de Meaux de 845 [3]. Ce concile pose
en principe que l'époux adultère ne peut épouser son complice, après le décès du conjoint trompé ; cependant cet
empêchement pourra être levé par une dispense utile et
indulgente ; mais à cette dispense une exception est apportée :
celle où l'un ou l'autre des adultères, femme ou complice,
serait convaincu d'avoir donné la mort au mari. Cet empêchement ne fut reçu qu'avec scrupule : car d'après la
Bible, c'est dans ces conditions que David s'était marié
avec Bethsabé.

2e cas : Celui où l'époux adultère a donné à son complice ou reçu de lui une promesse jurée de mariage, *fides
data*, dont l'effet se produira à la mort du conjoint. Cet

---

[1] Bern. *Pap. Summa*, p. 131.

[2] Panorm. sur C. x, *de eo qui dixit* iv, n 3.

[3] C. v. C. xxxi qu i.

empêchement a été établi pour la première fois par le concile de Tribur de 895 [1], on présume ici l'intention de hâter la mort du conjoint, et comme mesure préventive on édicte l'empêchement au mariage. Trois conditions sont nécessaires pour que cet empêchement dirimant existe : (a) une promesse jurée de mariage entre l'époux et une tierce personne, (b) des relations adultères entre l'époux et cette tierce personne, (c) connaissance par cette tierce personne de l'état de personne mariée de son complice. Donc, en définitive, l'adultère n'était en droit canonique un empêchement au mariage que s'il était un adultère *qualifié*.

Nous avons terminé l'étude de la législation canonique.

[1] C. v. IV, C. XXX I. qu I.

TROISIÈME PÉRIODE

COUTUMES MONARCHIQUES

(Du xvıᵉ siècle à la Révolution.)

Après avoir étudié les lois barbares, et la législation
canonique, nous allons voir le dernier état de la législation
française en matière d'adultère jusqu'à la Révolution.

Mais avant d'entrer dans cette étude, nous ne saurions
passer sous silence une singulière pratique, appelée la
course des battus, et qui fut en usage pendant tout le
moyen âge dans diverses régions de la France. Elle consiste à faire courir les coupables « *tout nus dans un certain espace de la Seigneurie ou d'une porte de la Ville
jusqu'à l'autre* ». Les Seigneurs permettaient de se rache-
ter de cette cérémonie humiliante par le paiement d'une
amende. — Cette amende variait suivant les coutumes :
l'art. 86[1] de la coutume de Bergerac porte, que « tout adultère est condamné en *cent sols* de monnaie courante
envers le seigneur, s'il est surpris sur le fait, ou à

courir *tout nud* par la ville... » ; par privilèges accordés
à la ville de Grenade en 1291, l'homme et la femme
auront le choix ou de courir *tout nuds* dans l'étendue
de la Seigneurie ou de payer *cent sols toulousains* au
roi ou à l'abbé (art. 22) ; les habitants de Prissey, près
Mâcon, par privilèges confirmés en 1362 par le roi Jean,
pouvaient s'affranchir de la course pour *soixante sols et un
denier* (art. 2) ; les habitants de la ville de Castelnaudary,
mieux traités par privilèges accordés par Charles V, ne
payaient que *cinq sols*. — Suivant les coutumes variait aussi
l'appareil de la cérémonie : les privilèges accordés aux
habitants de la ville de Montfaucon en 1396 exigent que
les coupables courent absolument nus, *penitus et nudati
currant per Villam* ; les privilèges de la ville de Vienne
atténuent l'indécence de cette humiliation, en permettant
une chemise, *usque ad mamillas ne appareant naturalia* ;
la coutume du Béarn rédigée en 1551 (art. 16) joint à la
course la fustigation « *près en adultery, si masce o femela
tout dus deben corre la Villa et estar affuetatz per lo
executo de la Hauta Justitia* ». Avec le développement de la
justice royale, ces grossières dispositions tombèrent en désuétude et elles n'existaient plus au xviiᵉ siècle [1].

Nous allons conserver dans notre étude les grandes
lignes du plan que nous avons précédemment tracé.

---

[1] On pourrait trouver de ces coutumes des racines très-an-
ciennes. En Germanie, le mari trompé rasait la femme, la mettait
toute nue, et en présence des parents, la chassait de la maison et la
poursuivait à coup de fouets a travers la bourgade. Tacite : *De mor.
Germ*. Ch. xix). Déjà dès les premiers temps de Rome, on condamnait la femme à la promenade et au supplice de l'âne. (Dufour. Hist.
de la prostitution).

CHAPITRE PREMIER

ÉLÉMENTS ESSENTIELS

L'adultère est un délit de *Luxure*. On entend par luxure toute conjonction ou habitude charnelle illicite et prohibée par les lois. Ces conjonctions illicites sont : la fornication, le concubinage, le stupre, les mariages clandestins, le rapt, le viol, l'adultère, l'inceste, la polygamie, et les crimes contre nature [1]. L'ancien droit est riche en délits contre les mœurs.

Fournel définit l'adultère : « *La familiarité charnelle de deux personnes de sexe différent, l'une desquelles est mariée* [2]. » Exacte en droit canonique, cette définition demande à être précisée dans la jurisprudence civile : car il ne serait pas absolument exact de dire seulement que l'une des personnes doit être mariée ; il faut que ce soit la femme puisque la familiarité charnelle de l'homme marié avec une autre que sa femme reste hors des prévisions de la loi. Cette restriction faite, nous voyons que l'adultère est toujours constitué par les trois éléments que nous avons établis au début de cette étude. Il faut :

a) En premier élément, ce que Fournel appelle « *la familiarité charnelle* ». Car toute familiarité ne constituerait pas adultère, il faut qu'elle soit charnelle ; en outre, elle doit aboutir à la consommation de l'œuvre ; si cette consomma-

---

[1] Jousse. Just. criminelle, partie IV, tit. 29.

[2] Fournel. Traité de l'adultère. Ce traité, de la fin du 18e siècle, est un petit livre excellent, d'une lecture attachante.

tion est impossible, il n'y a pas adultère. L'eunuque Bagoas ayant été surpris dans une position scandaleuse avec la femme d'un particulier, celui-ci le traduisit en justice et l'accusa d'adultère. Bagoas excipa de sa qualité d'eunuque. Il ne nia pas avoir usé de *privautés* avec la femme de l'accusateur, mais il opposait qu'une pareille conjonction se perdant en efforts superflus, le crime d'adultère n'était pas consommé. Le mari opposait que la faculté de reproduction n'est pas essentielle à l'adultère, et que les vieillards, les infirmes et les impuissants ne sont pas à l'abri de l'accusation. Les juges renvoyèrent Bagoas absous [1].

Cette familiarité doit avoir lieu entre deux personnes : « Ainsi les manœuvres criminelles qu'une femme se permettrait sur elle-même ne constitueraient pas adultère ».

Les deux personnes doivent être de sexe différent. Entre personne de même sexe, il n'y a pas adultère. Ce commerce « affreux » reçoit des dénominations qui lui sont propres [2].

b) Il faut, en second lieu, qu'il y ait *mariage* de l'une des personnes ou plutôt de la femme. Plus de distinction, comme en droit canonique, entre l'adultère simple et l'adultère double. Ce dernier est impossible, l'adultère ne peut être que simple, il n'est envisagé qu'au regard de la femme. La fiancée ne peut pas, comme en droit canonique, comme en droit romain du Bas-Empire, comme dans la loi Juive [3], commettre l'adultère. Cette règle est reçue dans la jurisprudence française depuis le concile de Trente et l'ordonnance de Blois. Il faut donc qu'il y ait

---

[1] Ærodius. *Ad. Leg. Jul. de adulteris.* Fournel (Ch. v art. 1er).

[2] Bayle. *Dict. hist. Vo Sapho*, en note p. 219.

[3] Deutér .xxii. vv, 23, 24.

mariage ; ajoutons que ce mariage doit être valable : dès lors, si la femme opposait la nullité du mariage, il faudrait statuer sur cette nullité, avant de prononcer sur l'accusation d'adultère.

c) Le troisième élément de l'adultère, *l'intention coupable*, a été omise dans la définition précédente. Mais il est évident que cette condition est indispensable ; elle est un élément constitutif de tout délit. L'erreur et la violence empêchent donc le délit d'exister.

L'erreur peut porter sur l'identité de la personne ou sur sa qualité. Elle porte sur l'identité, lorsqu'une femme mariée a subi les atteintes d'une personne autre que son mari, laquelle, à la faveur de l'obscurité par exemple, lui aurait dérobé des embrassements. L'erreur peut porter sur les qualités de la personne : ainsi l'accusé ignorait que la femme à qui il avait à faire était mariée, parce qu'il l'avait trouvé par exemple dans un mauvais lieu ; il n'y a pas l'adultère.

La violence, de même que l'erreur, impose silence à la réclamation du mari. Les Docteurs distinguent la violence *physique* et la violence *compulsive* ou violence de persuasion. La violence physique est celle qui s'exerce sur les organes [1]. Les anciens jurisconsultes, comme nos modernes médecins légistes, conseillaient aux juges de n'admettre cette violence qu'avec beaucoup de précautions et de prudence. « Quelle que soit la supériorité des forces d'un homme sur celles d'une femme, la nature a fourni à celle-ci des ressources sans nombre pour éluder le triomphe

---

[1] Si la femme allègue qu'elle a été est corrompue par des philtres et potions amoureuses, on ne doit point avoir égard, à un pareil moyen que les femmes ne manquaient pas d'alléguer, s'il était écouté. (Jousse p. ii, tit. 3, art. 6, n° 7).

de son adversaire... La sagesse qui succombe est presque toujours une demi sagesse qui survit à sa propre défaite (Fournel). » La violence « compulsive » ou violence de persuasion est celle qui s'exerce sur l'esprit plutôt que sur le corps, lequel conserve la liberté de ses mouvements ; c'est la volonté qui cède sous le sentiment de la terreur. Cette violence est celle que subit Lucrèce. Les juges apprécieront si elle est suffisante pour effacer. la culpabilité.

CHAPiTRE DEUXIÈME

DE LA PROCÉDURE

Nous comprenons sous cette rubrique : 1° l'accusation,
2° les moyens de défense et les preuves.

Section i. — De l'accusation.

Dans notre ancienne jurisprudence, l'adultère change
de nature ; il n'est pas considéré comme un crime public,
mais comme un délit privé. Ce changement de nature en=
traîne un changement dans le droit d'accusation. En principe, l'adultère ne donne lieu qu'à une *action privée*
réservée au mari ; par exception il peut donner lieu à une
action publique, exercée, non par tout citoyen, mais par
le ministère public.

1o *Action privée.* — Le principe qui gouverne l'accusation
est celui-ci : « *Maritus est solus thori genialis vindex* ».
La vengeance, dit Fournel, est exclusivement réservée au
mari, « inspecteur-né » des mœurs de sa femme.

Sont donc exclus de ce droit les étrangers ; parce que
leur donner ce droit « ce serait livrer les familles à une
inquisition terrible qui les remplirait de troubles et
d'alarmes ₁ ».

₁ Ce motif n'était pas étranger au droit romain, qui n'admettait
l'accusation des étrangers qu'après la répudiation, sauf le cas de
lenocinium.

Ce n'est pas seulement l'accusation *jure extranei* que notre ancienne jurisprudence repousse, mais encore l'accusation *jure parentum*, celle des père, mère et autres parents. Le droit romain admettait les parents, parce que *verus dolor eos ad accusationem impellit*; notre ancien droit les repousse, parce que « cette accusation répugne à la nature, puisque les parents, bien loin de provoquer contre un parent la sévérité de la Justice, doivent chercher à l'apaiser ». Néanmoins ce principe d'exclusion reçoit exception dans quelques cas singuliers :

Un arrêt du parlement de Provence, du 23 novembre 1675, admet le père à accuser sa fille d'adultère; dans l'espèce, le mari était sourd et muet, et la fille « par sa prostitution et vie lubrique et scandaleuse, rendait le père méprisable à tous (Boniface, t. v, liv. 4, lit. 2) ». Mais en principe, c'est le mari seul qui peut accuser d'adultère, soit sa femme, soit le complice : c'est à lui de se plaindre, on n'a pas le droit de troubler son repos (arrêt du 2 juillet 1606, arrêt du 7 juillet 1691, journal des Audiences). Ce droit subsiste même après la séparation de corps, car la femme ne peut se soustraire à la « révérence conjugale » qui subsiste autant que le mariage. Mais il cesserait par la mort civile du mari, le galérien condamné à perpétuité ne peut accuser sa femme (Fournel).

. Sur le point de savoir si ce droit d'accusation est transmissible aux héritiers du mari, il faut distinguer : lorsque le mari a intenté l'action de son vivant, il la transmet à ses héritiers directs ou collatéraux en vertu de la règle de droit : *omnes actiones quæ tempore vel morte pereunt semel inclusæ judicio salvæ permanent* (arrêt solennel du Parlement de Paris, 16 juillet 1670). Si au contraire le mari n'a pas formé la plainte de son vivant, ou si l'ayant formée il s'est désisté, ses héritiers ne sont pas recevables à intenter l'action. Mais quand la plainte sera-t-elle suffisamment formée pour rendre l'action transmissible? Certains Docteurs pensaient qu'une plainte verbale était suffisante : le mari, par exemple, avait communiqué à ses amis et voisins son intention prochaine de poursuivre.

D'après Fournel, au contraire, même la procuration donnée à quelqu'un ne suffisait pas si celui-ci n'avait pas commencé les poursuites ; ne suffirait pas davantage le pouvoir de poursuivre donné par le mari à ses héritiers dans son testament ; il faut que la plainte ait été faite par le mari en « Justice réglée ».

Dans ce cas les héritiers peuvent agir, non pas au criminel pour poursuivre la condamnation à la peine, mais seulement par voie civile, en ce qui concerne leurs intérêts pécuniaires, c'est-à-dire la confiscation de la dot et la privation des conventions matrimoniales. (Arrêt du 23 décembre 1622, rapporté par Montholon en ses *Arrêts* arr. 140 ; arrêt du 5 octobre 1637, JOURNAL DES AUDIENCES; arrêt du 5 janvier 1680 rapp. par Jousse, p. II, tit. 3, nº 57 ; *ita* Lebrun, *Des succ.*, lib. 2, ch. 5, sect. I, dist I, nº 7 ; Coquille qu. 147).

La femme, peut-elle accuser son mari d'adultère ? Au point de vue du for intérieur, la femme doit avoir aussi bien que le mari le droit d'accusation. « En effet, les obligations et les devoirs ne sont-ils pas les mêmes ? Le mari n'a-t-il pas, tout aussi bien que la femme, fait au pied des autels serment de fidélité ? Ne se rend-il pas comme la femme coupable de parjure, lorsqu'il se livre à des entraînements étrangers et qu'il va porter ailleurs des caresses destinées à sa légitime épouse? (Tiraqueau : *De jure connubii* p. 13, nº 28). Ainsi les Canonistes avaient protesté contre l'inégalité de la femme. Mais les jurisconsultes répliquaient : que l'inconduite du mari se consomme hors de la maison (fausse raison), qu'elle n'introduit pas dans la famille des éléments étrangers, que les femmes auraient trop d'occasions de faire des réclamations scandaleuses. Aussi est-ce un principe général de droit que l'accusation est refusée à la femme. L'adultère du mari ne peut que lui fournir une exception à l'accusation formée contre elle, ou encore servir de base à une séparation s'il est accompagné de scandale, de mépris et de mauvais traitements. Hors de là, « c'est une amertume secrète que son cœur doit dévorer, et contre laquelle les lois civiles n'offrent point de secours » (Fournel, ch. II § 1).

I. *Action Publique.* — L'adultère, disions-nous, est un délit privé, dont en principe le mari seul peut se plaindre, et sans la plainte duquel le ministère public ne peut intenter l'accusation.

Cependant le ministère public peut prendre l'initiative des poursuites lorsque l'adultère est accompagné des circonstances suivantes : *scandale* et *connivence notoire* de la part du mari. Le scandale résulte de la connaissance qu'a le public et de l'inconduite de la femme et de la connivence du mari. La connivence du mari existe évidemment au suprême degré lorsque celui-ci favorise sciemment les désordres de sa femme et en retire profit ; elle existe aussi lorsque le mari méprise assez l'honneur du mariage pour livrer même sans profit sa femme à ses amis (Farinacius), elle existe enfin si le mari souffre les désordres de sa femme avec trop de patience et de tranquillité, c'est lorsque malgré la « conviction physique » de l'adultère de sa femme, il continue de la garder avec lui et lui laisse les mêmes facilités.

Lorsque le ministère public a le droit de poursuivre, il doit comprendre le mari dans la poursuite et réclamer la peine, non de l'adultère, mais de la prostitution.

Par ministère public, il faut entendre les procureurs du roi ou leurs substituts ; quant aux procureurs fiscaux des justices seigneuriales, « villageois peu instruits et praticiens turbulents », ce privilège leur est refusé, car « il leur fournirait trop d'occasions de troubler la tranquillité des mariages » ; ils pourront seulement faire condamner les coupables à sortir de la Seigneurie.

Ceci nous amène à parler du Tribunal compétent. C'est un principe universellement reçu au xviiie siècle que la connaissance de l'adultère appartient exclusivement aux Tribunaux séculiers. Du xe au xvie siècle âge d'or du droit canonique, c'étaient les Tribunaux Ecclésiastiques qui avaient connaissance de ce crime, parce qu'il était la violation d'un serment et la profanation d'un sacrement, mais à partir du xvie siècle, auparavant même [1] cette compétence est vivement combattue, et remplacée par celle des Tribunaux séculiers. (Arrêt du Parlement de Grenoble 28 fév. 1567 ; arrêt 19 juin 1606) « L'adultère, dit Bouchel, n'est de la compétence du juge d'église [2] » Presque tous les auteurs rangent l'adultère au nombre des « cas royaux » dont la connaissance est interdite aux juges des seigneurs. Fournel proteste au nom des principes contre cette doctrine ; car, « un cas royal est celui qui intéresse singulièrement le prince, qui donne atteinte aux droits de la couronne, à la

[1] *Ordonnance de Philippe de Valois,* 10 juillet 1236, *ordonnance de Charles VI du 3 mars 1409, arrêt du Parlement de Paris,* 19 mars 1409.

[2] Bouchel. *Bibl. du dr. fr.* V° *adult..* Bretonnier d'Expilly; dissertation de Bretonnier (lib. 4 Cap. 9) *Rec. de jurispr. can.* V° *délit commun.*

dignité de ses officiers, et à la sûreté publique dont il est
le protecteur ; mais l'adultère n'offense ni l'autorité du
prince, ni la dignité de ses officiers, ni même la sûreté
publique, et cela est si vrai que nous la regardons comme
un *délit-privé* pour raison duquel l'action est refusée au
ministère public. » N'y a-t-il pas en effet contradiction à
classer l'adultère parmi les cas royaux et à en refuser la
poursuite au ministère public? (cpr. Denizart v° cas royaux). Mais si elle est contraire aux principes, cette jurisprudence est « très judicieuse, vu le mauvais état des
justices des seigneurs » (Fournel).

Section II. — Des moyens de défense et des preuves.

L'accusation est portée; le prévenu est admis, pour la
repousser, à faire valoir ses moyens de défense, si les
moyens de défense lui manquent, ou s'ils sont écartés,
c'est la force des preuves qui décide du mérite de l'accusation.

Art. Iᵉʳ. — Des moyens de défense.

Les moyens de défense que le prévenu peut opposer
à l'accusation sont de deux sortes: les exceptions et les
excuses ou faits justificatifs.

§1. Les Exceptions.

Les exceptions sont *absolues* ou *relatives*.

Les exceptions *absolues* ruinent l'accusation de fond
en comble, en démontrant que le crime n'existe pas.
Elles sont fort rares. Exception absolue, l'exception tirée
du sexe ; de même, l'exception tirée de l'impuberté. En

ce qui concerne cette dernière, Fournel nous dit que, « vu la dépravation des mœurs actuelles qui accélère le développement des organes et engendre la précocité », il serait d'avis de ne pas donner trop d'importance à cette exception.

Les exceptions *relatives* sont celles qui n'attaquent ni la possibilité du crime, ni sa vraisemblance, mais qui fournissent aux accusés de justes moyens de défense. Ces exceptions sont très nombreuses, parce qu'elles dépendent de circonstances extrêmement variables. Voici les plus importantes:

a) Exceptions de procédure. — L'accusation est-elle intentée par le ministère public? Les accusés la soutiendront non recevable: si l'adultère n'est pas commis avec scandale et connivence du mari; si le mari n'est pas compris dans la plainte; si le ministère public conclut à la peine de l'adultère et non à celle de la prostitution. L'accusation est-elle intentée par le mari ? Les accusés pourront opposer l'incompétence du tribunal, si l'accusation n'est pas portée devant les Baillages et Sénéchaussées; ou le défaut de forme, si l'accusation est introduite par la voie civile, si elle ne comprend que l'un des deux coupables, etc.. Nous passons rapidement parce que nous connaissons par ce qui précède ces diverses exceptions.

(b) Exception de prescription. — La prescription s'acquiert par le silence du mari pendant cinq ans. Cette prescription du droit romain est conservée dans notre ancienne jurisprudence (arrêt 13 avril 1530, rapp. par Papon. liv. 24, *Journ. des Aud.* tit. 3 ; arrêt du 18 juillet 1619). Ce délai de cinq ans est un délai utile, il ne court pas si le mari est hors d'état d'être instruit des désordres de sa femme, ou si en ayant été instruit, il ne lui est pas possible de former son accusation, par exemple pour cause d'absence ou de

captivité (arrêt 1674, *Journ. des Aud.* t. 6). Cette exception doit être invoquée *in limine litis.* (Jul. Clar. V°. *adult, in suppl.* n° 124). La prescription de cinq ans n'a plus lieu si la violence et l'inceste sont unis à l'adultère, alors la prescription est de vingt ans comme pour les autres crimes.

c) *Exception de réconciliation.* — L'adultère est une injure personnelle que la réconciliation efface. Quels faits impliquent réconciliation ?

La cohabitation continuée du mari, quand aucune circonstance n'y force, est une présomption de pardon (Jul. clar.). En vain le mari allèguerait-il que depuis la découverte de l'infidélité, il a cessé d'user de ses droits d'époux, comment prouver une pareille allégation ? Il ne faut pas chercher à pénétrer de « pareilles obscurités » (Fournel). Du reste cette allégation du mari serait-elle rendue vraisemblable, l'accusation ne devra pas être entendue : cette sensibilité tardive porte à croire que le mari ne veut pas venger son honneur, mais gagner la dot et les autres avantages résultant pour lui de la condamnation. La cohabitation cessée, puis reprise par le mari prouve le pardon, plus encore que la cohabitation continuée (art. 432, C. de Bretagne).

Les « simples égards de bienséance » dont un mari userait envers sa femme, s'il la rencontrait chez des amis communs ou dans une tierce maison, ne suffiraient pas. Il faut des « marques de tendresse » incompatibles avec la persévérance du ressentiment. Tel « un baiser » donné publiquement par le mari à sa femme. Cet acte est le « symbole » de la paix et de la tendresse. Le baiser donné par le fiancé à la fiancée n'est-il pas l'exercice anticipé des droits du mari [1]. Quant aux « derniers transports de tendresse » au plein exercice des droits d'époux, ils sont un signe de réconciliation non équivoque (Histoire de Gabrielle Pereau ; Fournel, Ch. v, § 3, Sect. 1).

La femme accusée d'adultère peut-elle opposer sa grossesse ? [2] Nécessairement, a-t-on dit, car cet événement suppose la réunion physique des époux. C'est aller un peu vite. Il faut rechercher la date de la grossesse et distinguer. La grossesse survient-elle avant l'accusation ? Si le mari ignorait l'adultère, à l'époque présumée de la conception, la grossesse ne peut évidemment pas lui être opposée comme un acte de réconciliation ; si au contraire il connaissait à cette époque les désordres de sa femme, et qu'il ait conservé celle-ci chez lui à portée de son droit, la grossesse est bien une exception de réconciliation, car la possession de la femme par d'autres ne prouve pas la continence du mari. La grossesse survient-elle après l'accusation ? Loin d'être un signe de réconciliation, elle est une preuve de plus de l'adultère, à moins que la femme ne démontre l'œuvre du mari.

D'une façon générale, l'ancien droit usait d'une grande facilité dans l'admission des exceptions de réconciliation. Le xviiie siècle surtout avait l'esprit indulgent pour l'adultère, « cette espièglerie », et c'était avec peine que la Justice punissait l'infidélité de la femme. Dès lors, si le mari,

---

[1] C'est ainsi qu'en droit romain la donation à cause de mariage faite à la fiancée par le fiancé était nulle, au cas où le mariage ne suivait pas, *si non intervenerit osculum* ; mais si le fiancé avait donné le baiser, la donation n'était nulle que pour moitié. (L. 16 C. *De don. propt. nupt.*)

[2] Sur la durée des gestations, il est très curieux de savoir l'opinion qu'en avait l'ancien droit (V. Fournel, ch. xi).

par son indiscrétion, manque l'effet de sa vengeance, c'est de sa faute ; « la société applaudit à une imprudence qui lui épargne le spectacle affligeant d'une femme dévouée à l'opprobre » (Fournel ch. v)[1].

§2. Les Excuses ou Faits Justificatifs.

Les excuses ou faits justificatifs sont des faits qui, tout en laissant subsister le délit, tendent à écarter la condamnation par la justification de l'accusé. La preuve de ces faits ne peut, suivant la procédure indiquée en l'art. 1er du tit. xviii, de l'ordonnance de 1670, être admise qu'après la « visite du procès ».

Les faits justificatifs que présente en première ligne Fournel sont : le *viol*, et l'*erreur*. Nous avons déjà au chapitre des éléments constitutifs parlé de ces faits qui, dans notre vue, empêchent le délit d'exister en tant que délit.

Nous dirons quelques mots des excuses suivantes : (a) adultère du mari, (b) connivence (c) mauvais traitements, extrême nécessité.

a) *Adultère du mari*. — L'adultère du mari rend le mari non recevable à accuser sa femme d'adultère. Telle est l'opinion de quelques auteurs : « *Maritus tenens concubinam, non potest accusare de adulterio* » (Jul. Clar. Sect. 1 liv. v, *de adult. add.* n° 10). « Si la femme, dit Coquille, objecte à son mari et fasse preuve que lui-même a commis adultère, elle fera qu'il sera non recevable à l'accuser». Cette jurisprudence était fondée sur le droit romain et sur les canons. Mais plusieurs auteurs pensaient que l'adultère du

---

[1] La réconciliation n'empêche que la poursuite des faits passés ; elle n'empêche pas une accusation fondée sur des faits postérieurs (Jousse, p. iv, tit. 3, n° 67, 70).

mari n'excuse pas celui de la femme au point d'écarter de
celle-ci toute condamnation ; cette exception, pour eux, se
réduit à sauver confiscation de la dot de la femme et de
ses reprises matrimoniales, et ne va pas jusqu'à la soustraire à la réclusion. (Domat. *Lois civiles*, suppl. t. 2, liv. 3
tit. 10 ; Despeisses, Lebret, Ferrière, Bretonnier ; arrêt
du 12 mai 1711, *Journ. des aud.*). Cette dernière jurisprudence était approuvée au xviiie siècle : car, dans une société
policée, cette exception paraissait contraire aux bonnes
mœurs et à la bienséance.

b) Connivence. — L'exception de connivence ne peut être
utilement employée par la femme que si elle est en état
de justifier d'une manière évidente du consentement de
son mari ; il ne suffirait pas qu'elle apportât des présomptions, ni qu'elle excipât d'un consentement équivoque ou
arraché par surprise. Cette exception, nous le savons, ne
justifie pas la femme dans notre ancien droit : le *lenocinium* donne lieu à des poursuites rigoureuses de la
part du ministère public, et l'un et l'autre époux pourront être condamnés à la peine de la prostitution.

c) Mauvais traitements, extrême nécessité. — Le mari
maltraite sa femme, la chasse de chez lui, la réduit à l'indi-
gence. Celle-ci, dans la nécessité, se livre à l'adultère, peut-
elle opposer comme exception légale son état de misère ?
Plusieurs criminalistes pensent que non, *non est ignoscen
tum ei quæ obtentu paupertatis turpissimam vitam egit.*
D'autres pensent que, si la femme ne peut exciper de cet
état pour éviter la condamnation, elle peut du moins en
exciper pour éviter la confiscation de la dot, la perte de
son douaire et de ses avantages matrimoniaux (Tirag. :
de pœnis, menoch. cons. 31). Enfin certains auteurs admettent que la peine doit être entièrement remise, s'il est

bien prouvé que le mari a refusé de pourvoir à la subsistance de la femme : *si vir uxorem atrocius verberaverit atque uxor aufugerit et adulterium commiserit, non poterit eam maritus accusare, nec dotem et adulterio lucrari* »[1].

Art. II. — Des preuves.

Les accusés n'ont aucune exception à proposer; c'est alors que la force des preuves décide du mérite de l'accusation. La preuve d'un délit ne peut être faite que de deux manières ou par l'évidence, c'est-à-dire par l'inspection actuelle du fait, ou par des présomptions si le délit ne laisse aucune trace de son existence. La preuve physique de l'adultère est presque impossible. «Les docteurs les plus subtils et les plus déliés, après avoir épuisé leur imagination à supposer des hypothèses et des situations favorables, ont fini par avouer qu'ils n'avaient trouvé pour résultat que des présomptions » (Fournel, ch. viii). En effet, «l'œuvre charnelle » est une opération secrète, inaccessible aux regards des hommes « et de laquelle les deux coupables eux-mêmes seraient quelquefois hors d'état de rendre compte ». *Non potest directè ac specificè probari* (Mascard. concl. 57 n° 4).

Cette preuve pourra se faire par l'aveu, par des présomptions littérales, et par des présomptions testimoniales.

Aveu. — L'aveu de l'accusé est considéré, dans l'ancien droit comme la seule preuve certaine et infaillible. *Habemus reum confitentem.* La confession ou aveu peut être

---

[1] On s'est demandé aussi si la femme pouvait opposer que le mari lui refuse le devoir conjugal « *ob non præstitum conjugale debitum* » en vertu du principe que « *quis occasionnem damni dat, dammum dedesse videtur* ».

fait « de bouche » ou « par écrit ». Il ne s'agit ici que de la confession faite de bouche, l'autre tombe dans le cas de la preuve littérale. Pour que l'aveu fasse preuve complète, il faut qu'il soit pur et simple, faite en jugement et dans un état libre, et que le corps du délit soit constant. Mais si le corps du délit est de nature à ne laisser que des signes équivoques, l'aveu ne pourra être considéré comme une preuve suffisante ; il ne constituera qu'un indice considérable. Tels sont les principes appliqués à l'adultère, ils nous conduisent à dire que l'aveu ne constituera jamais qu'un indice, car le corps du délit ne laisse jamais que des signes équivoques. Cette solution s'impose par d'autres considérations : l'autre peut avoir été suggéré à la femme par des conseils insidieux, qui aurait abusé de sa timidité et de son inexpérience soit par menaces, soit par promesses ; en outre, si l'aveu de la femme avait force contre elle, il semble logique d'admettre la même conséquence contre le complice et il en devrait être de même du complice contre la femme, qui sera peut-être « l'affidé » du mari (cpr. Fourn. ch. vii ; Jousse, Just. cr. p. 3, L. 1 ; Jul. Clar.).

II. Présomptions littérales. Les présomptions littérales sont celles qui résultent des écrits produits au procès. Ces écrits ne font preuve que s'ils contiennent des détails bien circonstanciés et qui entraînent nécessairement l'induction d'adultère.

En tête nous avons les *Procès-verbaux* dressés par un officier public pour constater le flagrant délit. Au cours de ces constatations sont recueillies quelquefois d'autres preuves, des pièces à conviction, que nous ne présentons pas évidemment comme des preuves littérales, mais comme des témoins muets, tels les habits ou les chaussures du complice que celui-ci aurait oubliés sur le lit de la femme (*Fournel*).

Viennent ensuite les *Lettres*. Le mari qui surprend des lettres écrites par sa femme ou reçues par elle, est considéré comme ayant le droit de les décacheter, car il ne fait rien que de convenable à son autorité de mari ; il peut par suite produire ces lettres en justice. Leur production entraînera une présomption plus ou moins convaincante, suivant le vague ou la précision du contenu. Les lettres qui n'annoncent qu'un rendez-vous ne suffisent pas « parce qu'il est possible que ces entretiens particuliers n'eussent point des vues criminelles. (Procès du sieur V... contre sa femme qui avait donné rendez-vous au sieur G... rue des Poules, à minuit pour lui dire un petit « bonsoir d'amitié » rapporté, par Fournel (Ch. ix, § 1e p. 280). Les lettres pleine de passion et de tendresse ne prouvent pas, non plus l'adultère. (Procès de la dame du Belloy accusée d'adultère avec l'abbé Bérard. Sentence du Châtelet de Paris du 29 mars 1752, rapporté par Fournel. Ch. ix, § 1er, p. 227). Mais au contraire des lettres qui contiendraient des détails sur la consommation de l'adultère et des alarmes de ses suites, deviendraient vraiment des pièces à conviction. — Les dames du xviiie siècle avaient coutume d'écrire leur *confession*, coutume ancienne peut être, mais imprudente et sans doute tombée en désuétude aujourd'hui. On se demandait si une confession écrite, contenant l'aveu de l'adultère avec tous ses détails, surprise par le mari et produite par lui en justice, pouvait justifier la plainte et l'on décidait que, le secret inviolable étant de l'essence de la confession, celle-ci est un secret non seulement pour le confesseur, mais pour tout le monde.

Les juges doivent donc « détourner les regards de dessus pareille pièce et en ordonner sur le champ la suppression » (Procès de la marquise de Brinvilliers, rapporté par Fournel, ch. ix, § 1, p.224). — Les *Mémoires* de la femme, le *Journal* dans lesquels elle raconterait l'histoire de ses infidélités, n'étant pas soumis à l'obligation du secret, peuvent être produits ; mais la preuve est insuffisante, d'abord parce que l'aveu ne suffit pas, puisque parce que ces écrits peuvent être considérés comme une œuvre d'imagination.

Nous concluons donc que quelque puissante que soit la preuve littérale, il est bien rare qu'elle soit suffisante. Le mari devra y joindre la preuve testimoniale qui est la pièce fondamentale du procès.

III. **Présomption testimoniale.** — C'est une règle générale que la déposition des parents ou alliés dans les procès criminels de leurs parents ou alliés ne doit pas être admise (Jul. Clar. 24, n° 12 ; Farinac. qu. 54, n° 14 ; Jousse liv. i tit. 3 n° 115). Exception est faite à cette règle lorsqu'il s'agit de grands crimes ou de crimes dont on ne peut avoir autrement la preuve. (Jousse, *Ibid*. n° 120). Nous pensons qu'il résulte de la généralité des termes de l'art. 5, du titre 6 de l'ordonnance criminelle que les juges auront la liberté d'entendre ces témoins et d'avoir égard à leurs dépositions suivant les circonstances. De même que celle des parents, la déposition des serviteurs et domestiques est suspecte. (Farinac. *ibid*. n° 33) ; exception est faite à cette suspicion pour les crimes qui se sont passés dans la maison ; tel, l'adultère. «*Domestica domesticis probantur* » (Farinac. *Ibid*. n° 36, Jousse *Ibid*. n°122).

Les témoins peuvent être *de visu* ou *de auditu*. Les témoins oculaires peuvent avoir perçu des choses plus ou moins précises et convaincantes. S'ils ont vu les accusés

comme dit Papinien, *in ipsus rebus veneris,* ou comme
disent les canonistes, *solum cum sola, nudum cum nuda
in eodem lecto jacentem* la présomption est des plus fortes.
Mais de faits moins précise pourrait résulter une présomption suffisante : il suffirait que les témoins déposent de
« certaines libertés qui sont la suite ou le prélude de l'adultère » ; tels, des baisers libertins « *osculo luxuriosa pro-
batur adulterum* », ou encore des attouchements obscènes
« *veluti mamillarum vel pudendorum obtrectationem pe-
miserit* ».

Que les témoins soient oculaires ou de *auditu,* Fournel
recommande aux juges d'avoir grand égard à la manière
dont les témoins ont eu connaissance des faits dont ils
déposent. Car la plupart du temps, c'est « à travers une
fenêtre fermée ou par une fente de porte, une serrure ou
une ouverture de muraille ou de cloison » que les témoins
ont vu la scènye. Les *vojeurs* avaient l'imagination prévenue. Il faut douter de leur déposition « parce que l'expé-
rience journalière nous prouve que nos yeux sont la
dupe de notre imagination ». Les témoins qui se mettent
« aux écoutes » ne méritent pas plus de créance ; car
chacun sait que les oreilles sont susceptibles du même
prestige et de la même illusion que les yeux. Telles sont
les présomptions en matière d'adultère.

CHAPITRE III.

DES PEINES

Nous allons rechercher les peines de l'adultère dans notre ancienne jurisprudence, mais auparavant disons quelques mots du Droit de tuer. § 1 Droit de tuer, § 2 des peines proprement dites.

§ 1. Droit de tuer.

Le droit de tuer les adultères surpris en flagrant délit existe-t-il dans le dernier état de notre ancienne jurisprudence ? Le père et le mari jouissent encore à ce point de vue de privilèges particuliers.

(A) Droit du père.

Le droit romain de la loi Julia accordait au père le droit de tuer sa fille et son complice surpris en flagrant délit d'adultère « *Patri datur jus occidendi adulterum cum filia* ». Ce droit ne lui appartenait que sous certaines conditions : flagrant délit (*in ipse turpitudine*) ; dans sa maison ou celle de son gendre (*domi suæ vel generi*) ; meurtre des deux coupables (*uno ictu*) ; de sa propre main (*manu sua*). C'est de ce droit que s'inspira notre ancienne jurisprudence.

Le père seul a le droit au meurtre : le grand-père ne l'a pas ; le fils ne peut tuer l'adultère de sa mère, encore moins sa mère ; le frère ne peut tuer l'adultère de sa sœur

encore moins sa sœur. (Farinac, *Praxis et théor. crim. ampl.*
p. y. qu. 121, tit. 14, n°s 45, 46, 47, 48). Le père, qui peut-il
tuer? Sa fille d'abord; également l'amant de sa fille; non seulement l'amant, mais encore le complice que l'amant aurait
amené avec lui pour le défendre ou pour lui faciliter l'exécution de son crime, (Farinac, *ibid*, qu. 121, n° 1, 11. Clarus,
§ *homic*, n° 48). Et peu importe le rang du complice, fût-
il un ecclésiastique, ou une personne élevée en dignité,
(Farinac, *ibid.* n°s 6 et 10). Le flagrant délit, comme en
droit romain, est nécessaire, parce que c'est le premier
mouvement qui rend le meurtre excusable ; mais, à la différence du droit romain, le père n'est-pas-obligé de-tuer
les deux coupables, il peut tuer le complice seul, et il n'est
pas obligé de le tuer de sa propre main ; il peut appeler à
son secours les parents ou amis. (Jousse p. IV, tit. 2, n° 20 ;
Clarus § *hom. in supp.* n° 185 ; Farinac, qu. 121, n° 20).

Le droit accordé au père n'appartient pas en principe à
la mère ; néanmoins notre ancienne jurisprudence excusa
parfois la mère du meurtre de l'amant de sa fille. Ainsi
par arrêt du Parlement de Toulouse du 2 juin 1582, Marie
Perez qui avait tué d'un coup de couteau un capitaine qui
forçait sa fille, fut mise en liberté, et obtint même une réparation sur les biens du ravisseur défunt (Mainard, liv. 6,
ch. 86*).

(B) **Droit du mari** [1].

En droit romain, le mari ne peut tuer sa femme : « *Patri
non marito mulierem permissum est occidere* ». Néanmoins
s'il la tuait, il n'était pas puni des peines ordinaires.
« *Ignoscitur ei* ». Mais, sous certaines conditions, le mari
pouvait tuer le complice. Dans notre ancienne jurisprudence,

le principe est que le mari ne peut tuer ni sa femme trouvée en adultère, ni le complice, à moins que ce complice
ne soit une personne vile, comme un valet ou une autre
personne semblable (Jousse, p. iv, tit. 21). On lui refuse
ce droit, parce qu'on craint sa colère, plus que celle du
père, qui viendra tempérer l'affection, la « *pietas paterna* ».
Néanmoins le mari, quand il commet le meurtre d'une
personne de rang élevé, est puni d'une peine moindre que
celle de l'homicide ordinaire (Farinac, qu. 121, n° 59, 68,
71, 77) à moins qu'il ne soit lui-même de basse condition
auquel cas il ne jouit pas de ce privilège (Farinac, n° 99).
Ce serait pour le mari l'impunité, si celui qui est trouvé
avec sa femme usait de violence envers elle pour en abuser. Est-il besoin d'ajouter que ce meurtre ne serait excusable que s'il a été accompli sans préméditation, au moment du flagrant délit, dans la maison du mari (Farinac,
qu. 121, n° 93, 94). En fait, lorsque toutes ces conditions
se trouvaient réunies le mari obtenait facilement sa grâce
du roi (Papon, liv. 22, éd. 99 ; Henris t. 1, liv. 4, ch. 6,
qu. 65).

Quant à la femme qui tuerait son mari surpris en adultère, il ne paraît pas qu'elle doive jouir du même privilège,
et il semble qu'elle ne pourrait alors éviter la peine de
mort (Farinac, qu. 121, n° 121).

§ 2. Des peines.

Les peines de l'adultère sont criminelles ou civiles.

(A). Peines criminelles.

a) Peine de la femme. — La femme adultère était condamnée à la peine de la novelle 134 et de l'authentique *sed hodie*. La peine de l'authentique était la fustigation et la claustration. Cependant cette peine ne fut pas suivie dans toute sa rigueur.

La *fustigation* fut supprimée; mais elle avait été en vigueur jusqu'au xvi⁰ siècle. La femme était fustigée, tantôt avant d'entrer au couvent (arrêts du Parlement de Bordeaux, 7 déc. 1523 et 30 déc. 1595), tantôt après l'expiration des deux ans accordés au mari pour pardonner, et dans ce dernier cas le fouet était administré par la supérieure ou des religieuses désignées par elle (Bordeaux, 7 sept. 1614). Cérémonie inconvenante et immorale que l'on abandonna!

La *claustration* seule fut maintenue « on condamne dit Jousse, la femme à être authentiquée, c'est-à-dire renfermée dans une communauté ou couvent tel que le mari veut choisir selon les circonstances et la publicité du crime et la condition de la femme, pendant lequel temps son mari peut la voir et reprendre si bon lui semble ; sinon ledit temps passé, et dans le cas où le mari viendrait à décéder pendant le dit temps, elle est condamnée à être rasée, voilée et tondue comme les autres religieuses et filles de la communauté et à y rester sa vie durant pour être traitée selon la règle de la maison » (Jousse).

Précisons et complétons :

La femme est enfermée dans un couvent où le mari devra pourvoir à son entretien. Il prendra cette pension sur les paraphernaux ou propres de la femme ; à leur défaut sur la dot, à défaut de dot il la payera *de suo*; mais dans ce dernier cas, la pension est modique. Lorsque la femme est pauvre et le mari aussi, celui-ci peut demander aux juges que la femme au lieu d'être enfermée au monastère le soit à l'Hôpital où elle est traitée d'après les règlements applicables aux femmes débauchées. De même, les femmes de la religion réformée (Filleau. *Decis. Cath. dec.* 26). Dans la pratique du xviiie siècle, ce n'était pas l'hôpital qui remplaçait le couvent, c'était la maison de Force.

Cette réclusion n'est pas perpétuelle. Le mari peut pardonner à sa femme et la reprendre pendant deux ans après la condamnation, ce pardon n'est soumis à aucune formalité. Le délai de deux ans écoulé le mari pour pouvoir reprendre sa femme, doit obtenir un jugement qui la remettra en sa possession. Une exception singulière est faite au droit de pardon à l'égard des magistrats « on a regardé qu'il était indécent à un juge de garder une femme qui avait été jugée publiquement » (Jousse). Le mari qui a pardonné à sa femme et l'a retirée du couvent s'interdit le droit de l'accuser d'adultère à l'avenir (Lebret, *Decis.* liv. I déc. 13).

Pendant les deux ans, le mari pouvait visiter sa femme et elle conservait ses habits séculiers ; les deux ans écoulés, ou même avant si le mari mourait dans ce délai, la femme était rasée, voilée, revêtue des habits religieux et soumise à la vie monastique. Cependant, elle ne devenait pas religieuse, car ce n'est pas l'habit qui fait le moine « *Habitus non facit monachum* », elle restait capable de tous les effets civils : succéder, donner, recevoir, tester, vendre, etc...,

Même après la mort du mari, la femme n'est pas forcément recluse à perpétuité. Elle a un moyen de reconquérir sa liberté: c'est de se remarier (arrêt célèbre du 29 janvier 1684. *Journ. des audiences*). L'arrêt précité indique les formalités à remplir pour mettre dans ce cas la femme en liberté: « elle sera reconduite du lieu où elle était renfermée à la paroisse par un huissier qui s'en chargera pour, en sa présence, être procédé à la célébration du mariage; en fait être remise entre les mains du mari » . Hors ce cas, les magistrats peuvent encore accorder sa liberté à la femme qui la réclame, si après plusieurs années de captivité ils jugent l'expiation suffisante.

Ainsi notre jurisprudence est moins sévère que la législation de Justinien qui après le terme de deux ans rendait le pardon impossible et la condamnation irrévocable. Les canons eux-mêmes n'avaient pas approuvé ce délai et déclaraient, selon la vérité évangélique le pardon toujours possible quand bien même la femme aurait péché sept fois et septante fois sept fois (Innocent III).

Les maris adultères ne sont pas condamnés à une peine afflictive et infamante, mais seulement à des peines civiles.

b) Peine du complice. — La peine contre les galants des femmes adultères et arbitraires. Elle dépend des circonstances qui l'accompagnent et de la qualité des personnes.

Suivant la gravité des circonstances, la peine est l'*amende pécuniaire*, l'*amende honorable*, le *banissement*, les *galères*, même, dans certains cas spéciaux, la *mort*. Ces peines peuvent être prononcées cumulativement.

L'amende pécuniaire est nécessairement très variable : elle est prononcée envers le roi et envers le mari (par arrêt du 31 août 1552, le nommé Vernier de Montbrison fut condammé en 200 livres d'amende envers le roi et 400 livres envers le sieur Gaillot, le mari. Rapporté par Capon liv. 22, tit. 9, n° 2). — L'amende honorable se fait « teste et piedz nuds, en chemise, la corde au col, tenant entre les mains un cierge allumé de certain prix et à certain jour et lieu, à genoux, lire et déclarer que follement, témérairement, malicieusement et audacieusement, il a commis adultère, et qu'il s'en repent et requiert pardon et mercy à Dieu, au Roy justice... » (Duriet. *Traité des peines*). A Paris, on faisait amende honorable aux grands degrés du Palais, à jour de plaids et iceux tenants, et devant le portail de Notre-Dame. — Le bannissement était à temps ou à perpétuité, hors de la ville, prévoté, vicomté ou hors du royaume. — Les galères aussi étaient temporaires ou perpétuelles. —La mort, quoique plus rarement appliquée, l'était encore au cas d'adultère qualifié, c'est-à-dire accompagné de vol, meurtre, rapt, inceste, sacrilège, et le genre de mort variait en proportion de la gravité du crime : pendaison, strangulation, crémation et les cendres jetées au vent, etc. (Arrêt du parlement de Rouen 17 juin 1516, rapp. par Laroche. — Flavin en ses arrêts liv. 3, tit. 7, art. 10 ; arrêt du Parl. d'Aix, 18 nov. 1616 rapp. par Basset t. 1, liv. 6, tit. 19, ch. 6).

Outre la gravité des circonstances, la qualité des personnes était aussi prise en considération.

Si l'inégalité des conditions est très considérable, la peine est le dernier supplice. En l'an 1314, Philippe et Gautier de Launoy accusés et convaincus d'adultère avec les filles des enfants de Philippe dit le *Bel*, Roi de France, furent par arrêt du Parlement, condamnés à être écorchés vifs, leurs membres coupés et pendus à un gibet... (Mézerai : Hist. de Fr. t. 1, p. 500). René Mortemer convaincu d'adultère

avec Isabelle, reine d'Angleterre, fut condamné à être traî-
né dans les rues de Londres sur un bahut et puis mis sur
une échelle au milieu de la place ; ensuite on lui coupa
les parties naturelles qui furent jetées au feu ; après quoi,
il fut écartelé et ses membres envoyés dans les quatre
principales villes de l'Angleterre, sa tête resta à Londres
(Froissard. 1 t. Ch. 4 p. 25 rap. par Jousse p., tit. IV 3,
n° 20)

Les peines étaient moins horribles, lorsque l'adultère ne
souillait pas de si nobles, de si royales personnes. Cependant l'inégalité des conditions entraîne toujours avec elle
une excessive sévérité : ainsi le valet qui commet adultère avec la femme de son maître est aussi puni de mort.
(Cout. de Bordeaux Ch. 10, art. 106 ; arrêt du Parl. de
Toulouse de 1567 ; un valet de cabaret, voyant sa maîtresse
endormie ou qui feignait de l'être, s'avança sur elle et
en abusa et « d'une première fois non content il voulut
doubler » mais surpris par le mari et arrêté, il est condamné à être pendu. rapporté par Papon, liv. 12, tit.
9, n° 1.

Sont aussi à raison de la qualité de la personne punie
de peines exemplaires : les Clers et Commis qui auraient
commerce avec les femmes de leurs patrons ; — les Maîtres
de Danse, de Musique, de Dessin qui useraient de séduction auprès de leurs élèves ; — les Procureurs, Avocats,
Juges, qui s'oublieraient au point de solliciter une femme qui
aurait recours à leur ministère ; — les Geôliers qui abuse-
raient de leur prisonnière ; — les Médecins qui trahiraient
la confiance que le mari est obligé d'avoir en eux, pour
commettre adultère avec leur cliente. (arrêt 28 févr. 1563
rapp. par La-Roche-Flavin, liv. 1, tit. art. 8 ; Fourn. P. 2
Ch. 7 ; Jousse P. IV tit. 3, n° 24).

La peine contre les Prêtres et les Religieux est la même que contre les Séculiers.

(b) Peines civiles.

L'adultère est frappé non seulement de peines afflictives ou infamantes, mais encore de peines civiles.

a) Peines contre la femme. — 1º L'adultère de la femme est une cause de *séparation de corps (divortium a toro et mensà)*, mais non une cause de divorce. Le droit civil suivait la doctrine canonique.

2º La femme convaincue et condamnée pour adultère est privée de sa *dot*, de son *préciput*, de sa part de *communauté*, et des autres *conventions matrimoniales*. (Despeisses, tit. 6 Sect. 3, nº 89; Lebrun, *succ.* liv. 2, ch. 5, Sect. 11, Dist. nº6, arrêt 12 mai 1712).

Ces biens étaient attribués au mari ou aux enfants, suivant des distinctions dans le détail desquelles il serait trop long d'entrer (Jousse, p. IV, tit. 3 art. 4; Farinac, qu. 142, nº 90-95; Lebrun, *Succ.* liv. 2, ch. 5 et 6).

b) Peines contre le mari. — Le mari adultère ne peut être condamné à aucune peine afflictive ou infamante, mais il peut être condamné à des peines civiles.

1º L'adultère du mari est une cause de *séparation de corps et de biens*. Mais la femme ne pouvait demander cette séparation que par la voie civile et non par la voie criminelle (Farinac, qu. 141 nº 104; qu 143; Coquille qu. 147). D'après certains auteurs l'adultère du mari n'est pas à lui seul une cause de séparation de corps, il faut qu'il soit accompagné de scandale public, mauvais traitements, dissipation ou autres choses semblables (Jousse, p. IV, tit. 3, art. 4, nº 28).

2° L'adultère du mari entraîne la perte du gain de la dot et des autres conventions matrimoniales (Farinac. qu. 142 n° 38, Jul. Clar. § ad. n° 13 ; Jousse p. IV, tit. 3 art. 4 n° 29).

3° Enfin l'adultère du mari était une exception que pouvait opposer la femme à l'accusation d'adultère. Ce n'est pas une peine civile ; mais c'est une déchéance attachée à l'adultère du mari, qu'il faut ajouter aux effets ci-dessus.

Ajoutons qu'en droit Féodal, si un seigneur de fief commettait un adultère avec la femme du vassal, il perdait son droit dominant sur le fief servant qui relève dans la suite du seigneur suzerain ; si c'est le vassal qui commettait adultère avec la femme de son seigneur, il perdait son fief par commise (Dumoulin, sur la *Cout. de Paris*, n° 140).

c) Incapacités communes. — 1° *Incapacité de donner et de recevoir.* Les adultères étaient frappés à l'égard l'un de l'autre d'une incapacité absolue de donner ou de recevoir par dispositions entre-vifs ou testamentaires, universelles ou particulières, directes ou indirectes. Ils ne peuvent même se donner des aliments que la loi permet quelquefois aux concubinaires de se laisser (Jousse *loc. cit.* ; arrêt du 14 juin 1548 rapp. par Papon liv. 22e tit. 9, n° 11, arrêt du Parl. de Toulouse 26 juin 1582 rapp. par Mainard t. 1, liv. 3, ch. IV ; arrêt 14 août 1689 ; 17 juin 1737. Journ. des aud).

2° *Incapacité de mariage.* — En exposant la législation canonique, nous avons dit que trois solutions sont possibles : ou incapacité générale ; ou incapacité restreinte au complice ; ou nulle incapacité.

L'incapacité de mariage, qui existait en droit romain,

ne fut adoptée ni par la législation canonique, ni par la législation civile; notre jurisprudence avait reconnu par un arrêt solennel du 21 juin 1684 que l'adultère pouvait se remarier. Cependant la liberté n'était pas absolue. L'interdiction porta sur le mariage avec le complice ; encore cette interdiction n'était-elle pas complète. Dans le droit canonique elle n'existait que dans deux cas d'adultère qualifié. 1° Cas de machination de meurtre du mari 2° Cas de promesse jurée de mariage faite avant la mort du mari. A ces deux cas, notre ancienne jurisprudence, qui les conserva, en ajouta deux nouveaux : 1° Celui où la femme a fait déclarer nul son mariage pour cause d'impuissance du mari (arrêt du 25 juin 1655, Fournel) , 2° Celui où la femme et son complice se sont fait quelque donation du vivant du mari, « parce que cette donation emportait l'idée et le soupçon d'une promesse de mariage ». (Fournel, Arrêt du Parl. de Rouen 11 juillet 1679. Toulouse 1678).

Tel fut l'état du droit jusqu'à la Révolution.

PÉRIODE INTERMÉDIAIRE

Le législateur révolutionnaire, dans le décret des 16-
24 août 1790, déclare que : « Le Code pénal sera inces-
samment réformé de manière que les peines soient pro-
portionnées aux délits, observant qu'elles soient modérées
et ne perdent de vue cette maxime de la déclaration des
droits de l'homme : que la loi ne peut établir que des peines
évidemment et strictement nécessaires ». C'est par application de cette disposition que l'assemblée constituante
elle-même organisa, par la loi des 19-22 juillet 1791, la
police municipale et correctionnelle. Le titre du projet de
cette loi, présenté à la délibération de l'assemblée par
Desmeuniers dans la séance du 7 juillet 1791, contenait
deux articles concernant l'adultère. Ces articles portaient :

Art. 10 : « La plainte en adultère ne pourra être poursuivie
« que par le mari et par la voie seulement de la police
« correctionnelle... La femme convaincue de ce délit sera
« punie selon les circonstances, d'un an, de dix-huit mois
« ou de deux années d'emprisonnement et de la déchéance
« des conventions matrimoniales établies en sa faveur. La
« dot ne sera point confisquée ; le mari en aura la jouis-
« sance, quelles que soient les clauses du contrat de
« mariage, à la charge toutefois d'une pension alimen-
« taire, ainsi qu'elle sera réglée par le juge ; le mari pourra
« à chaque instant faire cesser la peine, en déclarant
« qu'il consent à recevoir sa femme dans la maison.

« Le complice de la femme sera condamné à une

13

« amende du huitième de sa fortune et à un emprisonnement de trois mois ».

« Art. 11, Les affaires de ce dernier genre seront instruites
« à l'audience ; elles pourront néanmoins être instruites et
« jugées à huis-clos, mais seulement dans le cas où le mari
« et la femme y consentiront » (Assemblée nationale, séance
du 7 juillet 1791. Monit. univ. 8 juillet 1791).

Après lecture de ces articles Darnaudat fait remarquer
« qu'il n'est pas possible de statuer en ce moment sur la
plainte de l'adultère, sans statuer en même temps sur le
divorce ».

Duport pense avec l'honorable préopinant qu'il ne faut
pas décider séparément deux questions qui ont d'importants
rapports : « Autrefois, dit-il, un mari n'intentait pas un
procès en adultère que sa femme ne formât une demande
en séparation de corps. Pouvez-vous laisser subsister ces
sortes de séparations ? Cet état reconnu par la loi qui
n'est ni le mariage, ni la liberté, qui rend encore plus
pesant le fardeau d'un bien indissoluble en privant de
tous les avantages attachés à ce lien. Il n'y aurait ni huma
nité, ni générosité, ni justice à s'occuper des droits des
hommes et à ne pas songer à ceux des femmes. Il sera
d'ailleurs nécessaire de prendre un parti sur cette
grave question que l'opinion publique a longtemps dé-
battue ».

L'assemblée délibère et renvoie les articles 10 et 11 au
Comité de constitution. Lorsque, dans la séance du 18
septembre 1791, Lepelletier présente le projet additionnel
au Code Pénal, composé des différents articles qui avaient
été renvoyés au Comité de constitution, il ne fut pas fait
mention des articles sur l'adultère, puisqu'on avait décidé
de les discuter en même temps que le divorce, de sorte que

le Code Pénal dés 25 septembre, 6 octobre 1791 ne sévit
pas contre l'adultère.

La question du divorce vient, peu de temps après, devant l'Assemblée, et la loi sur le divorce est votée le
20 septembre 1792. On admit bien parmi les causes du
divorce « le dérèglement de mœurs notoire » (art. 4 séance
du 4 septembre 1792), mais on passa sous silence ce qui
concernait spécialement l'adultère.

Le Code des délits et des peines du 3 brumaire an IV,
qui prit la place de ceux de 1791, et dans lequel ils furent fondés, reste également muet; ainsi à cette époque
la seule peine de l'adultère fut le divorce.

Le législateur, impatient de faire cesser cet état de
choses fit réapparaître la peine de l'emprisonnement, en
1803, dans le Code civil (art. 208, 2ᵉ partie, 308, 309. C.
civ). (voir plus loin ch. II, page   ) d'où en 1810. il la trans-
porta à sa vraie place dans le Code Pénal, que nous allons
maintenant étudier.

—

DROIT MODERNE

(Code Pénal, art. 336, 337, 338, 339).

GÉNÉRALITÉS

Le Code pénal n'a pas défini l'adultère. Nous avons formulé notre définition dans les termes suivants : C'est, avons-nous dit : *l'union sexuelle, sciemment et volontairement accomplie entre une personne mariée et une autre personne que son conjoint.*

Le Code pénal a placé l'adultère sous la qualification générique d'ATTENTAT AUX MOEURS. (Liv. III, tit. 2, sect. 4). C'est surtout dans ce genre de délits qu'il est nécessaire de tracer exactement la limite de deux domaines qui doivent rester séparés, le domaine de la morale ou des rapports moraux et religieux, le domaine du droit ou des rapports sociaux. A mesure que marchent les civilisations, il semble que le domaine de la morale s'étend, et que se

restreint le domaine du droit. Le Code pénal ne punit plus,
comme l'ancien droit, presque tous les délits de luxure ou
péchés de la chair, il punit seulement sous la dénomination d'attentats aux mœurs : 1° l'outrage public à la pudeur (art. 330), 2° le viol (art. 332, § 1), 3° l'attentat à la
pudeur (art. 331, 332 § 2, 3, 4; 333), 4° l'adultère 336,
337, 338, 339), 5° la bigamie (340). Peut-être la loi pénale
n'est-elle pas encore arrivée à son dernier degré d'élimi-
nation ! En effet, l'intervention de la loi pénale en cette
matière peut avoir pour but ou de *moraliser l'individu*
en le forçant à réprimer ses passions, ou de conserver la
moralité publique en réprimant les vices qui compromettent l'ordre social. Désormais la morale individuelle est
hors du domaine de notre loi pénale ; reste la morale publique. Or, la question doit encore se poser au législateur
de savoir, non pas seulement si l'adultère porte atteinte à
la morale publique, mais si la répression de l'adultère par
l'emprisonnement, a une influence efficace sur la morale
publique, sur l'ordre dans la société, ou sur l'ordre dans
la famille, qui est la cellule sociale.

Le législateur révolutionnaire avait éprouvé des doutes ;
ils poursuivent encore le législateur du Code pénal, qui se
« sent en contradiction avec l'opinion. Il est, dit Monsei-
« gnat dans son rapport, une infraction aux mœurs moins
« publique que la prostitution érigée en métier, mais pres-
« que aussi coupable ; si elle ne suppose pas des habitudes
« aussi dépravées, elle présente la violation de plus de de-
« voirs : c'est l'adultère. Placé dans tous les codes au nom-
« bre des plus graves attentats aux mœurs, à la honte de la
« morale, l'opinion semble excuser ce que la loi doit pu-
« nir : une espèce d'intérêt accompagne le coupable, les
« railleries poursuivent la victime. »

« Cette contradiction entre l'opinion et la loi a forcé le
« législateur à faire descendre dans la classe des délits ce
« qu'il n'était pas en sa puissance de metre au rang des
« crimes. Sans doute, ce délit porte atteinte à la sainteté
« du mariage, que la loi doit protéger et garantir. Mais,
« sous tout autre rapport, l'adultère est moins un délit
« contre la société que contre l'époux qu'il blesse dans son
« amour-propre, sa propriété, son amour ».

Il y a dans ces lignes une sorte de regret, trace laissée
dans l'esprit du législateur par le souvenir des législations
antiques, le regret de ne pas faire de l'adultère, ce grave
attentat aux mœurs, un crime. L'adultère ne sera donc
qu'un délit ; le législateur, forcé par l'opinion [1] s'y résigne.
Ce regret résigné est immédiatement suivi d'une hésitation incompréhensible. Car enfin si l'adulère est, dans
l'esprit du législateur, un grave attentat aux mœurs, dont
il n'adoucit la pénalité qu'à regret, et dont à regret il ne
fait qu'un délit ; du moins, semble-t-il que ce délit dut
être un *délit public*, soumis à la vigilante surveillance du
ministère public. Non ! l'adultère sera en quelque sorte un
délit privé, dont l'action est soumise à la volonté capri-
cieuse et arbitraire du mari. C'est de cette hésitation du
législateur que naîtront toutes les controverses de la jurisprudence.

Nous diviserons notre étude en trois chapitres :

Chapitre premier : *Des éléments essentiels* ;
Chapitre deuxième : *De l'action publique* ;
Chapitre troisième : *De la pénalité* ;

CHAPITRE PREMIER

ÉLÉMENTS CONSTITUTIFS DE L'ADULTÈRE

L'adultère est constitué par trois éléments essentiels : 1· *union sexuelle*, 2º *mariage*, de l'un au moins des agents du délit, 3· *intention coupable*. Ces éléments suffisent, dans tous les cas, à constituer l'adultère de la femme. Mais l'adultère du mari, pour être punissable, doit renfermer un quatrième élément : *entretien de la concubine dans la maison conjugale*. Après avoir étudié l'adultère de la femme et du mari, nous étudierons la complicité.

Section i. — Adultère de la femme.

1ᵉʳ Élément. — Union sexuelle.

L'union des sexes suppose le concours de deux personnes.

Ces deux personnes doivent être de sexe différents : les actes libidineux entre deux femmes ou entre deux hommes ne peuvent, dans notre loi pénale, constituer un adultère. Le code prussien au contraire, adopte expressément une solution inverse : « La sodomie et autres vices contre nature sont assimilés à l'adultère » (Code pénal, iiᵉ partie, tit. iᵉʳ, art. 672).

Cette union ne constitue un adultère qu'autant qu'elle existe dans des conditions de forme telles qu'il fut possible à l'homme d'engendrer, à la femme de concevoir. De cette formule, il résulte que :

a) La pensée, les désirs, les flirts , les préliminaires ou « menus suffraiges » la tentative même[1] ne constituent pas l'adultère. Luxurieux point ne sera de corps. L'adultère est un acte matériel.

b) Cet acte doit, avons-nous dit, tendre dans sa forme à la génération. Nous n'envisageons donc ni le résultat effectif de l'acte, ni la possibilité de ce résultat : aussi la stérilité de la femme, l'impuissance du mari, soit accidentelles, soit séniles, l'impuberté du complice ou sa très grande vieillesse, ne peuvent empêcher qu'il y ait adultère.

2ᵉ Elément. — Mariage.

L'adultère et la violation de la fidélité conjugale : « Les époux se doivent mutuellement *fidélité...* » (art. 212 C. Civ). L'adultère ne peut donc exister que dans le mariage.

C'est entre la célébration du mariage et sa dissolution que doit se placer l'union sexuelle.

Avant la célébration, pas d'adultère possible. Dans notre droit actuel, la fiancée qui se livre à un autre que le fiancé

---

[1] La tentative ne constitue pas adultère. Si, par exemple, un mari était surpris couché avec une personne de sexe différent, *nudus cum nuda*, c'est-à-dire dans une position où la présomption de l'union sexuelle est si forte que la jurisprudence la considère comme un cas de flagrant délit, cette présomption tomberait s'il était ultérieurement constaté que la personne avec qui le mari a été surpris fut encore vierge (Pandect. franc. V. adultère nᵒ 14).Cette question peut avoir son intérêt depuis la loi du 29 juillet 1884 qui considère comme adultère au point de vue du divorce un seul fait accompli par le mari hors de la maison conjugale.

ne commet pas adultère ; il n'y a pas de délit, alors même que les effets des actes commis avant le mariage se manifesteraient durant le mariage, par exemple par un accouchement prématuré après la célébration [1].

Pas d'adultère après la dissolution. La dissolution du mariage a lieu par la mort ou par le divorce. — La mort du mari rompt le serment de la femme : pendant dix mois délai de viduité, la veuve ne peut, il est vrai, contracter un nouveau mariage (art. 228 C. Civ.); mais elle peut, sans délit, se livrer au stupre. Avant la loi du 31 mai 1854, comme la mort naturelle, la mort civile dissolvait le mariage (art. 227 C. Civ.): dès lors, après la condamnation devenue définitive du mari à une peine emportant mort civile, la femme qui aurait vécu en concubinage avec un tiers échappait à toute poursuite, alors même que le condamné aurait obtenu sa grâce, car la grâce ne fait pas cesser les incapacités encourues [1]. — De même que la veuve la femme divorcée ne commet pas adultère.

Il n'en serait pas de même de la séparation de corps : la séparation de corps ne dissout pas le mariage : le mari restant toujours sous le coup de la présomption *pater is est quem nuptiæ demonstrant*, la femme lui doit fidélité.

La période dans laquelle les faits matériels d'adultère doivent se placer pour constituer le délit, commence donc

---

[1] Cet accouchement donnerait, sous certaines conditions, naissance à l'action du désaveu de l'enfant (art 314 C. Civ.)Donnerait-il,à défaut d'action pénale, une action en divorce ou en séparation de corps ? Raison de douter : c'est une injure grave, mais antérieure au mariage. Cependant on pourrait, croyons-nous, soutenir avec une très grande force que la femme, dans cette position, a commis au moment même où elle promettait une fidélité souillée d'avance une injure grave concomitante au mariage.

à la célébration et finit à la dissolution : l'adultère n'est possible que dans le mariage.

Ce mariage doit être un mariage valable ; mais supposons le *mariage nul*. Le prévenu peut opposer à la poursuite une exception tirée de la nullité du mariage. Est-ce le tribunal correctionnel qui est compétent pour résoudre cette question de nullité, ou doit-il au contraire surseoir à statuer et renvoyer la question d'état aux tribunaux civils. La jurisprudence de la Cour de cassation a décidé que si la femme poursuivie pour adultère oppose à la plainte du mari une exception tirée de la demande qu'elle aurait formée ou déclarerait vouloir former de la nullité de son mariage, cette exception est une exception préjudicielle de la compétence de la juridiction civile, et le tribunal correctionnel doit surseoir à stuer jusqu'à ce que la question de nullité ou de validité du mariage ait été tranchée par le tribunal civil (Cass. 13 avr . 1867. S. 67, 1, 341) avec le rapport de M. le conseiller de Boden)[1].

Cette exception de nullité peut-elle être toujours invoquée? un mariage peut être nul de nullité absolue, non susceptible d'être couverte opposable par tous ceux qui y ont intérêt; il peut-être nul de nullité relative, susceptible d'être couverte, mais que l'époux seul aurait qualité pour faire valoir si elle était proposée par lui en temps utile. Cette distinction n'est pas restée étrangère à notre matière.

Le tribunal de la Seine et la Cour de Paris avaient décidé que lorsque le mariage est nul de *nullité absolue*, la nullité est *préjudicielle* à la poursuite, mais que lorsque le mariage est nul de *nullité relative*, la nullité n'était *pas*

---

[1] Sic : Chauveau et Hélie 6e édition T. ιv n⁰ 1633 ; Blanche T. v, n⁰ 187; Contrà Garaud T. ιv, n⁰ 187 ; Haus t. ιι,n⁰ 1209.

préjudicielle, et que, dans ce dernier cas, tant que le mariage n'est pas annulé celui des époux qui pouvait en demander la nullité était lié envers l'autre époux par le devoir de fidélité et commettait par conséquent un délit s'il manquait à ce devoir (Tr. corr. Seine 8 août 1866, D.-P. 67, 3, 6, ; Paris 20 déc. 1866 D. P. 67, 1 353). Le système contraire conduit à une inégalité entre les époux ; car l'époux qui ne peut pas demander la nullité est, lié par le devoir de fidélité, et l'époux qui peut demander la nullité du mariage pour cause de nullité relative pourrait violer ce même devoir de fidélité, et échapper aux conséquences de cette violation en demandant la nullité.

Néanmoins la Cour de cassation a condamné ce système de la Cour de Paris ; d'après elle, il importe peu, au point de vue de l'adultère que le mariage soit nul de nullité relative ou absolue. L'une et l'autre de ces nullités prend naissance au jour de la célébration du mariage ; leurs effets remontent nécessairement à cette date et sont identiquement les mêmes ; l'annulation du mariage conduit dans les deux cas à le faire considérer comme n'ayant jamais existé (sauf les effets de la bonne foi art. 201, 202 C. civ.); l'époux plaignant doit donc, dépouillé de la qualité d'époux, n'avoir plus le droit de continuer les poursuites, et l'autre époux doit être affranchi de toute responsabilité, puisque le titre d'époux lui avait été illégalement donné (Cass. 1867, D. P. 67, 1, 353).

Voici une hypothèse intéressante : c'est au cas de coexistence de deux mariages. Un premier mariage est contracté, valable ; une violation de ce premier mariage, l'un des époux en contracte un second. Qu'arrive-t-il ? Il faut distinguer. Ce second mariage est-il contracté de mauvaise foi avec connaissance de l'existence actuelle du premier ? Il y a, non plus délit d'adultère, mais crime de bigamie, qu'on a défini « un adultère permanent [1] ». Ce cas est prévu et régi par l'art. 340 du code pénal. Ce second mariage est-il, au contraire, contracté de bonne foi dans la croyance de la dissolution du premier ? Nous sommes en présence d'un mariage valable et d'un mariage putatif. L'union sexuelle de l'époux bigame avec son second époux ne constitue pas un adultère : il y manque l'intention coupable. Mais le premier époux qui était absent et que l'on avait cru mort, revient ; la femme fait revivre en faveur de l'époux de retour ses anciens droits, y a-t-il adultère ?

Le second époux est hors de cause : tant que son mariage n'a pas été annulé, il a droits d'époux : il ne peut être accusé d'adultère. Mais lui peut-il se plaindre contre le premier époux et contre sa femme ? M. de Vatimesnil accorde au second mari une action, car il y a adultère, mais il accorde au premier mari une exception préjudicielle en nullité du second mariage, et l'annulation prononcée, le second mari, cessant d'être mari, sera sans qualité pour se plaindre, soit contre le premier mari, soit contre la femme (Encycl. du dr. v. adult. n° 6). Dalloz admet ainsi qu'il y a adultère, et alors, tout en reconnaissant au premier mari le droit de demander et même d'obtenir l'annulation du second mariage il n'admet pas que cette demande en nullité soit une exception préjudicielle,

---

[1] Dans la rigueur du droit, définir la bigamie un adultère permanent est une inexactitude. L'adultère et la bigamie ont deux éléments communs : mariage, intention coupable. Mais l'union sexuelle, élément matériel de l'adultère n'est pas nécessaire pour qu'il y ait bigamie : il suffit qu'il y ait célébration d'un second mariage. Ce n'est pas là « copula carnalis » que fait la bigamie, c'est le « ritus nuptiarum ».

et que cette annulation nécessaire fasse disparaître la culpabilité (Dalloz. Rep. V. adult. n° 17). La question nous semble-t-il, est facilement résoluble à l'aide des principes que nous avons précédemment posés. Elle se réduit à se demander si ce second mariage est nul de nullité absolue ou de nullité relative. D'après certains auteurs, il est nul de nullité absolue, et tous les intéressés peuvent en demander la nullité (art. 147 et 184, C. civ.) : dans ce système, la Cour de Paris et la Cour de cassation sont d'accord, et tout le monde admet avec elles que la violation d'un tel mariage ne peut constituer adultère ; le premier mari aura une exception préjudicielle.

Mais d'après certains autres auteurs fort autorisés, le mari absent peut seul demander cette nullité (art. 139, C. Civ.) et, même après son retour, lui seul possède ce droit: dans ce système-là, la nullité est une nullité relative. Que faut-il en conclure ? Dans la jurisprudence de la Cour de Paris qui distingue les nullités absolues et les nullités relatives, le premier mari pourra bien demander la nullité du mariage, mais cette demande ne constituera pas une exception préjudicielle ; il y a adultère et cet adultère doit être réprimé. Dans la jurisprudence de la Cour de cassation au contraire, qui ne fait pas cette distinction, la demande en nullité constituera une exception préjudicielle, et dès lors le premier mari et la femme seront assurés de l'impunité. C'est le système de la Cour de cassation qui nous paraît le plus juridique.

3ᵉ Elément. — Intention coupable.

Le troisième élément constitutif de l'adultère est l'intention coupable, élément commun à tous les délits. Il y a intention coupable, lorsque l'union illicite a eu lieu *sciemment* et *volontairement*, sciemment c'est-à-dire sans erreur, volontairement c'est-à-dire sans violence.

(A) **Erreur**. — L'erreur de la femme peut porter soit sur l'identité de la personne, soit sur l'existence du lien du mariage. Il y a erreur sur l'identité de la personne, dans le cas où, par exemple, pendant le sommeil de la femme, un individu a pris la place que son mari venait de quitter : dans ce cas, il n'y a pas évidemment adultère de la part de la femme (arg. Besançon 13 oct. 1828 aff. Gaume, attentat à la pudeur. Dalloz *V⁰ adult* n° 21. Cass. 27 déc. 1883 et 23 juillet 1885, S. 85, 1, 516). Il y a erreur sur l'existence du lien du mariage, lorsque par exemple, la femme se croit veuve, soit d'après un acte de décès, soit d'après quelque autre indice de la mort de son mari : dans ce cas, si elle entretient des relations avec un autre individu elle ne commet pas adultère.

De même, l'erreur du complice sur l'état de la femme mariée enlève à son acte le caractère délictueux : mais il faut que son ignorance du mariage de la femme soit parfaitement établie (Chauveau et Hélie t. IV, 6ᵉ éd. n° 1658). Nous pensons que cette ignorance ne serait pas nécessaire lorsque la femme est une prostituée ; car alors il n'y a pas de la part du complice intention coupable, « *dolus malus* ». On ne peut lui reprocher d'avoir violé la sainteté du mariage, porté le trouble et la désunion au milieu des époux (n° 1658) [1] : Il ne faut pas assimiler à la prostituée celle qui a eu successivement beaucoup d'amants.

(B) **Violence**. — La violence est l'oppression de la volonté dans l'accomplissement de l'acte. La violence est

---

[1] Pandect fr., *V adult* n° 23 ; Pasier belge 1863, 2 p. 384 en note.

exclusive de toute culpabilité. Ce principe a été proclamé, d'une manière générale, dans le Code pénal: (art. 64. *« Il n'y a ni crime ni délit, lorsque le prévenu... a été contraint par une force à laquelle il n'a pu résister »*.

La contrainte ou violence peut être *physique* ou *morale*. La violence *physique* est celle qui agit par des moyens matériels sur les organes. Elle existe toutes les fois qu'une personne est matériellement forcée d'exécuter avec ses membres ou de subir sur son corps une action illicite. Ici la violence physique doit s'appeler : viol.

Les juges ne devront admettre le viol, ce crime *imaginaire*, d'après Voltaire (Dict. phil.), qu'avec une extrême circonspection, même en présence des preuves à première vue les plus convaincantes, les meurtrissures : « Il faut observer, disent Briand et Chaudé dans leur traité de médecine légale, que le plus ordinairement les femmes ne veulent paraître céder qu'à la force, lors mêmes qu'elles ont préparé leur défaite ; qu'une femme peut, dans ce débat, avoir éprouvé des contusions et avoir fini néanmoins par se livrer volontairement aux embrassements de l'homme qu'elle feignait vouloir repousser. (Med. leg. 10ᵉ ed. t. 1ᵉʳ p. 151). — Hors de cas de lutte où la femme vaincue n'a pu résister à la force brutale, il y aurait aussi violence physique si la femme avait été privée de volonté sous l'action de substances narcotiques ou d'anesthésiques, tels que le chloroforme. La Société de médecine légale de Paris s'est inquiétée en 1870 d'une opinion exprimée en Amérique et en Angleterre d'après laquelle une femme pouvait être chloroformisée et violée (Ann. d'hyg. et de méd. leg. 1874, t. XLI, p. 168).

La violence *morale* est celle qui agit par des moyens moraux d'intimidation sur la volonté. Si la violence physique agit sur le corps et met la femme dans l'impossibilité absolue de résister, la violence morale agit sur la volonté, qui continue à commander au corps. Ici la volonté n'est pas impuissante comme dans la lutte avec une force brutale irrésistible, dissoute comme par un anesthésique, elle n'est que forcée, mais elle subsiste. *Coacta voluntas tamen voluntas.* D'un côté, l'acte adultère; de l'autre, la crainte d'un mal. Il faut se déterminer. Si la crainte effraye et jette la femme du côté de l'acte, y a-t-il responsabilité? Le Code pénal nous répond qu'il faut que cette crainte cette *vis compulsiva* soit « une force à laquelle le prévenu n'a pu résister » (art 64.) Criterium élastique, et avec raison. Pourquoi donc Chauveau et Hélie, délimitant *a priori* ce que le Code n'a pas limité, veulent-ils que la violence morale ne soit une excuse suffisante que lorsque la femme a été « dans l'alternative de céder à son ravisseur ou de subir une mort certaine. » D'abord nous serions dans ce cas sur les confins, sinon dans le domaine, de la violence physique. Et d'ailleurs la crainte du déshonneur, de la mort du mari, d'une souillure à son enfant, ou de tout autre mal *considérable* et *imminent*, ne seraient-ils donc jamais pour la femme, eu égard à son tempérament, une force à laquelle elle n'a pas pu résister? Gardons nous donc en cette matière de toute raideur théorique. Et plions nous pour la solution de notre question à la relativité des circonstances.

Une autre espèce de violence que nous appellerions violence *mentale* a beaucoup préoccupé l'opinion depuis quelques années c'est *l'hypnotisme* [1].

---

[1] Les anciens se préoccupaient de la question des philtres et potions amoureuses. Aujourd'hui on pense plutôt à l'hypnotisme.

Nous ne pouvons aborder ici cette question qui nécessiterait un ex-

Section II. — Adultère du mari. — Entretien d'une concubine dans la maison conjugale

La réunion des trois éléments que nous venons d'analyser, constitue le délit d'adultère en général. Ces trois éléments suffisent, dans tous les cas, à constituer l'adultère de la femme.

Mais, pour l'adultère du mari il faut faire une distinction : l'adultère est, au point de vue civil, une cause de divorce et de séparation de corps (art. 229, 230 C. civ. 306 C, civ.) ; il est. au point de vue pénal, un délit punissable (art. 359 C. P.).

Au point de vue civil, le mari et la femme sont aujoud'hui assimilés en ce qui concerne les éléments constitutifs de l'adultère : *Le mari pourra demander le divorce pour cause d'adultère de sa femme.* (Art. 229, 229 C. Civ.) — « *La femme pourra demander le divorce pour cause d'adultère de son mari* » (Art. 230). Cette assimilation n'existe que depuis la loi du 27 juillet 1884; l'ancien texte de l'article 230 portait : « La femme pourra demander le divorce pour cause d'adultère de son mari, *lorsqu'il aura entretenu sa concubine dans la maison conjugale* » (c. pr. 339 C. P.) Cette différence entre le mari et la femme dans les éléments constitutifs de l'a-

posé général. Ceux qui seraient curieux des dernières opinions émises consulteront : Liégeois, *Rev. phil.* 1892 ; *De la suggestion hypnotique de ses rapports avec le dr. civ. et le dr. criminel* ; D· Azam, *Hypnotisme, double conscience et altération de la personnalité* ; Legrand du Saule, *Les Hystériques, leur état physique et mental ; actes délictueux et criminels* : Tardieu, *Etude médico légale sur les attentats aux mœurs* ; Gilles de la Tourette, *L'hypnotisme et les états analogues* : etc. etc. Consulter également: La *Revue de l'Hypnotisme* ; les *Annales médico-psychologiques*.

dultère, abolie aujourd'hui au point de vue du divorce, existe encore au point de vue pénal.

Ainsi au point de vue pénal, l'adultère du mari, pour être considéré comme délit et devenir punissable, a besoin d'un quatrième élément : « *Entretien de la concubine dans la maison conjugale* » (art. 339, C. P.). En décomposant, nous voyons qu'il faut: (a) une concubine, (b) entretenue, (c) dans la maison conjugale. Analysons chacune de ces expressions :

(A) **Concubine..** — Qu'entend-on par concubine ? La concubine est, « celle qui, n'étant pas mariée, vit avec un homme comme si elle était sa femme ». (Dict de l'acad). Le mari n'a une concubine qu'autant qu'il a avec une femme des rapports adultères qui ont un certain caractère de fréquence et même d'habitude. Le concubinage suppose l'habitude dans les relations. disons des relations *entretenues.*

Ainsi, un seul rapport adultère dans la maison conjugale ne suffit pas pour constituer adultère (En sens contraire: Trib. corr. Bruxelles, 11 août 1860, Belg. jud. 1861, p. 54 et la note). *A fortiori* un seul rapport, hors de la maison conjugale, avec une femme qui est entretenue dans la maison conjugale, ne présente pas le caractère de concubinage (Gand, 2 août 1861, Pasier, 62, 2, 176). Au contraire des rapports habituels, même hors de la maison conjugale, avec une femme qui y est entretenue constitueraient adultère (Pand. fr. v° adulte n°).

(B) **Entretien** — L'entretien de la concubine dans la maison conjugale c'est son *établissement* dans cette maison. Treilhard dans l'exposé des motifs du titre du divorce exprimait la pensée du législateur en ces termes : « L'adultère ne donne lieu au divorce que lorsqu'il est accompagné d'un caractère particulier de mépris par l'*établissement* de la concubine dans la maison commune ». L'entretien ne vise donc pas les conditions onéreuses ou gratuites des rapports du mari avec la concubine. « Il ne s'agit pas ici des dépenses, ni même des prodigalités du mari. C'est le désordre de ses mœurs qui constitue l'outrage [1] ». — Entretien signifie établissement : il ne suffirait donc pas pour constituer l'adultère au point de vue pénal qu'une maîtresse du mari fut *reçue habituellement* dans la maison conjugale. Cet adultère, quoique particulièrement outrageant, ne pourrait être qu'une cause de divorce. — Cependant, il ne faudrait pas aller trop loin dans l'interprétation restrictive de ce mot : Si entretien veut dire établissement, il ne veut pas dire *introduction* ; la loi exige que le mari entretienne la concubine dans la maison commune, mais peu importe que ce soit lui ou sa femme qui l'y ait introduite : ainsi il y aurait adultère avec la parente de la femme, introduite par elle, ou avec les servantes de la maison, une institutrice, une dame de compagnie, engagées sans le concours du mari. La doctrine et la jurisprudence sont en ce sens [2].

(C) **La maison conjugale.** — Que faut-il entendre par maison conjugale ?

On distingue souvent en droit : le domicile, la résidence, l'habitation.

Le *domicile*, au sens abstrait, relation juridique entre une personne et un lieu, est, au sens matériel, le lieu où une personne a son principal établissement ; c'est la maison principale, la maison, *domus*. La *résidence*, quand elle est distincte du domicile, est un lieu où l'on se fixe

---

[1] Demolombe. *Cours de code civil*, T. iv, n· 370.

[2] Demol. T. iv. n· 373 ; Merlin, *Rep*. T. xv. V⁰ adult. n· 8 bis ; Duranton, T. ii n· 546.

pendant une certaine durée de temps : c'est, par exemple, la maison de campagne où l'on va quelques mois de l'année. *L'habitation* est un lieu instable : c'est, par exemple, la chambre d'hôtel où l'on passe. Le domicile est unique ; les résidences multiples et fixes ; les habitations indéterminées et momentanées.

Cette distinction nous guidera dans la délimitation du sens de ces mots « maison conjugale ».

Quel a été le but du législateur ? Eviter la rencontre, la présence dans le même lieu de la femme et de la concubine, présence humiliante, insultante, scandaleuse. Où donc sera la maison conjugale ? Partout où le mari va habiter ou peut habiter, il doit être prêt à recevoir sa femme (C. Civ. art. 214), et partout où la femme a le droit d'être reçue, elle a le droit de ne pas y trouver de concubine. La maison *conjugale* ou maison *commune* est donc *partout où le mari peut contraindre sa femme à habiter et où celle-ci par une juste réciprocité a le droit de se faire recevoir* [1].

L'application de cette formule ne sera pas sans difficultés :

La maison où est le domicile des époux, est sans conteste, la maison conjugale (arg. art. 102, 108 cbn, 214 C. civ.). Une résidence, avec ses caractères de durée et de stabilité, est aussi dans notre sens la maison commune : la femme peut être tenue et a le droit d'y résider (Trib. correct. Seine, 24 juin 1882, D. Rép. analy. 1882, n° 868). Mais les résidences passagères, les habitations du mari dans des hôtels garnis où il a entretenu sa concubine ne sauraient être considérés comme la maison conjugale. (Paris,

[1] Garraud. T. IV, n° 515 : cpr, Laurent T. III, n° 182.

29 juin 1839, D. Rép. v⁰ *adult,* n° 65 ; Angers, 28 juillet 1858, et sur pourvoi. Cass. 11 nov. 1858, *Bull. cass. crim.* t. 63, p.427, S. 39, 1, 192).

Il est nécessaire, avons-nous dit, pour que la maison ait le caractère de conjugale, que la femme ait le droit d'y venir, mais cela suffit, il n'est pas nécessaire qu'elle y réside [1], ni qu'elle y soit effectivement venue [2]. Au sujet de la résidence effective de la femme, une question importante se pose : La maison du mari continue-t-elle après la séparation de corps prononcée à être le domicile conjugal, et le mari qui y entretient une concubine commet-il le délit d'adultère ? La question est très controversée. L'affirmative s'appuie sur de puissantes considérations morales : Le mariage n'est pas dissous, le législateur espère encore une réconciliation; permettre au mari de souiller impunément le foyer que la femme pourrait être appelée à reprendre, n'est-ce pas écarter toute chance de réconciliation ? (Lyon, 21 juin 1837, S. 38, 2. 164). La négative nous paraît plus juridique : le principal effet de la séparation n'est-il pas en effet de permettre aux époux d'avoir un domicile distinct ? Il n'y a donc plus de maison commune. (Trib. Seine. 28 mai 1872. S. 72, 2, 154 ; D, 73, 3, 56 [3].)

---

[1] Locré. *Législ. civ.* t. v. p. 571 : Le projet de loi de 1816 portait... *sa femme y résidant.* Ces mots furent supprimés.

[2] Jugé par la Cour de Gand qu'un mari pouvait être considéré comme ayant entretenu sa concubine au domicile conjugal pour être allé aux eaux, accompagné de ses enfants légitimes et de sa servante, et avoir passé en compagnie de sa concubine trois semaines dans un logement loué *ad hoc.* Pand. fr. V° adult. n. 32, adde : Cass. 28 nov. 1859, D. 1860, 1, 253).

[3] Affirmative : Mangin, t. 1, n° 143 ; La Sellyer, Dr.crim. , t. 2, p. 201 etc... Négative : Demol. t. 4, n. 500 ; Laurent, t. 3, n. 346; Chauveau et Hélie, t. 4, n. 1468.

Maintenant que nous savons *où* est le domicile, précisons ses *limites* dans l'espace. Partons pour préciser ces limites de notre principe : nécessité du droit pour la femme d'entrer dans le lieu où est entretenue la concubine pour y résider. La maison comprend *tous les corps de bâtiment* qui en font partie, mais sous l'expresse condition que toutes ces parties soient affectées au logement des époux (Besançon 9 avr. 1808. Lanchet D., Rec. Alph. t. 2 p. 893) ; même un pavillon au bout du jardin serait la maison commune (Cass. 23 mars 1865, Bourasset, *Journ. du Pal.* 1865, p. 572) ; mais une ferme attenant à un château, ne serait pas la maison commune, si elle forme un bâtiment distinct (Cass. 14 juin 1835. D. 1836. 1.353.) Entrons dans le même bâtiment : les époux habitent au 1er étage, la concubine au second, ou inversement ; plus encore, ils sont au même étage, porte à porte. La concubine est-elle dans la maison commune ? Il y a controverse. Les uns disent : il suffit que le mari et la concubine logent *sous le même toit* (Massol. Sép. de corps p. 38 n° 8). Les autres : il faut que la concubine soit dans le même appartement que le mari, dans *l'intérieur* de la famille (Demol. t. IV, n° 371 ; Laurent t. II, n° 184). Cette dernière opinion est conforme à notre principe : dans un hôtel, en effet, dans une grande construction, les divers appartements constituent autant d'habitations diverses ; la femme n'a pas le droit de pénétrer dans celui de la concubine, celle-ci ne souille donc pas le foyer domestique. [1].

---

[1] Dans le cas où la concubine serait installée sur le même palier, dans un appartement contigu à celui des époux, mais communiquant par une porte secrète : il ne faudrait pas être dupe de cette fraude à la loi ; ce serait un entretien dans la maison conjugale. (Cass. 23 mars 1865, Sic. Demol, T.II, n° 371.

Tel est l'élément qui différencie, au point de vue pénal,
l'adultère du mari de celui de la femme. Dans le cours de
cette étude nous poursuivrons la comparaison de l'adultère de la femme avec l'adultère du mari, en nous effor-
çant d'étudier, autant que possible les questions semblables dans un ordre parallèle.

Section III. — DE LA COMPLICITÉ D'ADULTÈRE.

L'étude méthodique de notre sujet nous amène à parler,
avant d'aller plus loin, de la complicité d'adultère. En effet,
de quoi s'agit-il réellement ici, sous la rubrique générale :
éléments constitutifs de l'adultère ? De savoir, avant de
pénétrer dans l'étude de *l'action* et de la *pénalité*, contre
quelles personnes l'action peut être dirigée et la pénalité
obtenue. Dès lors, il est logique, après avoir recherché à
quelles conditions il y a adultère et par conséquent quels
en sont les *auteurs* principaux, de nous demander quelles
personnes autres que ces auteurs sont punissables.

L'adultère a pour auteurs principaux la femme ou le
mari, mais, avons-nous dit, ce délit suppose nécessairement
le concours de deux personnes : l'adultère de la femme suppose, suivant les expressions de la loi, un *complice* ; l'adultère du mari, une *concubine*. Outre ces participateurs
directs et nécessaires, complice ou concubine, d'autres
personnes que ces exécuteurs immédiats peuvent avoir col-
laboré à l'adultère par aide et assistance : ce sont les *complices*, au sens ordinaire de ce mot. Toutes ces personnes
peuvent-elles être mises en cause ? Précisons bien : ici
nous ne nous inquiétons pas de savoir quelles sont contre
ces personnes les conditions de fonctionnement de l'action,
ni quelle est la pénalité, nous posons cette question pri-

mordiale : la complicité de l'adultère est-elle punissable ?

1° **Le complice.** — En ce qui concerne le complice de la femme adultère, la question d'imputabilité ne se pose pas, car elle ne peut faire aucun doute. L'art. 338 dispose : « *Le complice de la femme adultère sera puni* de l'emprisonnement pendant le même espace de temps (que la femme) trois mois au moins, deux ans au plus, et en outre d'une amende de cent à deux mille francs. » L'article ajoute : « Les seules preuves qui peuvent être admises contre le prévenu de complicité, seront, outre le flagrant délit, celles résultant de lettres ou autres pièces écrites par le prévenu ».

2° **La concubine.** — Le Code, après avoir expressément inculpé le complice de la femme, reste muet sur la concubine. Que faut-il conclure de ce silence ? Les opinions sont divisées. D'après les uns la concubine, ne peut être l'objet d'aucune poursuite ; d'après les autres, elle doit être punie comme complice.

Les premiers appuyent leur système sur les idées suivantes. En droit : le code pénal, au sujet de la complicité d'adultère ne parle que du complice de la femme, et la soumet à des règles spéciales, il se tait sur la concubine. Il ne faut pas conclure de ce silence, que l'intention de la loi a été d'appliquer au cas prévu par l'art. 339, les règles de droit commun de la complicité ; car l'adultère étant un délit à part, la répression de ce délit, n'est soumise aux principes généraux du droit qu'autant qu'ils sont rappelés d'une manière formelle dans les articles du Code dont il est l'objet, et l'art. 339, consacré à caractériser et à punir le délit du mari prouve par son silence relatif à la concubine, qu'il n'a pas entendu appliquer à celle-ci les règles ordinaires de la complicité. En fait, le législateur a supposé que celle qui s'est rendue complice de l'adultère du mari aura été séduite et qu'elle se trouve suffisamment punie par la publicité qui doit nécessairement résulter de l'instruction qui aura lieu sur la plainte de la femme. (Sic : Carnot, sur l'art. 339, n° 10 ; Rauter t. 2, n° 473 ; de Vatimesnil ; *Encyclop. du dr.* V° *adultère* n° 41. Morin *Dict. du dr. cr.* V° *adult.* n° 12).

Un arrêt a été rendu en ce sens (arrêt Paris 6 avril, 1842, Fanny, D. Rép. V° *adult.* n° 26).

Les seconds au contraire pour justifier les poursuites contre la concubine disent :

Le Code punit expressément le complice (art. 338) ; il garde le silence sur la concubine. On ne peut conclure de ce silence à l'impunité de celle-ci. En effet, le code s'est exprimé formellement sur le complice de la femme, parce qu'il était dans la nécessité de le faire : car il voulait, d'une part, le soumettre à un genre particulier de preuves, d'autre part, le soustraire au principe général de l'art. 59 en lui infligeant une peine plus forte qu'à l'auteur principal. Au contraire, le code n'avait pas à s'exprimer sur la concubine s'il entendait la soumettre à tous les genres de preuves et lui infliger la même peine qu'à l'auteur principal : le droit commun reprend son empire, la concubine est bien la complice du mari (art. 60), elle est passible des mêmes peines que lui (art. 59). « Après cette explication, dit Blanche, la question ne présente plus de difficulté. » Un doute cependant est à lever : l'adultère, dit-on aux partisans de cette opinion, étant un délit spécial, n'est soumis aux principes généraux qu'autant qu'ils sont rappelés d'une manière formelle dans les articles du code dont il est l'objet. M. Dalloz répond : « sans doute le délit d'adultère est à quelques égards soumis à des règles spéciales, mais il l'est également aux principes généraux du droit toutes les fois du moins qu'il n'y est pas dérogé d'une manière implicite ou explicite par les règles dont il s'agit. Or, aucune des dispositions des articles 336, 337, 338, 339, n'est incompatible avec l'application des articles 59 et 60 du code relatif à la complicité ». Il y a donc lieu d'appliquer à la concubine les règles générales de la complicité (Sic. : Bedel, n° 56 ; Blanche, T. v n° 214 ; Chauveau et Hélie, T. iv, n° 1666 ; Dalloz, Rép. v° *adult.* n° 26.)

La jurisprudence, sauf l'unique arrêt précité, est en ce sens (Limoges, 1er déc. 1859. D. P. 60,2,5 ; C. de Cass. 16 nov. 1855 *Bull. cr.* n° 359, D. P. 56, 1,42 ; Cass. 2 févr. 1868. Bull. n° 56, D. P. 68, 1, 233).

3° **Les Entremetteurs.** — Outre ces personnes que la loi appelle le complice (338) et la concubine (339), personnes qui ont participé directement au délit, et en sont en quelque sorte les co-auteurs, il est d'autres personnes qui peuvent avoir préparé ou facilité l'adultère, en fournissant les moyens de le commettre, en ménageant par leurs intrigues des entrevues aux deux coupables. Ces complices peuvent-ils être mis en cause ?. Les auteurs, qui concluent du silence de la loi que la concubine ne peut être punie, se taisent sur cette dernière sorte de complices, parce que sans doute dans leur pensée ils doivent *a fortiori* être assimilés à la concubine ; les auteurs, qui au contraire, considèrent la concubine comme complice punissable, concluent aussi à l'imputabilité des autres complices, et cela sans discussion, sans l'émission d'un doute. « Outre les co-auteurs, les auteurs du délit peuvent avoir pour complices toutes les personnes désignées par l'art. 60 du code pénal ». (Blanche *T.* 5, n° 215 C. pr. Chauveau et Hélie *T.* iv n° 1665)·

La jurisprudence n'offre pas, du moins à notre connais

sance, des poursuites dirigées contre ces sortes de complices.

Concluons.

Nous sommes en présence de deux systèmes.

Le premier, le *système d'exception,* d'après lequel l'adultère est un *délit spécial,* qui n'est pas soumis au droit commun de la complicité. Le second, le *système de droit commun,* d'après lequel il faut appliquer à l'adultère les *règles générales* de la complicité, sauf l'exception résultant de l'art. 338. — L'application du premier système conduit à dire : le complice seul sera puni, parce qu'il y a un texte qui le punit, l'art. 338 ; quant à la concubine et aux autres complices, en l'absence de disposition spéciale qui les atteigne, on ne peut les punir. L'application du second système nous amène à ceci : le complice sera, comme dans le premier système, puni en vertu de l'art. 338, et la peine sera, d'après cet article, supérieure à celle infligée, à l'auteur principal, emprisonnement de trois mois au moins, deux ans au plus, et en outre amende de cent à deux mille francs ; pour le reste, on applique les règles générales de la complicité, c'est-à-dire que la concubine sera punie, comme le mari, d'une amende de cent à deux mille francs ; les autres complices, s'ils ont favorisé l'adultère de la femme, seront, comme la femme, passibles de l'emprisonnement ; s'ils ont favorisé l'adultère du mari, seront, comme le mari, passibles de l'amende. — Quant au fondement théorique de ces systèmes, le premier, concluant à l'impossibilité d'appliquer à l'adultère les règles générales de la complicité, se fonde sur ce que le complice et la concubine ne sont pas des complices, mais des co-auteurs ; cette raison, même si elle était absolument exacte, serait encore insuffisante, car elle devrait faire tomber sous le droit commun les autres complices, qui, eux, ne sont pas des co-auteurs, mais de vrais complices. Le second système ne voit aucune incompatibilité entre les règles de l'adultère et celles de la complicité, et se fonde sur ce que le complice et la concubine sont, non pas des co-auteurs, mais de vrais complices dans le sens de l'art. 60.

L'un et l'autre système nous paraissent mal fondés. Il n'est pas exactement vrai de dire que l'amant et la concubine sont des co-auteurs, il n'est pas exactement vrai aussi de dire qu'ils ne sont que des complices. Qui sont les complices dans le droit commun ? Ceux qui par dons, promesses, menaces, abus d'autorité et de pouvoir, machinations et artifices coupables auront provoqué à une action qualifiée crime ou délit ou donné des instructions pour la commettre ; ceux qui auront procuré des armes, instruments, ou tout autre moyen qui aura servi à l'action, sachant qu'ils devaient y servir ; ceux qui auront, avec connaissance aidé ou assisté les auteurs de l'action dans les faits qui l'auront préparée ou facilitée ou qui l'auront consommée (art. 60). En d'autres termes, sont complices ceux qui ont prêté *aide* et *assistance* dans l'exécution du fait ; et par opposition sont auteurs ceux qui ont exécuté le fait. L'aide et l'assistance, ce sont les entremetteurs qui la prêtent, voilà les complices ; mais l'amant et la concubine font plus qu'aider et assister, ils exécutent le fait, ils n'en sont donc pas les complices. Faut-il conclure qu'ils en sont les co-auteurs ? Pas davantage. On ne peut assimiler complétement l'amant et la concubine à la femme et au mari adultère. Souvenons-nous que l'adultère est constitué par trois éléments : fait matériel, lien de mariage intention coupable. Or si nous trouvons chez l'amant et la concubine l'exécution du fait et l'intention coupable de l'exécuter, le lieu de mariage n'existe que chez les époux adultères, eux seuls violent la foi promise : on dit bien la femme adultère, le mari adultère ; on ne dit pas, et on ne peut pas dire l'amant adultère, la concubine adultère. Pas plus qu'ils ne sont exactement des complices ; ils ne sont exactement des co-auteurs, ils sont plus que des complices, ils ne sont pas tout-à-fait des co-auteurs. Les deux systèmes sont donc théoriquement inexacts.

Il faut cependant, sur quoi que l'on le fonde, prendre parti entre ces deux systèmes. Nous repoussons avec énergie le système du droit commun de la complicité, qui est celui de la jurisprudence.

Laissons de côté les entremetteurs ; ils ne sont en fait poursuivis que lorsqu'ils sont coupables d'excitation habituelle des mineurs à la débauche ; nous ne connaissons pas d'exemple de poursuite pour simple complicité d'adultère. Tout l'intérêt de la question porte sur la légitimité des poursuites exercées contre la concubine.

Coauteur ou complice, la concubine doit-elle être punie ? Oui, répond la jurisprudence, parce que le droit commun de la complicité lui est applicable. Non, répondons-nous, parce que l'adultère est un délit spécial, régi par par des règles spéciales, la plupart hors du droit commun, et que pour faire retour au droit commun, il faut ou que le texte y ramène, ou que la pensée du législateur d'y retourner soit bien évidente. Le texte de la loi est muet sur la pénalité de la concubine : l'art. 337 punit la femme ; l'art. 338, le complice ; l'art. 339, le mari ; aucun article consacré à la concubine. La pensée de la loi n'est-elle pas strictement conforme à son texte ? D'un bout à l'autre nous avons lu la discussion de la loi (Locré

T. xxx, p. 394 et s.) ; nous avons cherché une phrase, une ligne, un mot qui pût nous permettre de croire que dans la pensée du législateur la concubine doit être punie. impossible de le trouver. Nous avons lu le rapport de Monseignat, et notre conviction s'est fortifiée. Lisez plutôt : «... Le mari a seul le droit de dénoncer ce délit et le ministère public ne peut d'office s'immiscer dans sa poursuite ; mais le magistrat est-il saisi de la plainte de l'outragé, la vindicte publique s'associe à celle du plaignant, et la *femme*, convaincue d'adultère doit être condamnée à un emprisonnement de trois mois au moins et de deux ans au plus ». Voilà pour la femme adultère ; voici pour son complice : « La peine d'un délit dont l'existence ne peut se concevoir sans *complice*, doit frapper sur ce dernier ; cette peine sera celle de la victime de la séduction, et, en outre, une amende de cent à deux mille francs... » La vengeance du mari est complète ; arrivons aux droits de la femme trompée : « après avoir offert une garantie à l'époux, il était juste d'offrir à l'épouse délaissée, *sinon une réciprocité entière* désavouée par la nature des choses et la différence des résultats de l'adultère dans les deux sexes, au moins un moyen à la femme pour soustraire à ses regards la présence et le triomphe de sa rivale. Le *mari* qui, après avoir oublié les sentiments dus à son épouse, méconnaît assez les égards dont elle doit être l'objet pour entretenir une concubine dans sa maison, sera puni d'une amende de cent à deux mille francs... » Et la *concubine* ? on l'a oubliée. L'ordre logique de ce rapport conduit Monseignat à parler d'elle ici ; il n'en dit pas un mot. Ainsi le texte se tait ; les débats au Conseil d'Etat se taisent ; le rapport de Monseignat se tait. Vous voulez punir cette femme, pourtant ! vous n'avez même pas la

ressource de vous rattacher à la tradition : car le droit
romain et l'ancien droit ne punissaient pas la concubine.
Vous ne trouvez qu'une chose ; le droit commun de la complicité ! Et il vous conduit, à quoi ? à punir la concubine
d'une amende de cent francs à deux mille francs. Dans
l'état de nos mœurs, c'est le mari qui paiera cette amende
comme une dette d'honneur. Punir la concubine, c'est doubler la peine du mari. Ecrivez donc à la place de l'art. 339 :
« Le mari qui aura entretenu une concubine dans la maison
conjugale et qui aura été convaincu sur la plainte de sa
femme sera puni d'une amende de *deux* cents francs à *quatre*
mille francs ».

Nous aurons dans la suite à étudier les autres difficultés
relatives à la concubine, puisque la jurisprudence accepte
le principe de la poursuite ; mais nous avons tenu à pro-
tester contre cette jurisprudence au nom d'une exacte interprétation de la loi.

CHAPITRE II

DE L'ACTION PUBLIQUE.

L'adultère est un délit (art. 1 § 2, c.civ. 337, 338, 339 C. P)
Un délit donne en principe naissance à deux actions :

1º *L'action publique* exercée au nom de la société par
le ministère public pour obtenir par une peine la réparation
du mal social.

2º *L'action civile* accordée à la partie lésée pour obtenir par des dommages la réparation du préjudice causé.

Ces deux actions naîtront comme de tout délit, du délit
d'adultère.

En outre, l'adultère donne ou peut donner lieu à d'autres actions civiles qui n'ont pas pour objet la réparation
d'un préjudice. Ce sont :

a) l'action en divorce ou en séparation de corps (229,
230 C. Civ., 306 C. Civ.)

b) l'action en désaveu, en cas de recel de l'enfant (313
C. Civ.)

c) les actions en révocation de donations.

Ici, nous nous occupons seulement de *l'action publique*[1].

Avant d'entrer en matière, notons en ce qui concerne
cette action publique une singularité aujourd'hui disparue.
L'action publique, tendant à la répression des infractions
s'intente naturellement devant les tribunaux de répression.

---

[1] Nous parlons des autres actions au chapitre de la pénalité.

Les tribunaux compétents, quand l'infraction, comme l'adultère, est un délit, sont les tribunaux correctionnels. Or, jusqu'à la loi du 27 juillet 1884 sur le divorce, les tribunaux civils étaient aussi compétents pour prononcer des peines contre l'adultère. Ceci demande une explication. La législation intermédiaire ne punissait pas l'adultère, le législateur du Code Civil, impatient de faire cesser cet état de chose, édicta, lorsque en 1803 fut décrété le titre du divorce, les articles 298, 2ᵉ partie, 308 et 309. — Article 298 al. 2. « *La femme adultère sera condamnée par le même jugement* (le jugement de divorce) *et sur la réquisition du ministère public, à la réclusion dans une maison de correction pour un temps déterminé qui ne pourra être moindre de trois mois ni excéder deux années.* L'art. 308 édicte la même peine au cas de séparation de corps. Et l'art. 309 : *Le mari restera le maître d'arrêter l'effet de cette condamnation en consentant à reprendre sa femme.* » — Tel était l'état de la législation lorsque fut promulgué en 1810 le Code pénal ; ce Code reproduit (art. 336, 337, 338, 339) les dispositions du code civil sur les pénalités de l'adultère, et rend compétent le tribunal correctionnel pour leur application. Dès lors devait disparaître cette *anomalie juridique* [1] : un tribunal civil qui a le droit de prononcer des peines. Néanmoins elle continua à subsister : deux juridictions étaient

---

[1] Cette anomalie conduisait aux conséquences suivantes : 1º la femme pouvait se trouver condamnée sans être entourée de garanties suffisantes, notamment les témoins étaient entendus par un juge commissaire et non, comme en matière correctionnelle, par le tribunal tout entier ; 2º le complice ne pouvait être traduit avec la femme devant le tribunal civil ; 3º enfin le mari contre lequel la séparation était prononcée, pour entretien d'une concubine dans la maison conjugale, ne pouvait être puni d'une peine correctionnelle, ce qui constituait pour la femme une injuste inégalité. La disparition de ces articles s'imposait.

parallèlement compétentes, le tribunal civil et le tribunal correctionnel. Cette anomalie fut supprimée par la loi du 27 juillet 1884. Aujourd'hui, seul, le tribunal correctionnel peut appliquer les peines de l'adultère : c'est de *l'action publique* devant ce tribunal que nous voulons traiter.

Nous diviserons notre matière en trois sections :

Section i. — De *l'accusation.*

Section ii. — Des *moyens de défense.*

Section iii. — Des *preuves.*

Section i. — DE L'ACCUSATION.

En droit commun, on distingue dans l'action publique la *mise en mouvement,* la *disposition,* l'*exercice.*

La *mise en mouvement* de l'action consiste dans la faculté de commencer les poursuites en saisissant le juge : cette faculté appartient et au ministère public, et à la partie civile dans le cas où elle peut agir par voie de citation directe.

La *disposition* de l'action consiste dans le droit d'y renoncer : le ministère public ne dispose pas de l'action, c'est-à-dire que dès que les juges en sont saisis, il ne peut l'éteindre ni par une transaction, ni par le désistement de la poursuite, ni par une renonciation faite d'avance aux voies de recours ; *a fortiori,* ce droit de disposer de l'action publique ne peut-il exister pour la partie civile. A la société seule appartient ce droit de disposition, elle l'exerce dans les lois d'amnistie.

L'*exercice* de l'action consiste dans le droit d'en poursuivre la marche par la direction des mesures d'instruction, par la réquisition des peines, par l'appel et le pourvoi en cassation : cet exercice n'appartient dans sa plénitude qu'au ministère public.

Ces principes vont-ils rester intacts dans l'action publique pour cause d'adultère ? Dans quelle mesure y faut-il admettre des dérogations ? Telle est notre question. Il était nécessaire de poser ces principes sous peine de manquer de lignes directrices en une matière si délicate et si controversée.

§ 1 Mise en mouvement de l'action (ou de la plainte).

§ 2 Arrêt de l'action (ou du désistement).

§ 3 Exercice de l'action.

§ 1. Mise en mouvement de l'action

ou

DE LA PLAINTE.

En principe, avons-nous dit, le ministère public a le droit de mettre l'action publique en mouvement.

En matière d'adultère, il y a une dérogation absolue à ce principe : l'initiative de la poursuite n'appartient pas au ministère public, elle n'appartient qu'à l'époux outragé. *La plainte de l'époux seule peut mettre l'action publique en mouvement* (Art. 336, 339 C. P.).

Et ceci est absolu, il n'y aurait pas, comme dans l'ancien droit retour au principe, c'est-à-dire à la libre action du ministère public, même dans le cas où il y aurait scandale public et connivence des deux époux. (Cass. 7 août 1823. Bull. cass. cr. t. 28 p. 322 ; 31 août 1855. S. 55, 1, 753).

Cependant, n'exagérons pas notre pensée :

Si les faits d'adultère étaient connexes à d'autres délits, outrage public à la pudeur, excitation de mineure à la débauche, ou même à

un crime d'attentat à la pudeur ou de viol, l'exercice de l'action publique cesserait d'être subordonné à la plainte du mari, et, quoique ces
délits ou ces crimes fussent mêlés indivisiblement avec l'adultère,
le droit commun, reprenant son empire, autoriserait les poursuites
d'office du ministère public (Civ. Cass. 26 août 1857. D. 57, 1, 345 ;
Rouen, 27 févr. 1859. D.P. 59, 5. 18).

Pourquoi ce frein à l'initiative du ministère public ?
L'adultère attaque la solidité du mariage, base de la société, c'est donc un mal social, un délit public. A l'égard
de l'époux il viole la fidélité promise, c'est donc un délit
privé. « ... Ce délit, dit l'exposé des motifs, porte atteinte à
la sainteté du mariage que la loi doit protéger et garantir ;
mais, sous tout autre rapport, l'adultère est moins un délit
contre la société que contre l'époux qu'il blesse dans son
amour-propre, sa propriété, son amour » (Locré, t. 30 p.
80). L'adultère, mal social, doit, aux yeux du législateur, être
réprimé ; mais la répression de ce mal, abandonnée à l'initiative du ministère public pourrait produire un mal plus
grand encore, en aggravant le désaccord dans la famille ;
c'est, par suite, l'époux blessé qui devra être juge de cette
répression. Nous allons étudier : (A) la plainte du mari contre la femme ; (B) la plainte de la femme contre le mari ;
(C) la plainte contre les complices.

(A) Adultère de la femme : Plainte du mari.

Art. 336. C. P. « *L'adultère de la femme ne pourra
être dénoncé que par le mari...* » L'ancien droit disait :
Maritus thori genitalis solus vindex (31 janv. 1891 D.
P. 92, 1, 176).

*Cette plainte ou dénonciation du mari est-elle soumise
à des conditions de forme ?* Dans le cas où l'action publique peut être intentée d'office par le ministère public,

il suffit pour que le ministère public puisse poursuivre
qu'il ait connaissance de l'infraction de quelque manière
que ce soit, il n'est donc pas nécessaire s'il y a plainte ou
dénonciation que cette plainte ou dénonciation soit régulière, c'est-à-dire faite dans les conditions de forme exi-
gées par les art. 61 et 63 (cbn. 65) du code d'instruction
criminelle. Mais au contraire, dans les cas où l'action du
ministère public est subordonnée à l'essence d'une plainte,
c'est la plainte qui est la base même de l'action, elle devra donc pour que la poursuite puisse avoir lieu être faite
dans une forme régulière, c'est-à-dire obéir aux prescriptions des art. 61 et 63 du C. d'instr. cr. Telle est la distinction de principe. Par application, la plainte d'adultère devra donc être *régulière* : pour être régulière une
plainte doit être rédigée par la dénonciateur ou par son
fondé de pouvoir ou par le procureur de la République :
signée par le Procureur de la République et par le dénonciateur ou son fondé de pouvoir. L'intérêt pratique de
cette question ne nous paraît pas du reste très considérable. Car en présence d'une plainte irrégulière, de deux
choses l'une : ou le ministère public ne poursuit pas, et
alors pour vaincre son inertie, le mari régularisera la
plainte : ou le ministère public poursuit et alors le mari,
s'il ne se désiste pas, manifeste bien l'intention précise de
poursuivre, et si la femme soulevait que cette intention
n'est pas régulièrement exprimée, la plainte pourrait être
régularisée à un moment quelconque de la procédure.

La plainte du mari pourrait être remplacée par une
citation directe devant le tribunal correctionnel (arg.
art. 64, § 2).

*L'action en divorce ou en séparation de corps serait-elle
équivalente à la plainte* et permettrait-elle au ministère

public, sans une plainte spéciale du mari, de poursuivre
l'action correctionnelle ? Sous l'empire de l'ancien art.
308 C. civ. cette question se posait, mais elle ne se posait
qu'à l'égard de la poursuite du complice. La femme, en
effet, pouvant être condamnée à la peine de l'emprisonnement par le tribunal civil, il n'y avait pas lieu de se demander si une poursuite correctionnelle pouvait être
intentée contre elle. Mais le complice, lui, pouvait-il être
poursuivi ? on décidait que la demande en divorce ou en
séparation de corps formée par le mari contre sa femme,
n'équivalait pas à la plainte spéciale exigée par la loi pour
autoriser de la part du ministère public des poursuites
correctionnelles, et cela alors même que le complice était
formellement désigné dans la demande en divorce ou en
séparation de corps. (Cass. 16 juin 1842. S. 42, 1, 748).
Depuis l'abrogation de l'art. 308 par la loi du 27 juillet
1884, la femme ne pouvant plus être condamnée à la peine
par le tribunal civil, la question de savoir, si la demande
en divorce ou en séparation de corps autorise le ministère
public à poursuivre devant le tribunal correctionnel, se pose
et relativement au complice et relativement à la femme.
Elle doit être dans les deux cas résolue négativement. La
loi subordonne l'action du ministère public à la plainte du
mari. Or, l'action en divorce ou en séparation de corps
n'est pas une plainte, le mari manifeste par là l'intention
de divorcer ou de se séparer de sa femme ; il ne manifeste
pas l'intention de se venger , et c'est dans la manifestation
de cette intention que consiste la plainte : *maritus solus
vindex*.

Le mari peut-il poursuivre par procuration ?

En principe, toute personne lésée par un délit peut en
pour suivre la répression par elle-même ou par un fondé

de pouvoirs. Aucune disposition de la loi ne déroge à ce principe en matière d'adultère ; dès lors, il faut admettre que le mari plaignant peut, en cas d'absence ou de tout autre empêchement, se faire représenter par un mandataire. Il n'y a là ni une fausse application de l'art. 1984 C. Civ.; ni une atteinte portée aux principes consacrés par les art. 336 et 337 C. P. Mais cette procuration doit être spéciale et authentique ; elle n'est valable qu'à la condition de porter sur des faits antérieurs à sa date (Cass. 23 nov. 1855. *Bull. cass. cr.* t. 60, p.586. S. 56, 1. 183). Un mandat général, non limité à des faits précis, et laissant une liberté d'appréciation au mandataire, serait contraire aux bonnes mœurs et à l'ordre public. Oserai-je ajouter que ce mandat, connu de la femme, serait un imprudent défi, constituerait une surveillance en quelque sorte provocatrice ? C'est un axiome que : « le soupçon attire l'infidélité comme le paratonnerre attire la foudre [1]. »

Le mari est interdit, son tuteur peut-il en son nom dénoncer l'adultère ?

Non, d'après Bedel : « alléguat-on même, dit-il, qu'un désespoir jaloux a troublé la raison de l'interdit, ce qui ne laisserait guère à douter de la persévérance de son ressentiment j'appliquerais encore dans sa rigueur la règle : *maritus genitalis tori solus vindex* : l'innocence ou le pardon de la femme telle est la présomption ; que le mari la démente, nul ne le peut si ce n'est lui. » — Cette doctrine semble inadmissible à Dalloz : « Que le mari soit le seul vengeur du lit nuptial lorsqu'il a la faculté d'agir, on le conçoit, mais il n'en peut être de même quand cette faculté lui est enlevée. Il est dérisoire de dire à un homme qui ne peut

---

[1] Paul Bourget : *Physiologie de l'amour moderne.*

se présenter devant la justice : vous seul pouvez démentir
la présomption d'innocence qui protège votre femme, c'est-
à-dire que cette femme peut impunément s'abandonner à
tous les écarts, qu'elle peut librement faire passer la fortune de son mari à des enfants adultérins, c'est-à-dire que
la loi favorise l'immoralité et qu'elle retire sa protection au
mari interdit alors qu'elle lui est le plus nécessaire. De telles
conséquences condamnent la doctrine dont elles découlent »
(n° 56). — Malgré ces bonnes raisons de Dalloz, nous accep-
tons la doctrine si faiblement défendue par Bedel. Il ne nous
appartient pas ici de décider les questions controversées,
de savoir si les actions en désaveu, en divorce et en séparation de corps peuvent être intentées par le tuteur de l'interdit.
Mais en ce qui concerne l'action d'adultère, les arguments
invoqués ne nous touchent pas. Question de moralité,
dites-vous ! mais l'adultère de la femme est bien plus immoral lorsqu'il y a connivence du mari et scandale ; cependant, dans ce cas, vous ne substituez pas une volonté,
celle du ministère public, à la volonté du mari. Le mari interdit, dites-vous encore, a besoin de protection et on la
lui retirerait ! Mais l'absent aussi a besoin de protection ;
le protégerez-vous ? Le tuteur est donné à l'interdit pour
la protection de ses intérêts pécuniaires et pour le soin de
sa personne ; il ne s'agit ici ni d'intérêts pécuniaires, ni
du soin de la personne. Il s'agit de venger une injure, une
injure est essentiellement personnelle. La vengeance aussi
doit être personnelle. *Maritus solus vindex.* Vous voulez
donner au tuteur le droit de dénoncer l'adultère à la place
du mari. Lui donnerez-vous aussi les droits qu'aurait le
mari de se désister ? de pardonner après condamnation ?
Ce serait logique, vous n'osez aller jusque-là. La plainte,
disons-nous, doit être la manifestation individuelle de la

volonté personnelle du mari ; à cette volonté ne peut se substituer celle du tuteur. Je n'admettrai le tuteur de l'interdit à porter plainte qne pendant un intervalle lucide ; et encore je veux que cette lucidité persiste jusqu'au jugement définitif, le concours du consentement du mari étant nécessaire au ministère public à toutes les phases de la procédure.

En résumé, l'adultère de la femme ne peut être poursuivi que sur la plainte du mari, et cette plainte doit être l'œuvre éminemment personnelle de ce dernier : *Maritus genitalis tori solus vindex.*

(B) *Adultère du mari* : **Plainte de la femme.**

L'adultère du mari ne peut être poursuivi que sur la plainte de la femme. En effet, l'art. 339 porte : « *Le mari qui aura entretenu une concubine dans la maison conjugale, et qui aura été convaincu sur la plainte de sa femme...* »

Les règles qui concernent la mise en mouvement de l'action sont les mêmes, qu'il s'agisse de l'adultère du mari ou de celui de la femme. Les auteurs, qui ont écrit sur l'adultère, nous disent cependant que la plainte de la femme est soumise à des règles spéciales : à savoir, entretien de la concubine dans la maison conjugale. Mais, soumis aux exigences de la plus rigoureuse méthode, nous avons étudié cette condition aux éléments constitutifs du délit. *Non est hic locus.* Ainsi, nous n'aurions qu'à transporter ici, *mutatis mutandis,* ce que nous avons dit de la plainte du mari à la plainte de la femme. De même qu'on dit : *Maritus genitalis tori solus vndex ;* on devrait dire : *Mulier genitalis tori sola vindex.*

(C) Plainte contre le complice et la concubine.

L'action publique contre le complice ou la concubine est, comme l'action contre la femme ou le mari, subordonnée à la plainte de l'époux offensé : le complice, comme la femme, ne peut être poursuivi que sur la plainte du mari; la concubine, comme le mari, ne peut être poursuivie que sur la plainte de la femme. C'est une conséquence de l'esprit des articles 337 et 339. C'est pour sauvegarder l'honneur des familles, que la loi exige la plainte de l'époux pour la poursuite de l'époux. Or, si sans cette plainte, le complice ou la concubine pouvaient être poursuivis, n'y aurait-il pas une pareille atteinte à l'honneur des familles ?

Plainte est donc portée par l'époux outragé. Lorsque cette plainte est à la fois dirigée contre la femme et son complice, ou contre le mari et la concubine (à la condition naturellement qu'on suppose exacte la théorie, généralement admise par les auteurs et par une jurisprudence constante, de la possibilité des poursuites contre la concubine), aucune difficulté : les deux prévenus devront être poursuivis. Mais que décider dans l'hypothèse où l'époux outragé ne dénonce que son époux, sans désigner le complice ; et dans l'hypothèse inverse où l'époux ne dénonce que le complice, sans dénoncer son conjoint ? Deux hypothèses délicates. Dans les termes, on les discute pour le cas d'adultère de la femme, mais il n'y aurait qu'à transposer les termes pour appliquer les mêmes solutions à l'adultère du mari.

1re hypothèse : le mari ne dénonce que sa femme, sans

dénoncer le complice, le ministère public est-il rece-
vable à rechercher celui-ci et à le poursuivre [1] ?

Carnot hésite et trouve la question délicate ; il semble
pourtant incliner pour la négative : « mais, d'un autre côté,
dit-il, l'on peut argumenter de ce que l'adultère n'est qu'un
délit *relatif* et que, comme il serait loisible au mari de ne
pas rendre plainte contre sa femme, il peut à plus forte
raison ne la faire porter que contre elle ; que, par suite,
dès que la partie publique ne serait pas recevable dans la
plainte contre la femme adultère, dans le cas de silence
du mari, elle ne peut avoir plus de droits contre son prétendu complice ».(Carnot. t. 2 sur l'art. 338, n° 5). — Chauveau et Hélie combattent cette opinion : « Le mari peut
sans doute garder le silence, et l'intérêt du maintien de la
paix domestique enchaîne, dans ce cas, l'action publique ;
mais dès qu'il a porté plainte, cette action reprend son libre cours et ne saurait être scindée, il suffit que le ministère
public soit saisi de la poursuite pour qu'elle doive y comprendre tous les complices du délit dénoncé. Il est d'ailleurs dans l'esprit de la loi que le complice suive le sort
de la femme dans le cours des poursuites, et, dès que l'action répressive est exercée contre celle-ci, il n'existe plus
aucune raison (?) d'épargner son complice » (T. 4, n° 1619 ;
en ce sens, C. de Cass. 1829, *J. de dr. cr.* 1829, p. 159).

Les plus graves considérations, dit Dalloz, nous semblent devoir donner la préférence à l'opinion de M. Carnot
(D.Rep., n° 40). Nous aurions vivement désiré connaître ces
graves considérations. Dalloz les tait, résignons-nous. Et,
partisan aussi de l'opinion de Carnot, contentons-nous de

---

[1] Nous discutons la question *in terminis* pour le mari, mais devrait
être résolue de la même façon, *mutatis mutandis*, dans le cas où ce
serait la femme qui dénoncerait le mari sans dénoncer la concubine.

l'explication suivante : l'adultère n'est qu'un délit relatif, un délit privé contre le mari qu'il blesse ; dès lors, l'action répressive ne doit s'exercer que dans les limites où le désir de vengeance du mari s'est manifesté. Si le mari se tait contre le complice, pourquoi le ministère public montrerait-il un zèle outré ?

2° *hypothèse : Le mari ne désigne que le complice, non la femme, la plainte est-elle recevable ?*

Oui, dit Bedel : « L'adultère, il est vrai suppose deux coupables, mais où est la nécessité que tous deux soient inquiétés ? Le mari veut forcer son infidèle à la reconnaissance et commander ainsi son repentir, il lui épargne la honte d'une condamnation. Mais il ne doit point au complice le sacrifice de son ressentiment : faut-il donc le réduire au choix ou de pardonner, à cause de sa femme, au rival qu'il voudrait faire punir, ou de faire à cause de son rival flétrir une femme à laquelle il voudrait pardonner » (n° 59).

Nous préférons l'opinion contraire. Dalloz la justifie en disant : « Le mari ne peut poursuivre le complice sans déshonorer sa femme ; s'il veut être généreux envers celle-ci, qu'il le soit envers celui-là. Mais qu'on n'oblige pas les tribunaux à donner un scandaleux spectacle, en ne frappant que l'un seulement des deux auteurs connus du même délit » (n° 39). Dalloz a-t-il donc oublié que la solution qu'il donne dans l'hypothèse précédente donnerait précisément ce scandaleux spectacle, puisqu'il admet que la femme peut être poursuivie sans le complice. Non ! ce n'est pas à cause de ce scandaleux spectacle que le complice ne peut être poursuivi sans la femme ; ce qui est scandaleux, ce n'est pas que la poursuite se borne à un seul, c'est que, laissant en paix la femme, elle se borne au complice. Un mari, qui pour arracher sa femme à son complice ne trouve que ce moyen, la prison pour l'un, le lit conjugal pour l'autre, me paraît peu digne d'être entendu. Ajoutons ces considérations purement juridiques que : permettre de poursuivre le complice seul, c'est le priver des exceptions et moyens de défense que la présence de la femme dans le procès pourrait faire naître ; c'est consacrer un illogisme, puisque l'on admet que le décès de la femme éteint la poursuite contre le complice ; de plus ce n'est qu'avec la plus grande hésitation que le législateur a autorisé des poursuites contre le complice, il serait contraire à la loi de les favoriser.

En résumé, l'action contre le complice ou la concubine est indivisible de l'action contre la femme eu le mari. — La réciproque serait fausse.

Ainsi, la plainte de l'époux outragé contre le complice ou la concubine met contre eux l'action publique en mouvement. Mais ce droit de plainte de l'époux outragé peut, si le complice et la concubine sont eux-mêmes mariés, se trouver en conflit avec le droit du conjoint de ceux-ci de se plaindre ou de ne pas se plaindre. Qui l'emportera ?

C'est au sujet de la *concubine mariée* que la controverse s'élève. Dans notre système, la concubine ne peut jamais être poursuivie. Mais, supposons exacte la doctrine de la jurisprudence généralement acceptée, d'après laquelle la concubine, entretenue par le mari dans le domicile conjugal est passible des peines de la complicité, et demandons-nous si :

Cette concubine étant mariée, la plainte de la femme trompée peut-elle la faire comprendre dans la poursuite

*ou la condamnation, sans une plainte ou même contre
la volonté de son propre mari*[1].

Le système de la négative s'appuie sur les arguments
suivants, que je décompose :

a) Aux termes de l'article 336 « *l'adultère de la femme
ne pourra être dénoncé que par le mari.* » Cette règle n'est
pas contestable lorsque la femme mariée commet un adultère avec un homme non marié : c'est que l'intérêt de la
famille parle plus haut que celui de la vindicte publique.
Pourquoi n'en serait-il pas de même lorsque cette femme
mariée commet adultère avec un homme marié ? L'intérêt
privé de la femme de ce dernier doit aussi s'effacer devant
les égards dus à la famille.

b) A quel résultat peut aboutir la poursuite dirigée contre
cette femme mariée, coupable d'un double délit ? à la pro-
nonciation d'une simple amende. Convient-il pour l'application d'une peine aussi insuffisante de créer une *exception
de chose jugée* à la poursuite que le mari de cette femme
peut vouloir exercer plus tard ? En conséquence de ces
arguments, ce système veut non seulement que la concubine ne soit pas punie, sur la seule plainte de la femme
trompée, mais encore que le jugement contre le mari s'abs-
tienne de nommer sa complice.

A ces arguments, le système de l'affirmative répond :

a) L'adultère de la concubine avec un homme marié
contient un *double délit* : adultère de la concubine vis-à-vis
de son propre mari par la violation des obligations de son
propre mariage ; délit vis-à-vis de la femme du mari adultère par l'établissement de relations illicites dans le domicile de celle-ci. Or, c'est à la répression de ce dernier délit

---

[1] Dalloz 1868, I, 235, note.

seul que la poursuite a pour objet d'arriver. « Prétendrait-
on donc si les faits constitutifs d'un adultère vis-à-vis du
mari de la femme poursuivie donnaient lieu en même temps
à une citation pour outrage public à la pudeur, étendre à
ce délit distinct le veto du mari ? Cela ne serait pas soute-
nable. » — - -   - - - - -   - - - - -   - - -   - - - - -

Partisan du système précédent, nous n'irons pas, en
effet, jusqu'à soutenir une pareille doctrine. Mais, ne con-
fondons pas ; la situation n'est pas la même : quand il y
a à la fois adultère et outrage public à la pudeur, l'intérêt
du mari de ne pas se plaindre se trouve en conflit avec un
intérêt social plus élevé, et c'est ce dernier qui doit l'emporter ; mais quand il y a adultère avec un homme marié,
le droit du mari de ne pas se plaindre se trouve en conflit
avec le droit de la femme trompée de demander vengeance,
et ce droit privé doit céder devant l'intérêt du mari et de
la famille.

b) Ce système ajoute: on a invoqué la règle *non bis
in idem*. Or le mari n'a pas à se préoccuper, pour l'exercice de son droit de poursuite de la condamnation, à intervenir sur la plainte de la femme dans le domicile de laquelle ont été nouées les relations constitutives d'un double adultère. Cette condamnation en effet, au cas où il
entendrait porter plainte à son tour, ne donnerait pas naissance à la maxime, *non bis in idem* mais pourrait seulement donner lieu à l'application du *principe prohibitif
du cumul des peines*, la peine à prononcer sur cette plainte
devant, comme la plus forte, absorber la condamnation
intervenue sur la première. —

Ah ! prenez garde, avec votre application de la peine la
plus forte ! la première condamnation, la condamnation à
l'amende va être remplacée par la seconde, la condamnation

à la prison. Mais l'exécution de cette seconde condamnation, de qui dépend-elle ? Oubliez-vous que le mari a le droit de pardon ? allez-vous le lui enlever ? et si vous le maintenez, et qu'il en use, ferez-vous revivre l'amende ? Vous me paraissez compromettre fort cette protection que vous réclamez.

(*c*) On ajoute encore : Il n'est pas possible d'imposer aux juges l'obligation de s'abstenir de nommer la concubine dans le jugement, car il s'agit d'un délit qui ne peut exister sans le concours de deux personnes, et, du moment que ce délit peut être livré à la publicité de l'audience par l'effet des poursuites dirigées contre l'auteur principal, on ne voit pas comment la participation de la concubine à ce délit pourrait être soustraite à cette publicité.

Ne confondez pas l'audience avec le jugement. La publicité de l'audience, nous sommes obligés de la subir, nous la subirons. Mais du moins épargnez-nous de fixer cette complicité dans le jugement : vous pouvez ne pas nommer la concubine.

d) Enfin, comme dernier argument : pour la condamnation du *complice d'une femme mariée*, le C. pén. dans l'art. 338 ne distingue pas si ce complice est marié ou non, et la jurisprudence n'a pas admis davantage qu'il y eût lieu de distinguer. Comment supposer que le législateur ait voulu qu'il en soit autrement dans l'art. 339 ?

La solution de la jurisprudence relativement au complice prêterait bien le flanc à quelques objections ; cependant, en droit, nous la croyons fondée. Mais s'ensuit-il qu'il faille l'étendre à la concubine ? Le délit du complice est à la fois moins déshonorant aux yeux du monde et plus coupable aux yeux de la loi que celui de la concubine. De plus le mari trompé a aux yeux de la loi plus de droits que la femme trompée. C'est le code qui le premier a accordé à la femme le droit de se plaindre, mais il n'a pas entendu lui accorder une « réciprocité entière[1] ». Ce qui nous a conduit précédemment à combattre en général et sans distinction le principe même des poursuites contre la concubine.

§ 2. Arrêt de l'action.

ou

DU DÉSISTEMENT ET DU DÉCÈS.

1º Désistement.

L'action est mise en mouvement par la plainte; elle peut être arrêtée par le désistement. Le droit de se désister appartient-il au mari? appartient-il à la femme? quels sont ses effets à l'égard des complice?

(A). *Adultère de la femme* : **Désistement du mari.**

Le mari, qui a mis l'action en mouvement par la plainte, peut-il arrêter la marche de l'action par le désistement?

Sur le droit du mari de mettre l'action en mouvement, il n'y a pas de contestation, et il ne pouvait pas y en avoir : les art. 336 et 339 établissent ce droit textuellement. Mais en ce qui concerne le droit de l'époux d'arrêter l'action, nous n'avons pas de texte exprès, il nous faut chercher l'esprit de la loi. A défaut de texte exprès qui consacre le droit de désistement avant condamnation, nous en avons un qui consacre le droit de pardon après condamnation ; l'art. 337 al. 2 dispose : *Le mari restera le maître d'arrêter l'effet de cette condamnation en consentant à reprendre sa femme.*

---

[1] Rapport de Monseignat, préc. cité.

Partant de là, *faut-il accorder au mari le droit de se désister* ?

Un auteur considérable, Favard de Langlade, répond négativement : « Quand l'action du ministère public, dit-il, a été mise en mouvement par la plainte du mari, elle cesse d'être enchaînée, elle ne peut être subordonnée à la volonté, au caprice du mari. Dès que la plainte a été portée devant le magistrat, la société doit être satisfaite, et elle ne peut l'être que par le jugement définitif de la plainte en adultère. Le mari pourra ensuite pardonner à sa coupable épouse. Ainsi, d'après cet auteur, le mari a le droit de mettre l'action en mouvement ; mais là expire son droit l'action mue par la plainte, il est impuissant à l'arrêter : la société doit être satisfaite, elle ne le sera que par la condamnation. Cette raison n'entraîne pas notre conviction. Si c'est la satisfaction de la société que cherche le législateur, pourquoi la subordonner à la plainte ? et puis, si la société a droit à une satisfaction, ce n'est pas la condamnation qui la satisfera, c'est seulement l'exécution de la condamnation ; or la loi donne au mari le droit de pardonner. Cette opinion est restée isolée.

Le droit de désistement est aujourd'hui universellement admis par les auteurs et la jurisprudence.

« De ce que, nous dit Blanche, l'action ne peut être mise en mouvement que sur la dénonciation du mari, de ce que, comme nous le verrons plus tard, celui-ci est le maître de faire remise de la condamnation, ne faut-il pas conclure qu'il peut arrêter le cours des poursuites en se désistant ou en pardonnant » (T. 5, n° 178). Ainsi le droit de désistement, non expressément consacré par un texte, découle nécessairement de la combinaison de deux droits incontestables du mari : le droit d'empêcher les poursuites en ne dénonçant pas (art. 336. C. P.) ; le droit d'arrêter l'exécution de la condamnation en consentant à reprendre sa femme (art. 337, al. 2 C. P).

Faustin Hélie adopte la même opinion et pour les mêmes-raisons : « La loi en subordonnant les poursuites à la dénonciation du mari a voulu qu'il pût sans cesse pardonner à sa femme, et que l'exercice de l'action publique ne fut jamais un obstacle à la réconciliation des époux. Il serait contradictoire de continuer les poursuites malgré la volonté du mari lorsque son assentiment est nécessaire pour les commencer ; la société a plus d'intérêt à la réunion des époux qu'à la punition du délit, qui ne laisse jamais de traces qui le rendent certain et manifeste pour le public ; et il importe aux bonnes mœurs elles-mêmes qu'un fait qui blesse la sainteté du mariage ne devienne pas par une instruction devant les tribunaux un scandale public, et n'acquière pas par des jugements une certitude judiciaire. (T. 4, n° 1620. En ce sens : Mangin. t. 1, n° 136 ; Merlin, *quest*. V°. adult. § 4).

Cette opinion a été expressément consacrée par la Cour de cassation (Cass. 7 août 1823. Bull. n° 110 ; 17 août 1827, n° 222 ; cf. 8 août 1867 n° 183 ; Toulouse, 11 avril 1861. S. 63, 2, 13).

Le désistement est-il soumis à des conditions de forme? Non, dit-on. Le désistement peut-être exprès ou tacite. Le désistement *exprès* est celui qui est formellement exprimé par exemple, par acte notarié ou à l'audience publique. Le désistement *tacite* résulte des faits de réconciliation et peu importe que le pardon du mari soit antérieur (8 déc. 1833. *Bull.* n° 48.) ou postérieur à la plainte (7 août 1823 n° 110 ; 11 avril 1861, S. 63, 2, 13 ; Sic. Blanche T. 5, n° 178 et 188; Chauveau et F. Hélie T. 4, n° 1621). Ces idées, dont je ne conteste pas l'exactitude me paraissent contenir tout au moins une confusion de termes : il ne faut pas confondre la réconciliation avec le désistement. Le désistement, c'est la contre-partie de la plainte ; la plainte est la manifestation formelle de la volonté de poursuivre, et le désistement est la manifestation *formelle* de la volonté d'arrêter la poursuite. Le désistement ne peut être qu'exprès ; il s'adresse au ministère public et lui enjoint d'arrêter l'action. La réconciliation, au contraire, n'est qu'une fin de non recevoir opposée avant condamnation aux poursuites continuées.

La manifestation formelle de la volonté du mari d'arrêter l'action suffit-elle pour rendre le désistement efficace, ou *est-il nécessaire que le mari consente à reprendre sa femme*? La jurisprudence a varié sur la question. Dans une première phase, la Cour de cassation semble avoir reconnu au mari le droit d'arrêter les poursuites, en retirant purement et simplement sa dénonciation (arrêt 7 août 1883. Bull. n° 110). Dans des arrêts postérieurs, la Cour semble au contraire exiger, pour que le désistement arrête les poursuites, que le mari reprenne sa femme (Cass. 25 août 1848, § 48, 1, 73 ; 31 août 1855 § 55, 1, 753 : Nancy 7 mai 1885, S 85, 2, 105).

Récemment, la Cour de cassation est revenue à son ancienne jurisprudence de 1823 en décidant que le désistement est valable, sans que le mari reprenne sa femme (31 juillet 1885, S 86, 1, 188). C'est cette dernière opinion qui nous paraît la bonne. Le droit de désistement, non expressément consacré par la loi, découle, par interprétation de sa pensée, du droit de pardon, et le pardon est, il est vrai, subordonné à la condition que le mari consente à reprendre sa femme ; mais n'oublions pas qu'il résulte aussi du droit accordé au seul mari de se plaindre ou de s'abstenir de la plainte, et que le droit de s'abstenir n'est soumis à aucune condition ; souvenons-nous aussi que la loi appelle sans cesse le pardon sur l'adultère.

Le désistement peut-il être rétracté ? Le mari qui avait abandonné la poursuite ne pouvait en droit romain et dans l'ancien droit, la reprendre ; il en est de même dans le droit actuel « Le désistement en matière d'adultère éteint l'action ; il crée une fin de non recevoir en faveur des prévenus ; il équivaut à la preuve légale que l'adultère n'a point été commis », (Ch. et Hélie t. iv n. 1621.) Il faut aussi décider actuellement, comme dans l'ancienne jurisprudence, que si des faits nouveaux d'adultère, postérieurs au désistement étaient commis, ces faits pourraient donner lieu à une nouvelle poursuite. Ce n'est pas l'ancienne action qui, éteinte par le désistement, renaît par la rétractation de ce désistement ; c'est une nouvelle action qui naît, engendrée par les faits postérieurs, Toutefois, il n'est pas nécessaire que cette seconde action soit limitée aux faits nouveaux. Les faits nouveaux font revivre les faits anciens (arg. art. 247 C. d'inst. cr. 273 C. civ.), Le désistement, fondé sur une prévention incomplète. s'efface et la nouvelle poursuite pourra comprendre et faits nouveaux et faits anciens (Sic. Blanche t. 5 n. 18).

(B) **Désistement de la femme** *Adultère du mari.*.

La femme peut-elle après avoir porté la plainte en arrêter les effets en se désistant ? Chauveau et Hélie répondent négativement: « Le législateur n'a pas investi la femme du droit de grâce qu'il a attribué au mari. Ce droit exceptionnel ne peut être étendu, la femme ne peut donc pardonner » (Ch. et Hel. T. ɪᴠ n° 1630 Cf. Paris 12 mars 1858, ch. corr. *Journ. du dr. cr.* 1858 *p.* 156.) Nous ne sommes pas de cet avis. La faculté de désistement, non expressement consacré pas un texte, est déduite du droit de pardon que la loi n'accorde qu'au mari, mais elle découle aussi du droit de s'abstenir de la plainte qui appartient à l'un et à l'autre époux. On accorde au mari le droit de pardon, parce qu'il favorise le rapprochement des époux. On le refuse à la femme, parce qu'il n'aurait pour effet que de priver le fisc de la perception de l'amende. Mais on accorde à l'un et à l'autre époux le droit exclusif de plainte parceque l'adultère est moins un délit contre la société que contre l'époux ; c'est de ce dernier droit que découle pour la femme comme pour le mari, le droit tant qu'il n'y a pas de jugement définitif, d'arrêter la plainte par un désistement (Dans notre sens : Paris 11 avril 1850. S. 50, 2, 226 ; D. P. 50, 5, 17. Orléans 29 janvier 1891 D. P. 92, 2, 272).

C) Effet du Désistement à l'égard du complice

Le désistement du mari à l'égard de la femme arrête l'action à l'égard du complice. En effet si les poursuites pouvaient être continuées contre le complice, le but de la loi ne serait pas atteint : la loi permet au mari de se désister pour éviter un procès scandaleux pour faire renaître la paix du ménage, il faut donc que le désistement arrête complètement l'action. On va même jusqu'à fonder le désistement, non pas sur une idée de clémence et de pardon, mais sur la présomption d'une erreur sur les motifs même de la plainte : dès lors le désistement équivaut à la preuve légale que l'adultère n'a pas été commis ; il n'y a donc aucun coupable de ce délit. La jurisprudence

est conforme à cette doctrine. (Paris 12 juin 1830 : Toulouse 6 déc. 1838, Paris 29 avr. 1841 etc. Dalloz Rep. V°
adult. n° 45 ; Angers 9 déc. 1867 ; Douai 18 fév. 1880
Pand.fr. v. adult. n° 108. Contrà : Rouen 1e août 1816).

Notons que le désistement n'a lieu qu'autant qu'il n'y
a pas encore chose jugée à l'égard de la femme, c'est-à-
dire soit avant tout jugement, soit pendant les délais de
l'appel, soit durant l'instance que fait naître l'appel inter-
jeté par la femme et par le complice, et avant que leur
condamnation ait été définitivement confirmée. Dès que
la culpabilité de la femme a été reconnue par un jugement
définitif, ce n'est pas le droit de se désister qu'exerce le
mari, c'est le droit de pardon, et, nous le verrons, l'exercice de ce droit à l'égard de la femme ne profiterait pas
au complice, qui retomberait sous l'empire du droit commun.

Le désistement est, avons-nous dit, fondé sur la présomption que l'adultère n'a pas été commis et qu'il y avait
erreur dans la plainte : il pourrait cependant se faire qu'il
ne fût fondé que sur une idée de pardon. Cela résulterait bien de la déclaration que ferait le mari en se désistant des poursuites à l'égard de sa femme, qu'il veut
que les poursuites soient continuées à l'égard du complice.
En présence de cette manifestation de volonté, le ministère public devrait-il continuor la poursuite à l'égard de ce
dernier. Non ? Nous serions ici en présence d'une situation analogue à celle où le mari, *ab initio*, dénoncerait le
complice sans dénoncer sa femme ; et de même que dans
ce cas là nous avons décidé que les poursuites ne pourraient être commencées, de même dans celui-ci elles ne
pourraient être continuées. Encore un autre argument :
le désistement est, dans notre hypothèse, une réconci-

liation expresse, or nous verrons que l'exception de réconciliation tacite, invoquée par la femme, pourrait l'être
aussi par le complice. Il faut donc décider que les réserves faites par le mari à l'égard du complice sont inconci-
liables avec l'empêchement qu'il a mis à l'exercice de
l'action publique contre la femme. (cpr. Cass. 28 juin 1839;
Rouen, 21 sept. 1839).

Les solutions que nous venons de donner sur les effets
à l'égard du complice du désistement du mari devraient
être appliquées, *mutatis mutandis,* à la concubine, en
présence du désistement de la femme.

2°. Décès.

Pendant l'instance – le plaignant meurt, — ou bien
c'est l'un des prévenus ; quelle est l'influence de cet événement ?

1° *question : Le décès du mari pendant l'instance
éteint-il la poursuite ?*

Le système de l'affirmative invoque les raisons suivantes : L'adultère est moins un délit contre la société
que contre le mari ; le mari, s'il eût vécu eut pu se
désister ; la femme se trouve privée par le décès du
mari du bénéfice éventuel de l'art. 337, du pardon du
mari ; — la mémoire du mari serait flétrie par une condamnation. (En ce sens : Carnot Comm. c. p. 72, sur
l'art. 336, n° 3).

Le système de la négative répond : L'adultère est un
délit contre la société, non un délit privé ; — le décès
du mari enlève à la femme toute chance de désistement ! mais est-ce là un motif suffisant d'interrompre la
poursuite d'un délit dont la justice est saisie et qui intéresse la société non moins que le mari ; — la femme serait

privée du bénéfice éventuel de l'art. 337 ! mais la même
objection ne se présente-t-elle pas si le mari décède après
la condamnation intervenue ; — enfin la mémoire du mari
ne serait pas flétrie par la condamnation, elle serait vengée
par elle (En ce sens : Chauveau te Hélie T. 4, n° 1624).

Les deux systèmes ont trouvé place dans la jurisprudence. Dans une première phase, elle a soutenu le premier système : « L'action du ministère public à l'égard de
la femme étant *constamment subordonnée* à la volonté du
mari et ayant besoin de son consentement soit exprès, soit
présumé à toutes les époques de la procédure, le *décès du
mari en faisant disparaître ce concours* élève contre
cette action un obstacle insurmontable » (Cass. 27 sept.
1829. Bull. n° 315 ; 29 août 1840, n° 244). Cette raison nous
décide en faveur de ce système.

Cependant cette jurisprudence n'a pas prévalu et, dans
une deuxième phase, la Cour de cassation arrête que « le
désistement autorisé par l'art. 337 ne peut consister que
dans le rapprochement des époux puisque ses effets sont su-
bordonnés à la condition impérative que le mari consente
à reprendre, qu'il est évident que la pensée du législateur
n'a pas été de créer en faveur du mari un droit illimité et
absolu de grâce et de pardon, puisqu'il a prononcé l'annulation de la poursuite et l'abolition de la condamnation,
qu'à la condition et en vue de la réconciliation des époux...
que ces principes s'opposent à ce que le décès du mari à
toutes les époques puisse être assimilé au désistement
autorisé par l'art. 337, puisque le décès même du mari
rend impossible le rapprochement et la réconciliation... »

La conclusion est logique, étant donné ce point de départ : le désistement suppose la réconciliation. Mais récemment la Cour de cassation, changeant de vue, a admis

(31 juillet 1885, § 86, 1, 188) que le désistement est valable sans que le mari consente à reprendre sa femme. Le désistement ne suppose donc plus la réconciliation. Notre question se présentant de nouveau devant la Cour, celle-ci serait obligé logiquement de revenir à son premier système et de décider que l'action du ministère public à l'égard de la femme étant subordonnée à la volonté du mari, le décès du mari, faisant disparaître ce concours, élevé contre cette action un obstacle insurmontable [1].

2° *Question : Le décès de la femme avant le jugement définitif a-t-il pour effet d'éteindre la poursuite à l'égard du complice.*

En principe, le décès de l'auteur principal d'un délit n'est pas un obstacle à l'action du ministère public contre les complices. Mais cette règle ne peut recevoir son application en matière d'adultère, délit régi par des règles spéciales. « La femme a emporté avec elle la présomption d'innocence qui lui appartenait jusqu'à la condamnation. Or la poursuite du complice peut détruire cette présomption ; elle flétrit une inculpée qui n'est plus là pour se défendre ; elle déshonore une famille qui ne peut prendre en main la cause de cette inculpée. C'est précisément pour protéger la famille que la loi s'est écartée sous quelques rapports en cette matière des règles communes [1] ».

§ 3. Exercice de l'action.

ou

ROLE DU MINISTÈRE PUBLIC

La mise en mouvement, l'arrêt, l'exercice : telle est la

---

[1] Add. motifs de l'arrêt C. d. cass. 8 mars 1850 Bull. n° 83 : 8 juin 1872 Bull. n. 135. Chauveau et Hélie 24 n° 1626.

distinction que nous avons faite dans le mécanisme de l'action.

La mise en mouvement et l'arrêt de l'action ont trait, pouvons-nous dire, au *mouvement lui-même* ; l'exercice concerne la *direction* de ce mouvement. C'est l'époux qui est maître du mouvement de l'action publique : en ne se plaignant pas, il l'arrête dans son principe ; en se désistant, il l'arrête dans sa marche. Mais à qui appartient la *direction* de ce mouvement, à qui appartient l'exercice de l'action publique ? Telle est notre question.

Pour synthétiser, revenons en arrière :

L'initiative de l'action appartient à l'époux seul ; c'est le droit exclusif de plainte. Ce droit est reconnu de tous et basé sur des textes précis. Mais le droit de l'époux se borne-t-il là ?

L'arrêt de l'action, c'est-à-dire la faculté de se désister appartient aussi à l'époux. Ce droit est admis, sauf le dissentiment isolé de Favard de Langlade, par l'universalité des auteurs et par la jurisprudence.

Mais, en ce qui concerne l'exercice de l'action, faut-il encore donner des droits à l'époux, ou confier cet exercice à la libre volonté du ministère public ?

Pratiquement posée, la question signifie ceci : Le mari est-il forcé de se porter partie civile ou non ? Le droit de former opposition à l'ordonnance du juge d'instruction déclarant qu'il n'y a lieu à suivre, le droit d'interjeter appel du jugement qui a renvoyé la femme des poursuites, le droit de se pourvoir en cassation contre l'arrêt qui l'absout, appartiennent-ils au ministère public, ou le mari peut-il recourir à ces voies de réformation ?

D'après un premier système, le ministère public, seul a l'exercice de l'action publique ; d'après un second sys-

tème, cet exercice appartient au mari concurremmént avec
le ministère public ; enfin, d'après un troisième, le ministère public serait exclu de cet exercice, qui n'appartiendrait
qu'au mari.

Mais que parlons-nous de systèmes? En réalité, la jurisprudence a oscillé entre des solutions contradictoires, et
nous offre le spectacle de la plus superbe incohérence.
Maintenons dans un but de clarté ces bases systématiques.

1er *système : Le ministère public seul a l'exercice de
l'action publique.*

C'est lui qui dirige l'action, sans que le plaignant soit
forcé de se porter partie civile ; c'est lui seul qui peut faire
opposition à l'ordonnance de non-lieu du juge d'instruction ; c'est lui seul qui peut faire appel ; c'est lui
seul qui peut se pourvoir en cassation. Le droit du
plaignant se borne à se porter, s'il le veut, partie
civile au procès, et ses droits seront ceux d'une partie
civile ordinaire: si ce plaignant appelle du jugement, l'arrêt à intervenir ne pourra statuer que sur l'action civile,
l'action publique étant éteinte si le ministère public n'appelle pas.

Ce système s'appuie sur l'art. 1er du C. d'instr, cr. d'a-
près lequel l'action publique ne peut être exercée que par
les fonctionnaires auxquels elle est confiée par la loi.
Il n'est pas dérogé à ce principe en matière d'adultère :
car, si l'art. 336 du Code pénal a réservé au mari seul le
droit de dénoncer l'adultère et si par conséquence de ce
droit et de celui de pardon, on donne au mari le droit de
se désister, il ne s'ensuit pas que le mari reste chargé
des poursuites qui sont laissées auxfonctionnaire auxquels
l'action est confiée.

Ce principe a été reconnu par Merlin : « Faisons bien

attention, a dit ce magistrat, au texte de l'art. 336 du Code pénal. La loi ne dit pas que le mari soit seul recevable à poursuivre comme partie l'adultère de la femme, elle veut qu'il soit seul admis à la *dénoncer*. Et qu'entend-elle par là ? Qu'à la vérité le principe de l'action à laquelle donne lieu l'adultère de la femme, réside exclusivement dans la personne du mari et que ce n'est que de lui qu'elle peut émaner, mais qu'il n'est pas nécessaire qu'elle soit exercée par lui, qu'il suffit qu'il la mette en mouvement par une dénonciation, et qu'elle rentre naturellement dans les attributions du ministère public ».

Cette opinion a été adoptée par Mangin : « *Cette action ne sort pas des mains du magistrat pour passer dans les mains du mari.* Le mari n'est toujours qu'une partie plaignante : partie privilégiée sans doute, puisque sans lui la poursuite n'aurait pas été exercée, puisqu'il peut en arrêter le cours, qu'il peut même anéantir les effets de la condamnation qu'il a provoqués ; mais à part ces exceptions, il n'est que plaignant ; c'est toujours au nom de la société que la poursuite est dirigée » (Traité de l'act. public n° 140). C'est aussi l'opinion de Faustin Hélie (Traité d'Instr. cr. t. 2, p. 762).

Ce système fut celui primitivement appliqué par la Cour de cassation. — Arrêt du 22 août 1816 *(Bull. cr.* n° 127), d'après lequel, il n'est pas nécessaire que l'époux se porte partie civile au procès ; il peut se contenter du rôle de plaignant ; la loi exige sa dénonciation, mais ne réclame pas son concours ; c'est le ministère public qui demeure chargé de la poursuite. — Autre arrêt du 26 juillet 1828 (Bull. cr. n° 222), arrêt fortement motivé, d'après lequel le pourvoi du mari contre un arrêt de la chambre d'accusation qui déclare qu'il n'y a lieu à suivre sur la plainte en adultère n'est pas recevable, lorsque le ministère public ne s'est pas lui-même pourvu.

2° système: L'exercice de l'action n'appartient pas seulement au ministère public, mais encore au mari.

Ce système se fonde sur ce que « la loi autorisant le mari à arrêter les poursuites et à remettre à la femme les effets de la condamnation, a nécessairement voulu qu'il fût maître de reprendre et de continuer l'instance abandonnée par le ministère public; on ajoute que l'adultère intéressant avant tout le chef de famille, il est juste que celui-ci participe à l'action publique et ait même, à cet égard, un pouvoir supérieur à celui du fonctionnaire chargé d'exercer cette action ».

La Cour de cassation, abandonnant le principe si fortement établi dans l'arrêt précité du 26 juillet 1828, se rattache bien à ce second système, en admettant que dans le cas où le ministère public accepte la décision qui absout la femme, il appartient au mari d'en poursuivre la réformation (19 octobre 1837. Bull. n° 316; c. pr, 3 mai 1850. Bull. n° 451)[1]. La Cour admet la même décision à l'égard du complice. (Cass. 5 août 1841 ; Bull. cr. n° 232).

3° système : L'exercice de l'action publique appartient exclusivement au mari.

C'est dans ce dernier arrêt du 5 août 1841, précité, que la Cour de cassation. non contente de faire participer le mari à l'exercice de l'action publique, le lui confère exclusivement. « Le ministère public, dit-elle dans cet arrêt, ne saurait appeler de son chef, ni à l'égard de la femme, ni à l'égard du complice puisque par cet appel, il porterait atteinte aux droits exclusivement réservés au mari

---

[1] Voir une excellente réfutation des motifs de cet arrêt : Chauveau et F. Hélie T. iv, n° 1617.

et à la paix de la famille » (Arrêt 5 août 1841. Bull n° 232).

Ce motif est manifestement faux : car le mari, mécontent de l'appel du ministère public, n'avait qu'à se désister et la paix de la famille ne serait pas troublée.

La jurisprudence, en somme, n'a pas de système : elle rend des décisions contradictoires, qu'elle rattache à des principes opposés. Il faut revenir aux vrais principes : *le droit du mari ne va pas jusqu'à l'exercice de l'action publique ; cet exercice appartient aux fonctionnaires auxquels il est confié par la loi, c'est-à-dire au ministère public.* C'est le principe de l'art, Ier du Code d'Instr. cr. auquel il n'est dérogé, en matière d'adultère, ni par les textes ni par la pensée de la loi. La pensée de la loi n'est-elle pas d'appeler sans cesse le pardon sur la tête des coupables. Eh bien, en présence d'une ordonnance de non lieu, ou d'un jugement d'acquittement : ou bien c'est le mari qui voudra se pourvoir ou appeler, et le ministère public lui dira : C'est moi qui suis chargé par la loi de l'exercice de l'action ; c'est moi qui suis chargé de la réparation du mal social ; et je pense qu'il n'y a pas lieu à vindicte publique ; ou bien, c'est le ministère public qui voudra se pourvoir ou appeler, et le mari qui craindrait de voir troubler la paix de la famille lui dira : arrêtez l'action ; je me désiste et je pardonne.

Section ii. — Des fins de non recevoir ou exceptions opposables a l'action d'adultère.

Les moyens de défense opposables à l'action d'adultère peuvent se classer de la façon suivante :

1° Faits justificatifs ou excuses péremptoires qui font disparaître la culpabilité. — Ce sont l'*erreur* et la *violence*. Nous les avons étudiées au ch. i*er* des éléments essentiels.

2° exceptions ou fin de non recevoir, qui sans dénier l'existence du délit, tendent néanmoins à repousser l'exercice de l'action, nous étudierons, sous cette rubrique : 1° L'*adultère* de l'époux plaignant, 2° La *réconciliation*, 3° La *transaction*, 4° La *connivence*, 5° La *prescription*. Nous avons déjà étudié: la *nullité du mariage* (Ch. i Sect. i, 2°) l'*interdiction* (Ch. iii Sect. i § 1, a.); le *décès* (ch. ii. Sect. i. § 2, 3).

3° *Excuses* simplement *atténuantes,* qui ne peuvent repousser l'action, mais ont pour effet d'amoindrir la peine. Ce sont principalement: les mauvais traitements, l'inconduite, l'extrême misère.

L'objet de notre étude dans cette section, ce sont les *exceptions* proprement dites : § 1 adultère, § 2 réconciliation, § 3 transaction, § 4 connivence, § 5 prescription.

§ 1. Adultère.

Deux questions inverses à étudier :

1° *Adultère du mari, exception invoquée par la femme.*

2° *Adultère de la femme, exception invoquée par le mari.*

L'admission de la première exception est certaine : il nous faut en étudier seulement les conditions d'application. L'existence de la seconde, au contraire, est très controversée.

1° Adultère du mari, (entretien d'une concubine dans la maison conjugale). — *L'adultère du mari le rend non recevable à poursuivre l'adultère de sa femme.* En effet, aux termes de l'art. 336 : « L'adultère de la femme ne pourra être dénoncé que par le mari ; cette faculté même cessera s'il est dans le cas prévu par l'article 339 ». Et le cas prévu par l'art. 339 est celui où le mari serait convaincu d'avoir entretenu une concubine dans la maison conjugale, c'est-à-dire d'avoir commis adultère.

Pour que la femme puisse invoquer cette exception, il ne suffit pas qu'elle impute au mari des faits d'adultère, quelque précis qu'ils soient ; il faut que le mari soit *convaincu* d'adultère, c'est-à-dire qu'il y ait condamnation contre lui. Mais il n'est pas nécessaire que cette condamnation soit antérieure à la dénonciation portée contre sa femme.

Ainsi de deux choses, l'une : ou la condamnation du mari adultère aura précédé sa dénonciation, et dans ce cas, la femme agira par *voie d'exception* pour repousser les fins de la plainte ; ou aucune condamnation ne sera encore au moment de la plainte intervenue contre le mari et alors la femme agira par *voie de récrimination*, en dénonçant l'adultère du mari. Dans ce dernier cas, les juges saisis des deux plaintes examineront préalablement celle de la femme contre le mari, et si celui-ci est convaincu d'adultère, ils devront le condamner, et renvoyer la femme des fins de la poursuite ; c'est par la même décision qu'ils statueront sur les deux plaintes. (Cass. 11 nov. 1858, *Bull.* n° 267).

Quel est le motif de cette fin de non-recevoir ? Les jurisconsultes romains voyaient dans la culpabilité récipro-

que des deux époux une *compensation* : « *Paria enmi
delicta mutuâ compensatione solventur* ». Chauveau et
Hélie ne veulent pas accepter cette base ; ils fondent cette
fin de non-recevoir sur l'*indignité* de l'époux demandeur :
Ce n'est pas comme le disait la loi romaine que les deux
délits se compensent mutuellement ; un délit ne peut en
effacer un autre ; mais l'adultère du mari le frappe d'indignité. Comment serait-il admis à se plaindre du délit
dont il se serait lui-même souillé ? Comment invoquerait-
il la sainteté du mariage qu'il a violée, la foi conjugale
qu'il a parjurée ? La loi le déclare déchu de son action.
L'adultère de la femme n'est pas excusé, mais il s'est
rendu indigne d'en poursuivre le châtiment (T. v, n° 1634).

Cette condamnation du mari est-elle un obstacle éternel
à sa poursuite contre sa femme ? Est-il véritablement indigne de l'accuser ?

Les termes de l'art. 339 sont absolus : « *cette faculté
même cessera s'il est dans le cas prévu par l'art. 339* ».
Donc aux termes stricts de la loi, le mari condamné pour
adultère ne pourra plus jamais dénoncer l'adultère de sa
femme ; sa déchéance est perpétuelle.

Cette interprétation stricte a fait jeter les hauts cris.
Comment ! Voilà un mari qui, à telle époque, a été condamné pour avoir entretenu une concubine dans la maison conjugale ; mais depuis il a chassé cette concubine,
il est rentré dans le devoir ; la régularité de ses mœurs
est irréprochable, et parce que le mari a une fois été condamné pour concubinage, le voilà indigne à jamais ! Sa
femme pourra impunément se livrer à l'avenir à un adultère continu ou à des adultères successifs ! Essentielle
immoralité ! Outrage à la raison publique !

J'en conviens, dans une certaine mesure. La loi serait

dure cette fois pour les maris ! Mais si vous répugnez à cette interprétation stricte, il nous faut chercher l'esprit de la loi; or, sur quel motif est fondée notre exception ?

Est-elle fondée, comme en droit romain, sur une *compensation* de torts ? Dans ce cas il faudra compter les torts, établir une sorte « d'arithmétique morale ». Le mari n'a pas tenu sa dette de fidélité: la femme est sa créancière, elle a le droit de se payer jusqu'à due concurrence. Qu'importe l'éloignement des dates? c'est un calcul à faire. Adultère pour adultère. Etrange théorie que cette résurrection de la loi du talion ! Le talion de l'alcôve !

Mais ce fondement n'est pas admis : un délit, d'après Hélie, ne peut en effacer un autre; l'exception a son fondement dans l'*indignité* du mari. Malheureusement, Hélie ne se prononce pas sur la portée de cette indignité. La jurisprudence accepte cette base. « Attendu qu'il n'est pas allégué que N.. ait continué à se maintenir dans l'état immoral et scandaleux qui le rendait *indigne de dénoncer les dérèglements de sa femme* » (C. de Paris 18 juin 1870). La jurisprudence tire de cette vue la conclusion suivante: que le mari se réhabilite et cesse d'être indigne par le retour à la régularité. Dans l'espèce, le mari avait été condamné pour adultère, puis la femme avait continué son inconduite: la fin de non-recevoir invoquée par la femme ne fut pas accueillie.

Mais la Cour, dans l'arrêt précité, ne se borne pas à ce motif, l'indignité : « Attendu, dit-elle, qu'il s'élève en droit la question de savoir... s'il n'est pas nécessaire pour que la femme puisse profiter de l'immunité résultant de l'exception créée à sont profit par l'art. 333 C. civ. qu'il y ait eu *concomittence dans la perpétration des deux délits*[1]... »

[1] Le Droit. *Journal des tribunaux*. 26 juin 1870.

Ce n'est donc plus l'indignité du mari qui fonde cette exception, c'est la concomitence, le rapport de cause à effet.

Vous ne vous entendez pas sur l'esprit de la loi, revenons donc à la stricte application de son texte : l'adultère du mari est une exception absolue et perpétuelle contre la recevabilité de sa plainte. Ne criez pas à l'immoralité, ou, repoussez absolument cette exception : car, je vous le demande, en quoi l'indignité ou la non indignité du mari peut-elle changer quelque chose à l'immoralité de la femme ? Du reste, notre solution n'est pas inconciliable avec vos hésitations sur l'esprit de la loi. Si l'adultère du mari est postérieur à celui de la femme, repoussez le mari, il est devenu indigne ; si son adultère est antérieur, repoussez-le encore, c'est lui qui a jeté des germes de division, qui est cause de l'adultère de sa femme. De quoi se plaint-il donc ?

2ᵉ Adultère de la femme. — *L'adultère de la femme la rend-il non recevable à poursuivre l'adultère de son mari ?* En d'autres termes, le mari poursuivi pour entretien d'une concubine dans la maison conjugale peut-il opposer à la poursuite l'adultère de sa femme ? Cette question est très controversée en doctrine [1]. La jurisprudence lui a donné une solution négative.

C'est dans le sens de l'affirmative que nous prendrons parti.

, Le principal argument des partisans de la recevabilité

---

[1] Dans le sens de la négative, c'est-à-dire dans le sens du rejet de cette fin de non-recevoir : Carnot, *sur l'art,* 339 *C C. nᵒ* 8 ; Bedel, *nᵉ* 21 ; Duranton *t.*2, *nᵉ* 514 ; Chardon *Puiss. marit. nᵒ* 49 ; Vatimesnil *Vᵒ adult. nᵒ* 27. Ch et Hel. T. 4, nᵒ 1651 Dalloz. P, 1830, 3, 43. Cass. 28 févr. 1830 ; Cass. 23 mars 1833, S. 63, 1, 243.

Dans le sens de l'affirmative, c'est-à-dire pour la recevabilité de la fin de non-recevoir. Mangin *Act. publ. nᵒ* : 144 ; Le Sellyer *Tr. de dr, cr. T.* 2, *nᵒ* 501 Marcadé *Revue crit.* 1831 p. 118.

de l'action de la femme repose sur le *silence* de la loi.
Le Code pénal dans l'art. 336 édicte une fin de non-recevoir contre le mari qui a commis adulère ; mais il ne reproduit pas contre la femme la fin de non-recevoir édictée
contre le mari, donc cette fin de non-recevoir n'existe pas.

Cet argument tombe quand on considère l'esprit de
la loi. L'adultère du mari et celui de la femme sont considérés par le législateur comme ayant une gravité bien différente : le premier est une simple faute, punie légèrement ;
l'autre est presque un crime. Dès lors, comment l'indignité qui résulte pour le mari de sa simple faute en présence du crime de la femme, ne serait-elle pas étendue à la
femme après son crime, en face de la faute du mari ? C'est
parce que cette incapacité de la femme paraissait naturelle
et clairement découler de celle qu'il édictait contre le
mari, que le législateur a trouvé inutile de s'en expliquer.

A cet argument tiré du silence de la loi, nos adversaires
en ajoutent un autre tiré de l'*impossibilité de compensation* des délits. Les délits se compensent-ils ? oui et non.
Si par délits qui se compensent, vous entendez, des délits
dont l'un *efface* l'autre, et innocente son auteur, non les
délits ne se compensent pas. « La morale, le bon sens et
la force même des choses rendent, dit Marcadé, cette compensation impossible ». Mais si vous entendez par délits
qui se compensent ceux dont *l'un empêche de poursuivre
et faire punir l'autre*, alors il est évident que dans notre
droit les délits d'adultère peuvent se compenser, puisque
l'adultère de la femme ne peut être poursuivi si le mari a
commis adultère.

A l'insuffisance de ces arguments, Chauveau et Hélie
en ajoutent un autre : « Si le mari coupable d'adultère
est déclaré non recevable dans son action, c'est *peut être*

parce que la femme même coupable a encore droit à la protection de la loi pour réclamer l'inviolabilité du domicile conjugal [1] ». Voici la réponse : L'inviolabilité du domicile conjugal, si désirée qu'elle puisse être par la loi, est cependant moins importante à ses yeux que l'infidélité de l'épouse, puisqu'elle l'a punie d'une moindre peine. Or l'infidélité de la femme est protégée par l'exception qui nous occupe ; la souillure du domicile par le mari le sera donc aussi à plus forte raison.

Enfin Dalloz ajoute un argument d'une remarquable ingéniosité juridique : « Le système de la réciprocité contre lequel s'est élevée la Cour de cassation soulèverait parfois dans la pratique des difficultés insurmontables. Qu'arriverait-il en effet, si, en même temps que la femme conclut à ce que le fait d'adultère du mari soit examiné avant celui dont elle est prévenue, le mari pourrait aussi de son côté demander qu'il ne fût statué sur la prévention dont il est l'objet, qu'après le jugement de celui qu'il a provoqué contre sa femme? Que ferait le juge saisi de deux plaintes élevant ainsi l'une contre l'autre un moyen préjudiciel [2] ?. Et Dalloz s'ingénie à démontrer qu'il y aurait là « un cercle vicieux » dont le juge ne pourrait pas sortir, mais il y a là des subtilités peu convaincantes. Nous ne voyons pour notre part, aucun obstacle réelle insurmontable. Les juges examineront simultanément les deux plaintes : si une seule des parties a commis adultère, ils la condamneront ; si l'une et l'autre ont commis le délit, les juges les renverront toutes les deux. Ainsi, à notre avis l'exception tirée de l'adultère est réciproque. Faisons des

[1] Chauveau et Hélie. T 4 n· 1051. Contrà. Marcadé, *Rev. crit.* 1851
[2] Dalloz. 1850, 1, 45 note *in fine.*

vœux pour que la jurisprudence change sa manière de
voir.

§ 2. Réconciliation.

La réconciliation des époux est une *fin de non-recevoir*
contre l'action d'adultère.

Cette règle est, en ce qui concerne le divorce, écrite
dans l'art. 244, § § 1 et 2 : « L'action en divorce s'éteint par
a réconciliation des époux survenue, soit depuis les faits
allégués dans la demande, soit dépuis la demande. Dans
l'un et l'autre cas, le demandeur est declaré non recevable dans son action ; il peut néanmoins en intenter une
nouvelle pour cause survenue et découverte depuis la réconciliation et se prévaloir des anciennes causes à l'appui de sa nouvelle demande » (cpr. art. 272 C. civ.
abrogé par la loi du 18 avril 1886).

En ce qui concerne l'action d'adultère, cette règle n'est
pas écrite dans un texte, mais puisée dans l'esprit de la loi.
La réconciliation éteint l'action de divorce, et rive, à
moins de faits postérieurs, l'un des époux à l'autre ; et ce
même époux, à qui l'on impose la vie commune, aurait,
en face de cette même réconciliation, le droit de poursuivre contre l'autre époux une peine correctionnelle ! On
conçoit comme ce serait d'un esprit illogique. La loi n'ap-
pelle-t-elle pas sans cesse le pardon sur la faute des coupables ? La réconciliation équivaut à la preuve légale que
l'adultère n'a pas été commis, elle doit être accueillie
comme une fin de non-recevoir contre toute poursuite
(C de cass. 7 août 1823).

La réconciliation peut être *antérieure* ou *postérieurc* à
la plainte. Mais elle doit être nécessairement postérieure
aux faits qu'elle pardonne ; et opérée avec connaissance

de ces faits : les faits postérieurs ou ignorés pourraient faire l'objet d'une plainte.

On est généralement d'accord pour admettre que la fin de non-recevoir résultant de la réconciliation peut être invoqué, tant par le mari contre l'action en adultère qui serait intentée contre sa femme, que par la femme contre l'action en adultère qui serait intentée par son mari. Dans les deux cas, le but poursuivi est le même : prévenir un procès scandaleux, empêcher la rupture complète des deux époux.

L'exception qui résulte de la réconciliation des époux peut aussi être invoquée par le complice. La femme invoque-t-elle cette exception? La plainte tombe, et l'action cesse, en même temps qu'à l'égard de la femme, à l'égard du complice; car l'action contre celui-ci est, comme nous l'avons dit, indivisible de l'action contre celle-là. La femme garde-t-elle le silence? Ce silence n'empêche pas le complice d'invoquer cette exception. Car la réconciliation anéantit l'effet de la plainte, sans laquelle l'action publique n'est pas admissible. (Cass, 9 févr. 1839 Journ. du dr. cr. p. 42).

La réconciliation peut être expresse ou tacite,

La réconciliation expresse résulte d'actes, ou lettres missives écrites par le mari après qu'il a eu connaissance des défaillances de sa femme (Besançon 20 févr. 1860 J. de dr. cr. p. 186). Il ne faut pas confondre la réconciliation expresse avec le dissentiment. Toute réconciliation expresse n'est pas un désistement : le désistement, révocation de la plainte, suppose la plainte et vient après ; la réconciliation , expresse, au contraire, peut avoir lieu avant la plainte. Réciproquement, tout désistement n'est pas une réconciliation expresse : le mari peut en effet se désister de sa plainte et renoncer à sa vengeance, sans pour cela s'être réconcilié, être dans l'intention de vivre désormais en bonne intelligence avec sa femme.

La *réconciliation tacite* est celle qui résulte de faits qui impliquent l'intention de pardonner l'injure. La preuve de ces faits, s'il sont niés, pourra se faire par témoins, lettres ou autres écrits, par interrogations sur faits et articles (C. 274 : cpr. 252, 324, 330), par la voie du serment décisoire on déféré d'office. (c. 1358). La preuve de ces faits est évidemment à la charge de la partie qui les invoque. La réconciliation n'est pas un ensemble de faits matériels elle implique l'intention de pardonner. C'est naturellement aux tribunaux qu'il appartient d'apprécier le caractère intentionnel. Examinons quelques uns de ces faits.

La *cohabition continuée* depuis l'adultère peut-elle être invoquée comme impliquant *réconciliation* ? Tout dépend des circonstances, de la durée plus ou moins longue de cette cohabitation ; de l'intimité plus ou moins grande des circonstances, de l'intimité plus ou moins grande des époux pendant ce temps ; de la faculté plus ou moins grande qu'avaient les époux d'après leur condition sociale et leur fortune de se séparer ou d'habiter le même appartement et de partager le même lit.

Mais le fait seul de la cohabitation n'est pas une preuve de réconciliation. Le texte même du Code civil ne le prouve t-il pas ? L'art. 259 ne supposait-il pas la cohabitation pendant l'instance en divorce, et l'art. 268 ne disait-il pas que la femme *pourra* quitter le domicile conjugal pendant l'instance. C'est donc pour elle une faculté, non une obligation. Le fait matériel de la cohabitation ne prouve pas la réconciliation ; il y faut des circonstances que les juges apprécieront. La jurisprudence est en ce sens (arrêt C. de cass. 4 avril 1808, Dalloz, V° sip. de c. n° 464).

Et la *grossesse de la femme* survenue depuis la plainte, est-elle une preuve de *réconciliation*? Oui et non, répondrai-je. Tout dépend des circonstances, et je ne distingue pas, suivant que c'est le mari qui est accusé, ou la femme. La plupart des auteurs, au contraire, font cette distinction.

Dans le cas où c'est le mari qui, accusé d'adultère par sa femme, se prévart de la grossesse de celle-ci, pour repousser son action, ils acceptent cette fin de non-recevoir. « La femme, dit Bedel, niera-t-elle que la paix ait été signée ? Elle en porte le traité dans son sein. Refusera-t-elle à son mari l'honneur de la paternité ? Elle aussi est donc adultère. De quoi se plaint-elle »? (n° 19) . Nous sera-t-il permis de faire remarquer à Bedel que ce traité peut avoir été signé sous l'empire d'une violence extrême ? Bedel refuserait-il à la femme d'invoquer le vice du consentement ?

Dans le cas où, inversement, c'est la femme qui est accusée d'adultère par son mari, cette femme pourrait-elle invoquer sa grossesse, comme une réconciliation, pour repousser l'action? *Primo aspectu*, il semble bien que non ; car cette grossesse peut-être le résultat d'un second adultère, et non l'œuvre réconciliatrice du mari. Bedel, lui, ne pense pas ainsi : « Elle est enceinte ; elle l'est des œuvres du mari, voilà la présomption légale, le mari, sauf l'exception portée aux art. 312 et 313 C. civ., ne peut la combattre... mais le mari qui opposerait à la fin de non-recevoir de la femme un second adultère commis par elle, aurait la ressource de motiver sur ce nouveau fait un autre demande » (p. 19). Ce n'est pas notre sentiment. La règle *pater is est quem nuptiœ demonstrant* est une

fiction de droit introduite en faveur de l'enfant ; ce serait
lui donner une extension abusive que de l'étendre à la
protection de la mère [1]. Le mari n'aura pas à prouver le
second adultère sur une nouvelle demande ; il suffit qu'il
y ait des présomptions en faveur de l'existence de ce
second adultère pour que le premier prouvé puisse donner lieu à une condamnation.

Nous le répétons, aucune règle fixe ne peut être tracée ;
les juges auront pleine liberté d'appréciation.

Il peut se faire que le mari combatte cette exception en
niant l'existence de la grossesse ; il est laissé dans ce cas,
à la prudence des juges d'accorder un sursis à la femme
ou de lui refuser pour vérifier son existence ; sinon la
femme aurait dans le soulèvement de cette exception un
moyen indéfini de retarder le jugement d'un procès.

Le mari sans contester l'existence de la grossesse peut
en contester la date et soutenir que la conception est antérieure à la certitude acquise de l'adultère ; les juges ne
seraient pas enchaînés par la présomption légale de durée
minimum et maximum de la gestation (312 C. civ) : ils
devraient calculer plutôt, sauf preuve scientifique contraire
d'après la durée ordinaire des gestations normales. (Contrà. Bedel. loc. cit).

Le *silence prolongé* ne peut tant que le délit n'est pas
prescrit s'il n'est accompagné d'aucune circonstance indi-
cative de réconciliation être invoqué comme fin de non
recevoir contre l'action d'adultère. Ce serait créer une
exception purement arbitraire à la règle générale qui accorde un laps de temps de trois ans pour la poursuite des
délits (Sic. Dalloz n° 83).

[1] En ce sens : M, de Vatimesnil. *Éncycl. du dr,* V° *adult.* n° 23,

En résumé la réconciliation fin de non recevoir contre l'action d'adultère, ne résulte pas nécessairement de tel ou tel fait matériel. C'est aux tribunaux d'apprécier. Lesfaits ne seront une réconciliation qu'autant qu'ils révèleront le consentement fut-il momentané, de l'époux offensé à la reprise de la vie commune et le pardon et l'oubli du passé.

§ 3. **Transaction**.

La transaction, à prix d'argent, de l'adultère est-elle une preuve de réconciliation et devrait-elle arrêter les poursuites ?

Bedel nous dit à ce sujet: « La transaction à prix d'argent *ne serait pas valable*, elle serait contraire aux bonnes mœurs (Art. 1004 C. de Pr. nonobst. l'art. 2046 C. Civ.). L'homme, ajoute-t-il (il écrivait en 1826), dont l'âme de boue vend le pardon et ne le donne pas, est capable de se faire par spéculation, le provocateur des adultères de sa femme ; un douanier perfide ne favorise-t-il pas la contrebande pour la surprendre à son profit ? Mais cette transaction sans effet sous le rapport pécuniaire, empêcherait-elle le mari de reprendre s'il le veut, l'action à laquelle il avait renoncé ? Oui, elle constate un *rapprochement...* » (n° 18).

Dalloz: « La transaction à prix d'argent pour l'adultère serait, ce nous semble *valable* (C, Civ. 2046), mais à supposer qu'elle fût nulle à titre de contrat comme contraire aux bonnes mœurs, ainsi que le pense M. Bedel, elle vaudrait du moins à titre de *remise de l'offense* à l'effet d'arrêter toute poursuite nltérieure du mari contre sa femme » (V. adult. n° 85).

Nous avons cité ces deux auteurs en entier, parce que

nous avons trouvé partout la reproduction de l'une ou de l'autre de ces doctrines. Elles nous semblent cependant manquer de netteté. Bedel et Dalloz distinguent deux questions : 1° la transaction est-elle valable au point de vue civil comme contrat ? quel est son effet sur l'action pénale ou publique ? Sur cette deuxième question, ils sont d'accord : la transaction suppose réconciliation ou pardon et a pour effet d'arrêter la poursuite. Sur la première, la validité de la transaction comme contrat, ils divergent : Bedel veut que le contrat soit nul (arg. art. 1004 C. Pr) Dalloz préfère qu'il soit valable (arg. art. 2046 C. Civ).

Il s'agit de s'entendre. Sur la question de la validité de la transaction comme contrat : s'ils entendent parler de la transaction sur l'action publique, c'est Bedel qui a raison et Dalloz qui a tort : car le contrat est nul ; s'ils entendent, au contraire parler de la transaction sur l'action civile, les rôles sont renversés, car le contrat est valable. Sur la question des effets de la transaction sur l'arrêt des poursuites : dans la première hypothèse, ils ont raison tous deux, ils ont tort dans la seconde.

Je ne voudrais pas paraître inintelligible. En d'autres termes, voici ma pensée :

La transaction peut porter ou sur l'action civile ou sur l'action publique :

1ᵉʳ *Cas* : *La transaction porte sur l'action civile.*

C'est le mari qui ayant subi un dommage réel (V. ch. III, de la pénalité : des dommages-intérêts) transige avec le complice sur ces dommages et sur lui seul.

Dans ce cas, la transaction est valable comme contrat (art. 1382, C. civ. ; 2046 al. 1); mais elle n'a aucun effet sur l'action publique, dont on ne peut arrêter le cours, car elle est étrangère à toute idée de réconciliation ou de pardon.

2° *Cas*: *La transaction porte sur l'action publique.*

C'est le mari qui consent, moyennant argent, à ne pas inquiéter les coupables. Dans ce cas, la transaction est nulle comme contrat (art. 6, 1108, 1131, 2046, al. 1 *a contrario*); elle est contraire aux bonnes mœurs et à l'ordre public. Mais cette transaction nulle arrêtera l'action publique: car il y a eu pardon intéressé je le veux bien, mais il y a eu pardon. Et contre l'effet de ce pardon, le mari ne pourra pas alléguer l'immoralité de son mobile. On lui répondrait: *nemo auditur turpitudinum suam allegans.*

§ 4. Connivence.

La *connivence* du mari à l'adultère de la femme peut-elle être opposée comme *fin de non-recevoir*?

En droit romain, le *lenocinium* du mari est un crime; il le rend indigne de dénoncer sa femme; mais tout citoyen peut accuser le mari et la femme, qui seront punis des peines de l'adultère. Dans l'ancien droit, lorsque la connivence du mari était notoire et scandaleuse, le ministère public avait le droit de poursuivre, non seulement contre la femme, mais contre le mari, les peines de la protitution.

Le projet du Code pénal proposait de suivre ces principes, on y lisait: » L'adultère de la femme ne pourra être dénoncé que par le mari, *dans les cas où il n'y aura pas connivé.* Le mari signalé par la notoriété publique comme ayant connivé à l'adultère de la femme, la femme adultère, le complice ou les complices seront condamnés chacun à une amende de cent francs au moins et de deux mille francs au plus; dans ce cas, *les coupables pourront être pour-*

suivis même d'office par le ministère public. ». Ces dispositions furent combattues au sein du Conseil d'Etat et supprimées comme susceptibles de porter le trouble dans les familles, de donner lieu à des poursuites inconsidérées et inquisitoriales, de faire naître de scandaleux débats. — Que conclure de cette suppression ?

Le ministère public ne peut poursuivre le mari. Dans les débats au Conseil d'État, son Excellence, le Ministre de la justice dit : « que si la disposition qui punit la connivence du mari est admise, on expose à des poursuites l'homme qui, pour ne pas divulguer la honte de la famille, aura gardé un pénible silence et dévoré en secret sa douleur ». (Locré, t. XXX, p. 394 et suiv). Comme la connivence elle-même, l'adultère restera-t-il impuni ? A ce sujet deux questions bien distinctes se posent qu'il ne faut pas confondre : la question de la possibilité des poursuites par le ministère public ; la question de la fin de non-recevoir opposable aux poursuites du mari.

Sur la première question, le ministère public peut-il, au cas de connivence du mari, poursuivre d'office la femme ? Nous répondons, non. Cette réponse négative résulte incontestablement de la suppression des dispositions dont nous venons de parler. La jurisprudence est conforme (Cass. 6 août 1823 ; 31 août 1855).

Quant à la deuxième question, *la connivence du mari est-elle une fin de non recevoir aux poursuites de celui-ci ?* Elle est controversée.

La négative est soutenue par Chauveau et Hélie, et approuvée par Dalloz[1]. Si le législateur, en proscrivant le délit, eût voulu réserver au moins la fin de non-recevoir

---

[1] Chauveau et Hélie t. 4, n° 1647 ; Dalloz, Rep., V. *adultère*, n° 94.

il eut nécessairement laissé au ministère public le droit
de poursuivre, dans ce cas, l'adultère de la femme. Car
celle-ci est-elle moins excusable, parce que le mari a souf-
fert des désordres? Cet argument ne porte pas : la femme
est-elle moins excusable lorsque le mari a commis un
adultère postérieur au sien ? Non: cependant, elle peut invoquer cet adultère comme fin de non-recevoir. — On
ajoute n'est-il pas possible que la connivence du mari ne
soit qu'un acte de faiblesse ? Nous répondons : s'il y a faiblesse du mari, il n'y a pas connivence. C'est le silence qui
est une faiblesse, à moins qu'il ne soit de la résignation ;
mais la connivence est plus que de la faiblesse, c'est une
transaction intéressée.

Nous prenons parti, avec Bedel et Mangin[1], pour l'affirmative. La connivence du mari est une fin de non-recevoir
à l'action. Le mari proxénète n'a pas le droit d'être entendu.
Son adultère le rend indigne et sa connivence n'aurait
pas le même effet? Son pardon, sa réconciliation, la transaction intéressée élèvent une fin de non-recevoir contre
lui ; et sa connivence n'aurait pas le même effet ! Cette
connivence n'est-elle donc pas accompagnée d'actes de réconciliation continuels, n'est-elle pas un pardon anticipé,
n'est-elle pas une transaction avant la plainte?

§ 5. Prescription.

L'action résultant du délit d'adultère, commis soit par
la femme, soit par le mari, est, à défaut de texte spécial,
éteinte par le laps de temps requis pour la prescription des
délits en général ; cette prescription est de *trois ans*
(art. 628 Instr. cr.).

[1] Bedel : *De l'adultère*. Mangin : *Tr. de. l'act. publ.*, T. 1, nº
135.

La prescription de l'action publique en général est fondée, d'après l'exposé des motifs, sur les trois idées suivantes : expiation par le remords ou par la crainte du châtiment, dépérissement des preuves, oubli présumé du fait. Spécialement appliqués à l'adultère, ces motifs sont de valeur diverse : le premier, l'expiation par le remords est généralement puérile ; la crainte du châtiment, si le mari sait et si la femme sait que le mari sait, a, considéré comme expiation, une certaine pesée. Le second motif, dépérissement des preuves, est exact ou inexact suivant les espèces : car il se peut faire que, même après trois ans, des preuves, écrites par exemple, subsistent convaincantes et irréfutables. Enfin le troisième motif, oubli présumé du fait, qui s'entend en général de l'oubli par la société, et qu'en notre matière il faut entendre de l'oubli par le mari ou la femme, est certainement le motif le plus puissant ; l'abstention de la poursuite pendant trois ans suppose, sinon l'oubli, du moins une réconciliation ou un pardon généreux et indulgent. Pourquoi permettre au conjoint offensé de revenir sur ce pardon, à moins de nouveaux griefs ? pourquoi lui permettre de souffler sur les rancunes éteintes ? Ajouterons-nous un motif bien singulier que Bedel nous exprime en ses plus belles fleurs de littérature :

« La prescription est un asile pour le repentir, et l'adultère avait au pardon de la loi un titre particulier : à mesure que la femme efface ses erreurs par des années irréprochables, elle s'achemine vers cet âge où la jeunesse perd son éclat, le sang son premier feu, où ce n'est plus enfin la saison de l'adultère ; il n'y a plus de rechute à craindre pour la femme, à quoi bon la punir ? » (n° 15).

La prescription est interrompue par la plainte ou dénonciation. Son point de départ ? En ce qui concerne

l'adultère de la femme, délit instantané, aucun doute :
c'est du dernier acte d'adultère [1] que court le délai de
trois ans. En ce qui concerne l'adultère du mari, lequel
est constitué par l'entretien de la concubine dans la maison conjugale, les auteurs, sans hésitation, émettent la
même règle : la prescription court du dernier acte d'adultère commis par le mari avec la concubine (Dalloz, Rep. V°.
adult. supp. n° 59 : Blanche, t. 5, n° 265). Cependant un
doute ne peut-il pas surgir, et ne semble-t-il pas que le
délai ne doive courir que du jour seulement où le mari a
chassé sa concubine de la maison conjugale ? L'adultère
du mari, c'est l'entretien de la concubine dans la maison
commune. Or cette condition existe même en l'absence
de rapports adultères actuels : une jalouse surveillance
de la part de la femme, ou l'état physique des coupables
interdit à ceux-ci la possibilité de tout rapprochement
ilicite ; cette circonstance de fait empêche-t-elle la concubine d'être toujours la concubine ? n'est-elle pas entretenue dans la maison conjugale ? La situation n'est-elle
pas identiquement la même ? La présence de cette concubine, momentanément *honoraire,* n'est-elle pas aussi
révoltante pour la femme légitime ? Celle-ci accusée d'a-
dultère par son mari, lui refuseriez-vous d'invoquer cette
situation comme fin de non-recevoir ?...

Nous avons parcouru le cercle de la défense que l'on
peut opposer à l'action d'adultère : erreur, violence, nullité de mariage, décès, adultère, réconciliation, transaction, connivence, prescription, etc.

---

[1] Je ne discute pas le point de savoir si le jour même du dernier acte
compte dans le calcul du délai. C'est l'éternelle question du *dies a
quo.* Elle se trouve partout.

Une observation en terminant : l'inconduite du mari, les mauvais traitements, une extrême pauvreté peuvent-elles être considérées comme des causes justificatives de l'adultère ? Nous ne le pensons pas en principe, quoique ce fut admis par nos anciens auteurs. Ces circonstances ne légitiment pas, en principe, l'adultère, mais elles devraient être prises en considération dans l'application de la peine et constituer des circonstances atténuantes. Pourtant, malgré l'adoption de ce principe, on conçoit que dans des cas extrêmes, dans une détresse absolue, les sollicitations d'une faim pressante puissent prendre le caractère d'une nécessité invincible et servir d'excuse complète à l'adultère. (Sec. Dalloz. Rép. V. adult, n. 120). Chauveau et Hélie, plus sévères que nous, n'admettent pas cette contrainte irrésistible ; si la femme a cédé, c'est qu'elle était corrompue : « *non est ignosundum ei quæ obtentu paupertatis turpissimam vitam agit.* ».

SECTION III. — DES PREUVES DE L'ADULTÈRE.

La preuve de l'adultère est régie par des règles différentes suivant qu'elle porte sur l'adultère de l'un des époux, ou sur celui du complice. L'adultère de la femme et, par identité de motifs, celui du mari peuvent être prouvés par tous les modes de preuve de droit commun en matière pénale (art. 154, 155, 156, 189 Instr. cr.), aucune disposition particulière ne faisant exception à la règle générale. — Au contraire, l'art. 338 limite les preuves admises contre le complice, et les restreint au flagrant délit et aux écrits émanés du prévenu ; mais cet article n'est pas applicable à l'auteur principal (Cass. 13 mai 1813

D. P. 13, 1, 319; Paris, 24 févr. 1815. S. 16, 1, 212. Paris 30 janv. 1883 Gaz; Pal. 83, 1, 309).

I. Preuves à l'égard de la femme et du mari.

Tous les modes de preuve du droit commun sont, disons-nous, admis à l'égard de la femme et du mari. Les principaux moyens usités sont : les procès-verbaux, les témoignages, les lettres missives, les présomptions, l'aveu.

a) Procès-verbaux. Les procès-verbaux sont des écrits rédigés par des officiers publics. Ces écrits contiennent la plupart du temps la constatation du flagrant délit. Ils ne peuvent être rédigés que sur la plainte de l'époux offensé.

b) Témoignages. Les témoignages sont des dépositions faites par des personnes qui ont perçu les actes dont elles viennent déposer. Il n'est pas nécessaire que les témoins déposent *de visu,* pour que l'adultère puisse être déclaré constant; il suffit que les présomptions résultant des faits attestés r da 'enquête soient de nature à ne laisser dans l'esprit du juge aucun doute sur la réalité du délit. (Bordeaux. 27févr. 1807, D. P. V. adultère n° 18).

La preuve de l'adultère peut être faite par le témoignage des gens de service attachés à la maison : *Domestica domesticis probantur.* (F. Hélie Instr. cr. T. 7 p. 499). Le mari peut s'il ne s'est pas porté partie civile, être entendu comme témoin sauf à y avoir tel égard que de raison (Cass. 14 oct. 1856 D. P. 56. 1. 40); s'il s'est porté partie civile, il ne peut être entendu dans sa propre cause : néanmoins cette prohibition n'est pas absolue, et aucune nullité ne résulterait de ce que la partie civile aurait été entendue, pourvu qu'aucune opposition ne se fut manifesté (Cass. 10 mars 1843, S. 43, 1, 349: Cass. 28 mars 1845 S. 45, 1, 386 ; art. 156, 189, 322, Instr. cr.)

c) Lettres missives. — Les lettres missives sont des documents fréquemment consultés où l'on trouve souvent la preuve de l'adultère. Contre le complice, on ne peut invoquer que les lettres émanées de lui ; cette condition n'est pas exigée à l'égard de l'époux.

On s'est demandé si l'époux plaignant peut produire en justice une lettre confidentielle. Nous appelons lettre *confidentielle* toute lettre qui n'a pas été écrite dans l'intention de créer un titre au profit du destinataire contre l'expéditeur [1]. La règle générale de droit est que la publicité des lettres confidentielles n'est permise que du consentement des deux parties. Par exception à cette règle, il est admis en matière d'adultère que l'époux plaignant peut produire et invoquer les lettres à lui adressées par l'époux prévenu, de même qu'il pourrait être entendu comme témoin pour révéler à la justice les divers incidents de leur vie commune. — Il est également admis que les lettres adressées par l'époux prévenu à un tiers étranger au procès pourraient être légitimement invoquées, de même que ce tiers pourrait être appelé à témoigner de faits connus de lui et qui seraient de nature à faire présumer l'adultère (S. 1872, 2, 38.) Néanmoins le rejet de lettres confidentielles par les tribunaux ne donnerait pas ouverture à cassation ; les juges ont plein pouvoir d'appréciation pour décider si la divulgation du secret blesse la probité. — Les lettres adressées par la femme au complice pourraient être également invoquées ; il a été jugé qu'elles pourraient l'être bien que le mari se les fut procurées par des moyens déloyaux (Paris 30 janv. 1883, Gaz. Pal. 83, 1, 309), pourvu toutefois que ces moyens ne constituent pas des procédés

[1] S, 1886, 2, 161, note de L'abbé.

délictueux (Cass. 15 juillet 1885). — De même pourraient être produites les lettres reçues par la femme et provenant du complice ou d'un tiers, soit qu'elles fussent saisies par le magistrat instructeur conformément aux articles 35, 36, et 37, du C. d'instr. cr., soit qu'elles fussent tombées aux mains du mari; la jurisprudence décide que ce dernier a, en vertu de l'autorité domestique que la loi lui reconnaît, des droits particulièrement étendus d'investigation et de recherche pour découvrir la preuve de l'adultère (Cass. 9 juin 1883, D. P. 84, 1, 89).

d Présomptions. — Les présomptions sont en nombre indéfini ; il est impossible d'en donner une énumération complète. Nous allons donner les principales.

L'adultère pourra être considéré comme certain, si le mari prouve que, pendant le temps qui a couru depuis le 300e jour jusqu'au 180e avant l'accouchement de sa femme, il était, soit pour cause d'éloignement, soit par l'effet de quelque accident dans l'impossibilité physique de cohabiter avec sa femme, c'est-à-dire s'il est dans les conditions où la loi l'autorise à intenter l'action en désaveu de l'enfant (arg. art. 312 C. civ.).

Le recel de la maternité et de l'accouchement prouve également l'adultère. Ainsi une femme va faire ses couches chez une sage-femme, elle se fait désigner comme fille dans la déclaration faite par celle-ci, en présence de témoins n'ayant aucun rapport avec le mari. Il y a là une preuve évidente que l'accouchement a été caché au mari ; n'est-ce pas une présomption d'adultère? (Paris 23 janv. 1872, Rec. arr. Paris, 1872, p. 352).

La fuite de la femme avec son ravisseur pourra être considérée comme une preuve suffisante surtout si l'époque de la conception coïncide avec celle de l'enlèvement.

L'adultère résultera de l'accouchement d'un mulâtre, si le mari et la femme sont tous deux de même couleur, blancs ou noirs.

Les dons immodérés faits par un homme à une femme, sans motif patent, font présumer entre cet homme et cette femme des relations adultères. « Vous savez, disait dans un de ses interrogatoires M. le président Feuilloley, qu'un mari ne donne pas sans raison une bague enrichie de brillants à une autre qu'à sa femme [1] ».

La communication d'un mal vénérien par la femme au mari, ou encore la constatation de ce mal chez la femme seule, le mari étant indemne, peut-elle être considérée comme une preuve suffisante? Cette question soulèvera dans la plupart des cas bien des difficultés. « De mystérieuses obscurités nous enveloppent, dit Legrand du Saule, et nous sommes loin de pouvoir toujours rattacher l'effet à la cause. Qu'un conflit s'élève entre époux, et le médecin peut manquer de données positives sur l'origine exacte et sur l'ordre de succession des phénomènes constatés ». Rarement dans ces conditions un médecin expert sera désigné et envoyé auprès de la malade, car en vertu de quel droit la justice pourrait-elle imposer une constatation corporelle? Le procès ne pourra donc s'engager que sur le témoignage écrit du médecin traitant. Et encore les médecins s'abstiennent en principe de délivrer des certificats. Ricord les refusait presque toujours « parce que ce motif n'est pas toujours admis, et parce qu'il est à peu près impossible d'établir auquel des époux doit être imputée la priorité du mal ». C'était aussi l'opinion de Tardieu. « La

---

[1] Affaire Raymond-Lassimone. C. d'assises de la Seine, audience du 13 juillet 1892.

question, disait-il, n'est pas en effet de reconnaître l'examen
de la syphilis chez l'un des époux, c'est, est-il besoin de
le dire, d'en déterminer l'origine et de les rattacher l'une
à l'autre par le triste lien de la contagion. Aussi je ne crains
pas de formuler en thèse générale le principe de l'abstention, sous la réserve bien entendu de ces exceptions que
saura démêler la conscience de chacun ». (Cpr. Lyon 4
avr. 1818, D. Rep. V°. sép. de C. p. 911 ; C. de Toulouse,
30 janv. 1821 ; C. de Paris 3 et 9 mars 1883. Le, Droit 10
mars 1883)[1].

(e) L'*aveu*. — L'aveu est la déclaration par laquelle l'accusé reconnaît pour vrai le fait dont on l'accuse. Est-il
admissible comme preuve ou indice de preuve ?

En matière de divorce ou de séparation de corps, l'aveu
comme preuve de l'adultère n'est pas admis, car par l'aveu
les époux pourraient obtenir un divorce ou une séparation
par consentement mutuel. Doit-il en être de même en matière correctionnelle ? La difficulté vient de ce que le jugement correctionnel pourra plus tard être invoqué, comme
chose jugée, pour servir de fondement à la demande en
divorce, de telle sorte que l'aveu, directement repoussé en
cette matière, sera indirectement admis. On ne considère
pas cette raison comme suffisante pour écarter l'aveu en
matière correctionnelle : les juges devront y avoir tel
égard que de raison.

Généralement, l'aveu de la femme pourra être considéré
comme une preuve suffisante. Car, si l'on objecte que la
femme se prépare un divorce ou une séparation volontaire,
on peut répondre qu'elle encourt une condamnation sévère

---

[1] Legrand du Saule : *Traité de médeçine légale,* p. 152 et suiv. voir:
Brouardel. *Le Seçret médiçal.*

et déshonorante, et que dès lors il sera difficile dans bien des cas de révoquer en doute la sincérité de son aveu. Mais l'aveu du mari ne mérite pas la même créance : car le mari n'encourt qu'une peine légère et, dans l'état de nos mœurs, non déshonorante ; il pourrait ne pas hésiter à se procurer, à ce prix, une cause de divorce ou de séparation.

II. Preuves à l'égard du complice

Art. 338. § 2 C. P : « *Les seules preuves qui pourront être admises contre le prévenu de complicité seront, outre le flagrant délit, celles résultant de lettres ou autres pièces par le prévenu.* »

D'après notre article, deux preuves peuvent seules être admises contre le complice (a) le flagrant délit, (b) les écrits émanés du prévenu. Le motif de cette disposition a été, nous dit l'orateur du corps législatif, « d'empêcher que la malignité n'allât chercher des preuves de complicité dans des indices frivoles, des conjectures hasardées, des rapprochements fortuits ».

§ 1 . Flagrant délit.

La première preuve admise contre le complice, et la plus convaincante, est le flagrant délit, mais que faut-il entendre par flagrant délit ? D'une manière générale, on distingue le délit flagrant et le délit non flagrant. Ce n'est pas là une division proprement dite, tirée de la nature des délits, car tout délit, par sa nature, est flagrant et non flagrant ; il n'y a là qu'une vue de l'esprit qui envisage deux états successifs et distincts (*flagrans*, de *flagrare*, brûler) par lesquels passe nécessairement toute infraction. Nous trouvons une définition du flagrant délit dans l'art. 41 du Cod.

d'Instr. cr : « *Le délit qui se commet actuellement ou qui vient de se commettre est un* flagrant délit. *Sont aussi* réputés flagrants *le cas où le prévenu est poursuivi par la clameur publique, et celui où le prévenu est trouvé saisi d'effets, armes, instruments ou papiers faisant présumer qu'il est auteur ou complice, pourvu que ce soit dans un temps voisin de celui du délit* ». Cette définition a été formulée dans le but de modifier les règles générales qui déterminent les rôles respectifs du juge d'instruction et du procureur de la République dans l'instruction préparatoire; elle a pour but de déterminer les cas exceptionnels où les fonctions du juge d'instruction peuvent en l'absence de ce magistrat être remplies par le ministère public.

On s'est demandé s'il fallait avoir recours à cet article, pour déterminer le flagrant délit en notre matière ; et la jurisprudence, en l'invoquant, s'est laissé aller à de déplorables décisions. Nous nous placerons pour l'analyser à deux points de vue bien distincts, que nous y trouvons presque toujours, sinon confondus, du moins mêlés. Le flagrant délit, remarquons-le bien, n'est pas une preuve ; c'est un état de fait, qu'il faut prouver. De là il résulte que deux questions se posent : la première, dans quel état de fait faut-il constater le délit pour qu'il puisse être considéré comme flagrant ? la seconde, par quels modes serons-nous autorisés à constater cet état de fait ?

En ce qui concerne le premier point, l'article 41 nous dit que le flagrant délit est *« celui qui se commet actuellement ou vient de se commettre »*. La constation de la « consommation actuelle » du délit d'adultère, la preuve directe de la copulation charnelle proprement dite *« pudenda in pudendis »* est presque toujours impossible, et ce serait réduire la loi à l'impuissance de la répression que de l'exiger.

Il faut donc dire qu'il suffira, qu'il résulte de l'ensemble des faits que le délit « se commet actuellement ou vient de se commettre ». Si ces idées sont exactes, comment expliquer que la Cour de cassation ait pu décider que : il n'y a pas preuve légale d'adultère résultant du flagrant délit, quand ce délit n'a pas été constaté se commettant ou venant de se commettre, bien qu'il soit établi par témoins que le prévenu a occupé plusieurs jours avec une femme mariée une chambre garnie, qu'il a mangé avec elle et couché dans le même lit et que la chambre leur a été louée comme à mari et femme. (Rej. 23 août 1834 ; D. Rep. V° adult. n° 106 *ni fine*, cpr. Pau, 22 nov. 1844, aff. D... R. P. 45, 2, 101). Heureusement la Cour de cassation n'a pas persisté dans une aussi déraisonnable voie, et, dans un autre arrêt, elle a décidé qu'une femme mariée et son complice, enfermés ensemble dans une chambre, même au milieu de la journée, et surpris par un témoin, la femme sur les genoux du complice, habillés l'un et l'autre, mais dans une attitude et un désordre de vêtements qui ne permettaient pas de douter que l'adultère ne vint à l'instant de se commettre, s'il ne se commettait actuellement, devaient être considérés comme surpris en flagrant délit (Cass. 8 juillet 1864 ; D. P. 72, 5, 17).La loi n'ayant pas défini le flagrant délit, il appartient aux juges du fond de décider souverainement de l'existence de cette circonstance ; cependant les juges feront bien, dans leur souveraineté, de s'abstenir de trop sceptiques décisions qui pourraient compromettre la gravité de leurs arrêts.

Nous arrivons au second point, celui de savoir de quelle manière devront être constatés les faits pour constituer le flagrant délit. Les art. 41 et 32 du Code d'instruction cr. ont pour objet d'accorder au ministère public, à tout officier de police judiciaire le droit de procéder à l'instruction. Est-ce à dire qu'il n'y aura flagrant délit que si les faits sont constatés par les procès-verbaux ? Non. « L'art. 338 n'exige pas que le flagrant délit soit constaté exclusivement par des procès-verbaux émanés des officiers de police judiciaire..., la preuve du flagrant délit peut résulter de la déposition des témoins ordinaires » (Cass. 27 avril 1849, Bull. n° 94 ; adde : Cass. 22 sept. 1837 Bull. ; n° 287). L'art. 41 est donc écarté ; attendez, il va reparaître sous une autre forme. Les témoins pourront disposer des faits qu'ils ont vus, des paroles qu'ils ont entendues, c'est accordé ; mais, pour que le flagrant délit existe, il faut que leur déposition soit faite dans un « *temps voisin de celui du délit* ». Voici une espèce de laquelle il a été décidé ainsi : Dans la nuit du 21 au 22 août 1819, disparition de la femme T... du domicile conjugal. Le 19 septembre suivant, son mari découvre qu'elle s'est retirée chez M... habitant d'une commune voisine, où elle avait été conduite sous le nom de Louise par L... que l'avait fait passer pour une fille enceinte de ses œuvres. Le lendemain 20, plainte en adultère. Le mari offre de faire la preuve du flagrant délit par *des témoins qui attesteront avoir vu les prévenus dans le même lit.* 12 janv. 1820, jugement qui juge les preuves suffisantes a l'égard de la femme, mais écarte la preuve de la complicité en se fondant sur ce que la femme T... *ayant quitté le domicile conjugal depuis 13 jours lors de la plainte, et d'ailleurs n'étant point articulé que L... et la femme T... aient eu des relations ensemble depuis, il s'ensuit que les faits ne présentent point le flagrant délit* etc. (C. d'Angers, 8 mai 1820 ; D. Rep. V° adult. n° 106, note 2). D'autres arrêts ne sont pas entrés dans cette servile application de l'art. 41 et ont décidé qu'il suffit pour qu'il y ait flagrant délit, que l'auteur ait été vu par des témoins au moment où il commettait le délit ou venait de le commettre, et qu'il n'est pas nécessaire que les témoins *aient fait leur déposition dans un temps plus ou moins rapproché de celui ou le délit a eu lieu*; et qu'en-conséquence, le flagrant délit, tant qu'il n'est pas prescrit, peut être établi par les dépositions de ceux qui en ont été les témoins oculaires (Rej. 20 sept. 1823 c. pr. 13 mars 1826, 8 juin 1857 ; D. Rep. n° 107, 108).

Nous ne saurions mieux faire en terminant, que de citer, pour conclure sur les deux points que nous venons d'envisager, deux considérants d'un jugement qui nous paraît contenir la véritable interprétation du flagrant délit exigé par l'art. 338. Le tribunal... 1° considérant qu'il ne faut pas induire de cette expression, le flagrant délit, qu'il soit nécessaire pour que le flagrant délit puisse être opposé au complice, que les témoignages aient été recueillis et constatés, les preuves rassemblées et la conviction du coupable opérée à l'instant même du délit, ce qui serait le plus souvent impossible, surtout puisqu'il faut attendre pour agir la plainte du mari, qu'il suffit que les témoins, en quelque temps qu'ils soient entendus, et toujours après les délais indispensables de l'instruction, déposent de faits tels que le flagrant délit fût évident dans le moment même dont ils parlent, 2° considérant qu'on ne peut raisonnablement opposer que la loi, en parlant du flagrant délit, ait entendu exiger la preuve directe de la copulation charnelle proprement dite, *pudenda pudendis*, que cette preuve presque toujours impossible, réduirait, si elle était requise, l'action de la loi à l'impuissance ;qu'il suffit, mais qu'il est nécessaire que les faits attestés soient tels qu'ils équivalent à la vue du délit, et ne laissent aucun

doute raisonnable sur la consommation actuelle au moment
dont parlent les témoins. Par ces motifs etc... (C. de Bourges,
27 août 1840 ; D. Rep. V. Adult. n° 112 *in fine* note 1).

§ 2 Ecrits émanés du prévenu

L'art. 338 admet contre le complice prévenu d'adultère
outre le flagrant délit, « *les lettres ou pièces écrites par
le prévenu* ».

On entend par *lettres*, les missives envoyées par le prévenu.

Le type de ces lettres, ce sont celles écrites par le prévenu à la femme. « C'est dans ces lettres, en effet, disait
avec raison, quoique avec emphase, l'orateur du Corps législatif, que le séducteur dévoile sa passion et laisse échapper son secret ». — Les lettres écrites par le prévenu à un
tiers peuvent également servir de preuves contre lui (Rouen
2 juin 1853 ; S. 54, 2, 508 ; D. P. 55, 2, 340). — Les télé-
grammes envoyés par le complice ne pourraient faire
preuve : ce ne sont pas des écrits émanés de lui. (C. pr.
Pau, 2 janvier 1898 S. 89, 2, 213 ; D. 89, 2, 134). — Il en
est de même des lettres écrites pour le complice par un
tiers, des lettres écrites par la femme au complice alors
même qu'elles seraient annotées par lui : elles ne peuvent
constituer la preuve écrite de la complicité ; car elles ne
sont pas, comme l'exige l'art. 338, des écrits du prévenu.

Que doivent contenir ces lettres ? Il n'est pas nécessaire
que les relations incriminées y soient avouées d'une manière expresse ; il suffit que de leur ensemble et de leur
teneur il résulte pour la conscience des magistrats la reconnaissance non équivoque de ces relations (Cass. 24 mai
1851. D ; 52,5, 153). Et l'appréciation des magistrats échappe
à toute censure de la Cour de cassation (Cass. 8 juin 1855,
D. 55, 1, 318).

Que faut-il entendre par ces mots « *autres pièces écrites par le prévenu.*   :

On doit considérer nécessairement comme une pièce écrite un acte de naissance signée par le prévenu, après lecture, sur les registres de l'état civil et contenant sa déclaration qu'il est le père d'un enfant issu de la femme convaincue d'adultère, (Paris 11 fév. 1829). Il en est de même de l'acte de reconnaissance d'un enfant adultérin, que le prévenu de complicité a signé comme père de l'enfant (Paris, 13 mars 1826).

La cour de Paris a décidé que l'on ne peut considérer comme pièce écrite par le prévenu de complicité d'adultère l'aveu par lui fait dans un interrogatoire, signé de lui, et qu'il a subi dans un état d'arrestation devant un juge d'instruction, dans une instruction criminelle, parce qu'une pareille déclaration, dans une pareille position, n'étant ni spontanée, ni libre de la part du prévenu de complicité, n'a pas le caractère de liberté morale qui doit présider à des écrits destinés à prouver la complicité d'adultère (Paris, 18 mars 1820 aff-Dumont). On présente en sens contraire une décision de la Cour de Lyon, d'après laquelle le délit d'adultère est suffisamment établi, à l'égard du complice de la femme par un aveu dans un interrogatoire signé de lui, alors même qu'il l'a rétracté à l'audience (24 mai 1868. D; P. 71, 5, 16). Mais il faut remarquer que dans cette espèce, tous les éléments du procès étaient de nature à faire considérer cet aveu comme l'expression sincère et libre de la vérité. De sorte qu'en définitive, d'après la jurisprudence, l'aveu sincère et libre signé du prévenu de complicité, est un écrit au sens de l'art. 338. La jurisprudence est même allée plus loin et a admis que l'aveu pouvait faire preuve, bien que l'interrogatoire ne fût pas signé du prévenu de complicité et constatât seulement que celui-ci avait déclaré ne savoir signer (13 mars 1858 S. 59, 2, 152). Et c'est logique . Si l'aveu libre et sincère dans un interrogatoire signé fait preuve, pourquoi le même aveu dans un interrogatoire non signé, pour cause d'ignorance de l'écriture, ne ferait-il pas preuve ? Cette décision est peut-être contraire au texte de l'art. 338 ; elle est, dans tous les cas, conforme à l'esprit dans lequel cet article a été édicté. Cet aveu n'est pas en effet « un indice frivole, une conjecture hasardée, un rapprochement fortuit ».

CHAPITRE III

SANCTION DE L'ADULTÈRE

Nous étudierons sous cette rubrique :

Section i.— *Le droit de tuer.*

Section ii. — *Les peines proprement dites.*

Section i. — Droit de tuer. (Art. 324, C. Pén.)

Le droit de tuer les adultères surpris en flagrant délit, reconnu sous certaines conditions dans les législations anciennes [1], est devenu dans le Code pénal une *excuse légale*, consacrée par l'art. 324.

Cet article porte, al 2 : « *Dans le cas d'adultère prévu par l'art. 336, le meurtre commis par l'époux sur son épouse ainsi que sur le complice, à l'instant où il les surprend en flagrant délit dans la maison conjugale est excusable* ».

C'est là le célèbre article que des publicistes ont appelé « l'article rouge », l'article du « meurtre légal » [2]. Toutes les fois que se déroule devant les Cours d'assises un reten-

---

[1] Nous ne rappelons pas ici les règles du « Droit de tuer » admises en droit romain et dans notre ancien droit. On les trouvera, dans ce volume, à leur place. Le lecteur lui-même établira la comparaison (Voir   ).

[2] Voir les articles talentueux qui ont paru dans les grands journaux en mai 1892 (affaire Deacon) et en juillet de la même année (affaire Raymond-Lassimonne).

tissant procès de meurtre conjugal suivi d'acquittement, s'élève dans la presse contre la loi sauvage la voix des civilisés. Car l'opinion généralement accréditée dans le monde, et qui subsiste même dans l'esprit de personnes qui ne sont cependant pas restées tout à fait étrangères à l'étude du droit, est que la loi autorise le meurtre commis par l'époux sur l'épouse et sur son complice lorsqu'il les surprend en flagrant délit d'adultère. Erreur profonde ! La loi ne consacre pas un droit, elle accorde une excuse : or l'excuse n'a pas pour effet, comme on pourrait le croire, d'exclure l'imputabilité pénale, elle l'affaiblit seulement et l'efface en partie ; elle réduit la peine à de moindres termes, elle n'efface pas complètement la culpabilité.

Pour comprendre le système de la loi, remontons aux principes sur l'excuse du meurtre en général.

Un principe de notre loi pénale est que la provocation excuse le meurtre. Ainsi le meurtre est excusable dans les deux cas suivants : 1° lorsqu'il a été provoqué par des coups ou violences graves envers les personnes (321) ; 2° lorsqu'il a été commis en repoussant pendant le jour l'escalade ou l'effraction des clôtures, murs, ou entrées d'une maison ou d'un appartement habité ou de leurs dépendances.

Après avoir posé ces règles générales d'excuse du meurtre à l'égard de tous les coupables, le législateur exclut de ces dispositions : 1° le parricide ; 2° le meurtre entre époux.

Le parricide n'est jamais excusable(323).

Le meurtre entre époux n'est pas excusable en règle générale pour cause de provocation. Pourquoi ? parce que, d'après l'exposé des motifs, les personnes obligées par état de vivre ensemble ne doivent épargner aucun sacrifice pour maintenir entr'elles une parfaite union. Cependant le meurtre entr'époux sera excusable dans deux cas particuliers : 1º lorsque la vie de l'époux ou de l'épouse qui a commis le meurtre a été mise en péril dans le moment même où le meurtre a eu lieu ; 2º au cas de flagrant délit d'adultère.

C'est cette dernière cause d'excuse qui seule va faire l'objet de notre attention. Étudions-en les conditions avant d'en analyser les effets.

La loi, d'après l'exposé des motifs, n'excuse le meurtre au cas d'adultère que sous deux conditions : « 1º si l'époux l'a commis au même instant où il a surpris l'adultère ; plus tard, il a eu le temps de réfléchir, et il a dû penser qu'il n'est permis à personne de se faire justice soi-même ; 2º s'il a surpris l'adultère dans sa propre maison. Cette restriction a paru nécessaire. On a craint que si le meurtre commis dans tout autre lieu était également excusable, la tranquillité des familles ne fût troublée par des époux méfiants et injustes qu'aveuglerait l'espoir de se venger des prétendus égarements de leurs épouses ».

Les deux conditions nécessaires pour l'admission de l'excuse légale sont donc : 1º *que le meurtre soit commis au moment où le mari surprend les coupables en flagrant délit* ; 2º *qu'il les surprenne dans sa propre maison.*

1º La première condition peut se décomposer en les points suivants. Il faut qu'il y ait *flagrant délit* ; — qu'il y ait *meurtre* et non assassinat, — que ce meurtre soit commis *au moment même* du flagrant délit.

Le *flagrant délit* dont il s'agit ici ne doit pas être entendu d'une façon aussi large que le flagrant délit défini

---

¹ Cpr. *Flagrant délit*, au chapitre de la preuve (Ch. ıı Sect. 3, ıı·).

par l'art. 41 du C. d'Instr. cr. [1] : « Le délit, dit cet article,
« qui se commet actuellement ou qui vient de se com-
« mettre est un flagrant délit. — Sont aussi réputés flagrant
« délit, le cas où le prévenu est poursuivi par la clameur
« publique, et celui où le prévenu est trouvé saisi d'effets,
« armes, instruments ou papiers faisant présumer qu'il
« est auteur ou complice, pourvu que ce soit dans un
« temps voisin de celui du délit ». Le flagrant délit, tel
que le suppose l'art. 324 a un sens beaucoup plus restreint.
Pourquoi la loi excuse-t-elle le mari meurtrier ? parce qu'elle
suppose que l'*aspect* même du crime le met dans un état
d'emportement et de colère qu'il peut difficilement maîtriser. N'est-ce pas ainsi que l'entendait l'orateur du Corps
législatif, Monseignat, lorsqu'il disait : « Comment ne pas
excuser la pudeur révoltée qui punit l'audacieux dans la
source même de ses provocations ? comment ne pas excuser
l'époux offensé dans l'objet le plus cher à son amour et à
ses affections, qui au moment où il est outragé dans sa
propre maison immole dans les bras du crime l'adultère et
son complice. » Le flagrant délit est donc restreint au cas
où le délit se commet actuellement. Mais il est encore
très délicat de déterminer ce qu'il faut entendre par délit
qui se commet actuellement. La loi romaine exprimait le
flagrant délit par ces mots : *in ipsa turpitudine* ou *in
ipsis rebus Veneris*. Faut-il aller jusqu'à dire qu'il est
nécessaire que les époux soient surpris dans la consommation même de l'acte, dans l'acte lui-même ? Non. Il
suffirait qu'étant donné les circonstances il y ait pour le
mari, non pas simple soupçon, mais certitude que l'adultère
va ou vient de se commettre. Si par exemple les coupables
sont trouvés dans le même lit, *nudus cum nuda*, la colère

du mari n'est pas née de trompeuses apparences, mais d'une certitude aussi complète qu'on peut l'exiger en une aussi mystérieuse matière.

L'excuse, au cas de flagrant délit, s'applique au *meurtre* [1] et non pas à l'assassinat. L'assassinat est le meurtre avec préméditation ou guet-apens. La préméditation consiste dans le dessein formé par le mari, avant l'action, de tuer les coupables s'il les surprend ; le guet-apens consiste dans le fait de susciter le délit, et d'attendre plus ou moins longtemps pour le venger. C'est ainsi que si le mari se cache en un lieu pour attendre la venue des coupables, sachant, d'après les renseignements qu'il possède, qu'ils vont y venir pour commettre l'adultère ; s'il a pris une arme avec l'intention arrêtée de s'en servir, et qu'il s'en serve, il y a assassinat, mouvement réfléchi, non excusable. Mais si, au contraire, le mari soupçonneux s'est caché pour confirmer ses soupçons, pour voir de ses yeux, avec la seule intention de surprendre les coupables et non de les tuer ; si, armé sans dessein arrêté de se servir de l'arme, il est seulement à la vue du crime entré dans une irritation imprévue qui l'a irrésistiblement poussé à frapper, il y a simple meurtre, de premier mouvement, par conséquent excusable.

C'est l'instantanéité de la passion qui est la cause de

---

[1] En ce qui concerne les *coups et blessures* donnés ou faits par le mari sans une intention homicide. La cour d'assises d'Alger (3 mai 1879 ; S. 80, 2, 20), a décidé que l'excuse légale admise par le § 2 de l'art. 324 du Code pénal ne leur est pas applicable... Solution étrange ! le mari tue sa femme en voulant la tuer, il est excusable ; il la blesse mortellement sans intention homicide, il n'est pas excusable. L'étendue, déjà grande de cette étude, ne nous permet pas d'entrer dans le cœur de la discussion. Voir sur la question : *Journ. du dr. cr.* 1830, n° 16, 656).

l'excuse. D'où, il ne suffit pas que, comme nous venons
de le dire, le mari n'ait pas prémédité le crime avant le
flagrant délit, il faut encore, et c'est là ce que nous ajoutons, qu'il ne le prémédite pas après : il faut qu'il tue *au
moment même* où il surprend. Nous n'entendons pas évidemment dire par là que la surprise et le meurtre doivent
être, pour ainsi dire, concomitant, que la main doit frapper
dès que le regard a perçu. L'instantanéité ne peut être
entendue d'une façon aussi absolue : il faut de toute nécessité entre la surprise et le coup un trait de temps. La
durée de ce trait de temps ne peut être fixée *a priori*;
cette durée sera aussi longue que la persistance de la
passion. Si le mari a eu le temps de se reprendre et s'est
repris, la préméditation commence, l'excuse cesse. En
d'autres termes, et si nous ne craignions pas de jouer
sur les mots, nous dirions que le meurtre est excusable
pourvu qu'il soit accompli au moment même où le mari
est *surpris* par la vue du flagrant délit.

2· La deuxième condition exigée pour que le mari soit
excusable est qu'il ait surpris les coupables dans la *maison
conjugale* [1].

Que faut-il entendre par maison conjugale ? La maison
conjugale est « partout où le mari peut contraindre sa
femme à résider et où celle-ci par une juste réciprocité a
le droit de se faire recevoir » Nous avons suffisamment
analysé cette expression (Ch. I, sect. 2) pour pouvoir nous
dispenser d'y insister.

[1] Le juge peut prendre les circonstances atténuantes où il lui plaît ;
il n'en est pas de même de l'excuse. Dans une espèce où l'excuse soumise aux jury n'énonçait pas que le flagrant délit eût été surpris dans la
maison conjugale, la Cour de cassation a cessé dans l'intérêt de la loi,
l'arrêt de la Cour d'assises qui avait admis cette excuse irrégulière.
(Cass. 25 août 1372 Bull. n· 22.

Ce que la loi veutprotéger, c'est en quelque sorte l'honneur du lit nuptial « Je ferai veiller la mort à mon chevet pour défendre l'accès du lit nuptial à l'étranger ravisseur [1] » . Le motif de cette exigence de la loi est d'après l'exposé des motifs, que « on a craint que si le meurtre commis dans tout autre lieu était excusable, la tranquillité des familles ne fût troublée par des époux méfiants et injustes qu'aveuglerait l'espoir de se venger des prétendus égarements de leurs épouses ».

Le mari, *qui a entretenu une concubine dans la maison conjugale*, serait-il recevable à invoquer l'excuse ? Les avis des criminalistes sont partagés. — Pour soutenir que le mari ne peut invoquer l'excuse, on dit que l'art. 324 n'admet l'excuse que dans le cas prévu par l'art. 336, et l'art. 336 déclare que le mari n'est pas recevable à dénoncer l'adultère de sa femme lorsqu'il est convaincu d'avoir entretenu la concubine dans la maison conjugale. Or si le fait d'avoir entretenu une concubine dans la maison conjugale prive le mari de la faculté de dénoncer l'adultère pour le faire punir, comment deviendrait-il excusable de l'avoir puni lui-même ? La raison de décider est la même ; son indignité repousse à la fois l'action et l'exception [2]. — Nous ne sommes pas de cet avis. Qu'on enlève au mari, qui a entretenu une concubine dans la maison conjugale un droit, le droit de dénoncer l'adultère de sa femme, je le veux bien. Mais le meurtre n'est pas un droit ; l'art. 324 consacre une excuse, qui a pour cause l'irritation de sensibilité du mari en face de l'ouvrage. Dès lors, la question n'est pas de savoir si le mari qui tue a ou non le droit

---

[1] Balzac : *Physiologie du mariage.*

[2] Sic ; Chauveau et Hélié, t. ɪᴠ nˑ 147, ep. Blanche, t. ᴠ nˑ 52.

de dénoncer sa femme, mais si, malgré son indignité, l'irritation qu'il a éprouvé en présence du flagrant délit a été telle qu'elle lui a enlevé une partie de son libre arbitre.

Nous n'avons jusqu'ici parlé que du mari meurtrier. Mais le *meurtre commis par l'épouse* sur l'époux et sur la concubine à l'instant où elle les surprend en flagrant délit dans la maison conjugale, serait-il excusable ? Non, d'après les termes même de la loi. Si l'on compare les termes des deux paragraphes de l'art. 324, on voit que le premier qui consacre une excuse pour le cas ou la vie a été mise en péril parle de « l'époux et de l'épouse » tandis que le second, qui a trait à l'excuse au cas d'adultère ne parle plus que du meurtre commis par « l'époux » sur son épouse et sur son complice. Est-ce un oubli de la part du législateur ? Ce n'est pas à penser. Cet article a des attaches très visibles avec les législations anciennes qui accordaient à l'époux un droit, une indulgence ou un pardon, qu'elles ne reconnaissaient pas à l'épouse. Conforme aux traditions, l'art. 324 refuse à l'épouse l'excuse qu'elle accorde à l'époux. Interprètes de la loi, nous en expliquons le texte. Mais nous ne pouvons nous empêcher de nous élever contre cette révoltante inégalité.

Eh, quoi ! la femme n'est-elle pas pétrie de la même matière nerveuse que la nôtre ? n'est-elle pas susceptible des mêmes passions, des mêmes colères, des mêmes vengeances ? on va disant que l'adultère de la femme a des conséquences plus graves que l'adultère du mari. Qu'importent les conséquences ? Ce n'est pas le temps de réfléchir, c'est l'heure de la colère. Ce qu'il faut se demander, c'est dans quel état mental la vue de l'adultère jettera l'un et l'autre époux. Or les données psychologiques

sont les mêmes. Et si elles diffèrent, n'est-ce pas en faveur
de la femme, être de passion, plutôt que de raison ? En
pratique si les jurés, à qui la loi ne demande pas le motifs
juridique de leur conviction, ne suppléaient pas à cette
injustice légale par l'application des circonstances atténuantes, ou même par l'acquittement dans certains cas;
si indulgents pour le mari irrité, ils se montraient sévères
pour la femme jalouse, nous serions tentés de prendre pour
une vérité la spirituelle boutade de Voltaire, dans son
dictionnaire philosophique : « Pour juger valablement un
procès en adultère, il faudrait que douze hommes et douze
femmes fussent les juges avec un hermaphrodite qui eût
la voix prépondérante au cas de partage ».

Nous arrivons enfin aux effets de l'excuse, à la justification et à la critique de l'article 324.

Devant les Cours d'assises, lorsque se déroule un procès
où un mari a tué la femme adultère et son complice, les
jurés acquittent aux applaudissements du public, même
féminin, de l'audience : c'est un *crime passionnel*. Le
soir, les journaux commentent le verdict et chargent sur
la loi : le grand coupable, c'est l'article du « meurtre
légal ». C'est l'article rouge, c'est l'article 324, c'est
lui « le pelé, le galeux d'où nous vient tout le mal ». *Igno-
rantissimi Doctores !* Vous trouvez « sauvages » ces ac-
quittements de meurtres « haïtiens » ? n'incriminez pas
la loi, mais plutôt l'opinion et les mœurs.

Quelles sont, en effet, les conséquences de l'excuse de
l'art. 324? L'acquittement? non. Mais l'emprisonnement
de un à cinq ans.

Tenez, supposons un instant que l'art. 324 n'existe pas.
Un mari surprend la femme et son complice en flagrant
délit d'adultère dans la maison conjugale; il les tue.

C'est un meurtre. Quelle va être la situation du meurtrier devant la Cour d'assises ? Ou les jurés le déclareront coupable de meurtre sans circonstances atténuantes, et la peine sera celle des travaux forcés à perpétuité (304) ; ou les jurés le déclareront coupables de meurtre, avec déclaration de circonstances atténuantes, et la Cour appliquera la peine des travaux forcés à temps ou de la réclusion (304, 463) ; ou enfin les jurés acquitteront. Pas d'autre solution possible.

Maintenant, faisons faire son entrée à l'art. 324, et examinons son influence sur la pénalité. Deux questions seront posées aux jurés, 1º l'accusé est-il coupable de tel meurtre ? 2º ce meurtre a-t-il été commis dans les circonstances et avec les conditions prescrites par l'art. 324 ? En outre la réponse à ces deux questions pourra être suivie de l'application des circonstances atténuantes.

Que va-t-il se passer ?

Les jurés répondent : oui, sur la première question : L'accusé est coupable de meurtre. Non, sur la seconde. Aucune déclaration de circonstances atténuantes ne suit. La peine est celui du meurtre ordinaire, les travaux forcés à perpétuité (304).

Les jurés répondent : oui, sur la première question ; non, sur la seconde ; mais avec déclarations de circons-atténuantes, c'est-à-dire qu'ils écartent l'excuse. Ce sont les travaux forcés à temps ou la réclusion.

Les jurés répondent : oui, sur la première et sur la seconde question, toujours sans déclaration de circonstances atténuantes. Cela signifie : L'accusé est coupable de meurtre ; mais le meurtre est excusable. La peine sera donc celle du meurtre excusable, un emprisonnement de un à cinq ans. (304, 324, 326).

Enfin les jurés répondent : oui, sur les deux questions, et il y a en outre des circonstances atténuantes[1]. Les juges pourront adoucir la peine de l'emprisonnement même au-dessous de six jours ; ils pourront même, s'ils le veulent, y substituer une simple amende qui ne pourra être supérieure à 3000 fr. (463 al. 9 Décr. 27 nov. 1870 ; al. 10 Loi 26 oct. 1888).

Les jurés peuvent aussi, c'est presque inutile à dire, répondre : non, et ce sera l'acquittement.

Et maintenant comparons.

Supprimez l'art. 324 ; c'est pour le meurtrier : les travaux forcés à perpétuité ; ou les travaux forcés à temps, ou la réclusion ; ou l'acquittement.

Introduisez l'art. 324, c'est pour le même meurtrier : ou les travaux forcés à perpétuité, ou les travaux forcés à temps, ou la réclusion, ou un emprisonnement de un à cinq ans, ou un emprisonnement variable qui peut descendre indéfiniment, ou l'amende, ou l'acquittement.

Concluons. Sans l'art 324 les jurés qui trouveraient la peine de la réclusion trop forte seront réduits à acquitter. Avec cet article, on met à leur disposition une échelle de pénalité graduée qui leur permettra de proportionner facilement la peine au degré de culpabilité. Donc, si les jurés acquittent, ce n'est pas l'article rouge qu'il faut incriminer, ce sont les mœurs et l'opinion. Ce n'est pas la loi

---

[1] Appartient-il aux jurés de déclarer, une fois l'excuse admise par lui qu'il y a en outre des circonstances atténuantes, ou à la Cour que doit être laissé le soin de décider s'il en existe ? la question est discutée. (Dans le sens de la déclaration par la Cour V. Cass. 22 juillet 1822 ; S. 33, 1, 43). Quoi qu'il en soit de cette question, il n'est pas douteux que les circonstances atténuantes peuvent encore, après admission de l'excuse, venir adoucir la peine.

qui dit au mari: « Déclare-toi personnellement, au nom de ton maître, le juge et l'exécuteur de cette créature. Ce n'est pas la femme, ce n'est pas une femme; Elle n'est pas dans la conception divine, elle est purement animale, c'est la guenon du pays de Nod, c'est la femelle de Caïn: Tue-la[1] » !

Nous croyons avoir fait justice des injustes récriminations contre la loi. Ce n'est pas cependant que nous la jugions hors de toute critique, et dans le cours de cet examen nous avons fait nos justes réserves. Le jour où, comme c'est notre vœu, le législateur effacera du Code *Pénal* les articles sur l'adultère, nous ne voyons aucun inconvénient grave à ce qu'il maintienne l'art. 324[2], à

---

[1] L'*Homme-Femme* : Alexandre Dumas fils. Cette célèbre petite brochure, au ton apostolique, ne prêche pas seulement le droit au meurtre, mais le droit à l'assassinat de la femme adultère. Dumas, que cette question obsède, y revint en réponse à un article de Monsieur Cuvilliers-Fleury au *Journal des Débats*. (Préface de la femme de Claude). Depuis la rentrée du divorce dans notre loi civile, Dumas s'est encore expliqué sur l'Homme-Femme dans un article du *Figaro* (juin 1892 . Le « Tue-la » avait été, en effet, mal compris. Cependant la pensée de Dumas était très claire: il disait : « Si la loi qui *s'est donné le droit de lier s'est interdit celui de délier et se déclare impuissante*, déclare-toi personnellement, au nom de ton Maître, le juge et l'exécuteur de cette créature ». Avec le divorce, le mari n'a qu'à se délier de l'épouse indigne.

[2] Dans une petite brochure parue pendant que, depuis longtemps déjà, nous travaillions à cette étude, M. Coulon propose au législateur l'abrogation de l'art. 324. Nous avons essayé de retrouver son argumentation au milieu des citations qui la coupent au lieu de la composer, et nous y avons vu les raisons suivantes. La première est celle-ci : cet article « est en réalité un leurre » pourquoi? « parce que les conditions nécessaires qui sont indiquées dans cet article sont tellement complexes et multiples, que dans tous les crimes qu'on nomme *passionnels*, elles ne se trouvent pas ». C'est une affirmation : mais où la preuve? Comment ! on ne trouve pas de mari qui surprenne

la condition toutefois qu'il en réforme la rédaction dans le sens de l'égalité de l'homme et de la femme devant l'excuse. La rédaction suivante pourrait être proposé : « Néanmoins dans le cas d'adultère, le meurtre commis par l'époux sur son épouse, ainsi que sur le complice, et le meurtre commis par l'épouse sur son époux, ainsi que sur la concubine, à l'instant où ils les surprend en flagrant délit d'adultère est excusable [1] ».

sa femme en flagrant délit dans la maison conjugale, et qui, passionnel, la tue ! La preuve, que ces conditions se rencontrent se trouve dans toutes les annales judiciaires. La seconde raison, donnée par l'auteur, est « qu'on ne voit pas pourquoi, si cet article subsiste, on n'accorderait pas à la femme dans les mêmes conditions l'excuse de l'art. 324 ». Nous ferons remarquer que c'est là un argument en faveur de l'égalité de l'homme et de la femme (en quoi nous sommes d'accord), un argument en faveur de l'*extension* de l'article, non de sa suppression. Comme troisième argument : « Nous avons le divorce » Contre ce motif l'auteur se suscite un article entier, s'il vous plaît, de Jules Simon, où il est dit : «... Mettez dans le mari la passion ; supposez-le amoureux et passionné jusqu'à la violence. Croyez-vous qu'au moment où il aperçoit sous ses yeux la preuve du flagrant délit, il va se calmer subitement en disant : J'ai le divorce » A quoi l'auteur ne répond rien, ou croit répondre en disant : « cette excuse est inutile, car *elle ne protège pas*, dangereuse parce que le *droit de tuer* est un encouragement au meurtre ». Non-seulement vous ne répondez pas, mais encore vous vous mettez en contradiction avec vous-même : un *droit* de tuer qui *ne protège pas*. Enfin le dernier argument est que « cette excuse mal comprise et mal connue a été la cause d'un grand nombre de meurtres » c'est le seul argument peut-être exact. Est-il suffisant ? Nous estimons qu'un débat devant les Chambres en vue de la modification de l'article, et non de sa suppression, aiderait à le faire comprendre et mieux connaître, grâce à la publicité des journaux. Nous avons attaché de l'importance à cette discussion parce que c'est le seul point où nous soyons en désaccord avec l'auteur ; en ce qui concerne la suppression des autres articles du Code pénal relatifs à l'adultère, nous sommes en parfaite harmonie. (Coulon : *Le Divorce et l'Adultère*).

[1] Nous faisons disparaître les mots « prévu par l'art. 336 » non-

Section ii. — Des peines correctionnelles ou civiles.

L'adultère est puni de peines correctionnelles, il produit, en outre, des effets civils. § 1 Peines correctionnelles § 2 Effets civils.

§ 1. Peines correctionnelles. (*Action publique*).

Les peines sont différentes à l'égard : (A) de la femme (B) du complice (C) du mari.

(A) Peine à l'égard de la femme.

Aux termes de l'art. 337 al. 1 : « *La femme convaincue d'adultère subira la peine de l'emprisonnement pendan trois mois au moins et deux ans au plus* ». Ainsi l'adultère, considéré comme un crime contre la religion, la société, la famille et puni de peines toujours rigoureuses, n'est plus puni que de peines correctionnelles, encore trop dures : c'est la force de l'opinion qui a produit cette désuétude. Monseignat disait dans son rapport : « Placé dans tous les codes au nombre des plus graves attentats aux mœurs, à la honte de la morale, l'opinion semble excuser ce que la loi doit punir : une espèce d'intérêt accompagne le coupable, les railleries poursuivent la victime. Cette contradiction entre l'opinion et la loi a forcé le législateur à faire descendre dans la classe des délits ce qu'il n'était pas en sa puissance de mettre au rang des crimes ».

seulement pour que cet article n'existerait plus, mais encore parce que leur suppression ferait disparaître la difficulté de savoir si le mari, même lorsqu'il a entretenu concubine dans la maison conjugale est excusable. L'application de ce point serait laissée à la conviction du jury.

L'art. 337 dans son al. 2 porte : « *Le mari restera le maître d'arrêter l'effet de cette condamnation en consentant à reprendre sa femme* ». C'est le droit *de grâce* ou de *pardon*. Ce droit ne doit pas être confondu avec le droit de désistement dont nous avons parlé. Le désistement, rétractation de l'autorisation de poursuivre donnée par le mari au ministère public, est l'arrêt de l'action avant condamnation ; le droit de grâce est l'arrêt de l'exécution de la peine, la remise de la peine après condamnation. Cette faculté, établie par Justinien, se perpétua dans l'ancien droit, et devait trouver place dans le Code pénal.

L'orateur du Corps législatif la fonde sur les idées suivantes «. Par la nature presque privée de ce délit ou plutôt par la puissance domestique dont est investi le mari. Ce dernier restera toujours le maître d'arrêter l'effet de la condamnation prononcée contre sa femme. Il pourra, en la reprenant chez lui se livrer au plaisir de lui pardonner ; il jouira dans toute sa plénitude du droit de faire grâce et de resserrer les liens de l'amour par ceux de la reconnaissance » Les liens de l'amour par ceux de la reconnaissance ! Exagération psychologique sans doute. L'autre excès consisterait à dire que ce droit de grâce est accordé au mari par considération pour lui, parceque la réclusion de la femme l'avait réduit à une « espèce de veuvage ». Il faut dire tout simplement que, *dans quelques cas*, l'exercice du droit de grâce sera conforme à l'intérêt général de la famille.

Car le droit de grâce est subordonné à cette condition que : « *le mari consente à reprendre sa femme* ». Il s'ensuit que si le mari a intenté contre sa femme une action en séparation de corps et une action en adultère, que devant le tribunal civil la séparation ait été accordée et que devant le tribunal correctionnel la femme ait été condamnée, si le mari veut pardonner à sa femme il devra faire tomber en même temps que les effets de la condamnation correctionnelle. les effets de la séparation de corps, car il est obligé de reprendre sa femme. Si le mari avait obtenu non pas la séparation de corps mais le divorce, il semble qu'il ne pourrait pardonner à sa femme qu'après avoir procédé à la célébration d'un second mariage avec elle (art. 296 C. civ). Je n'ai pas besoin de dire que cette exigence de la loi n'empêche pas le mari après le pardon, de s'entendre avec sa femme pour que celle-ci ne réintègre pas le domicile conjugal.

Le droit de grâce ne peut être rétracté. Mais il n'est pas un obstacle à l'exercice d'une nouvelle poursuite.

Le consentement à l'élargissement peut être donné soit devant notaire, soit sur le registre d'écrou (arg. art. 801 Pr. c.), soit de toute autre manière formelle. Le décès du mari n'entraîne pas le pardon : anciennement les tribunaux permettraient aux femmes authentiquées de sortir du couvent après le décès de leurs maris, aujourd'hui des lettres de grâce seraient nécessaires.

La faculté de pardon cesse-t-elle lorsque la femme coupable de deux délits a été condamnée pour un seul, celui autre que l'adultère par application de l'art. 365-2°, du Code d'instruction criminelle, qui porte : « En cas de conviction de plusieurs crimes ou délits la peine la plus forte sera seule prononcée ? » Par exemple la femme est poursuivie pour adultère et pour blessures volontaires ; conformément à l'art. 365 du C. instr. cr. le tribunal applique, non pas la peine de l'adultère (337, C P.), mais celle des coups et blessures (311, C. P.). Le mari ne doit pas évidemment pouvoir faire grâce de toute la peine ; mais ne pourrait-il

pas demander à faire grâce d'une partie, en proposant de
déterminer par une espèce de ventilation dans quelle mesure l'adultère a contribué pour sa part à la gravité de la
peine prononcée? L'équité semble l'exiger ; la loi s'y oppose. La cour de Metz a décidé qu'il n'y a pas lieu, en
pareil cas, à distinguer la partie de la peine encourue à
raison du délit de blessures volontaires de celle prononcée
à raison de l'adultère pour autoriser le mari à faire grâce
de cette dernière partie de la condamnation, une telle distinction serait contraire à l'art. 365. (Metz. 4 juillet 1825;
D. *Rep. V. adult.* n° 123).

(B). Peines à l'égard du complice.

Aux termes de l'art. 338 C. P. : « *Le complice de la
femme adultère sera puni de l'emprisonnement pendant
le même espace de temps et en outre de l'amende de* 100
à 2000 *francs* ».

Les mots « pendant le même espace de temps » ne signifient pas il est à peine besoin de le dire, que les juges doivent appliquer à la femme et au complice une peine égale.
La culpabilité peut avoir des degrés divers ; le complice
peut avoir été le séducteur, il peut avoir été séduit. Les juges
pourront, d'après le degré de culpabilité graduer la peine
et punir différemment la femme et le complice. Ces mots
« pendant le même espace de temps » ont été employés
par le législateur pour éviter une répétition et signifient
seulement que la peine infligée au complice devra varier
entre le maximum de deux ans, et le minimum de trois
mois. Les mots « en outre » qui indiquent que l'emprisonnement et l'amende doivent être cumulés n'empêchent pas
que par application de l'art. 463, C. P. l'une de ces deux
peines seule soit prononcée.

Droit de pardon. — L'art. 337, al. 2 accorde au mari le droit d'arrêter l'effet de la condamnation, à l'égard de la femme, en consentant à la reprendre. Cette disposition exceptionnelle doit-elle être étendue, par incidence, au complice, ou, en d'autres termes, lorsque le mari pardonne à sa femme, ce pardon aura-t-il pour effet d'arrêter l'exécution de la condamnation à l'égard du complice? Non. L'article 337 consacre une exception à la stricte exécution des jugements, cette exception doit être restreinte aux strictes limites fixées par la loi. Dans le cas de désistement de la plainte, nous avons adopté une solution contraire et décidé que si le mari se désiste de la plainte à l'égard de la femme, ce désistement arrête aussi l'action à l'égard du complice. Voici la raison de ces so·lutions contraires : le désistement du mari est fondé sur une présomption d'innocence de la femme, et, pour punir le complice, il aurait fallu prouver la fausseté de cette présomption ; mais le pardon de la femme ne doit pas entraîner le pardon du complice, parce que ce pardon a pour but la réunion des époux, et que l'exécution de la peine contre le complice n'est en rien un obstacle à cette réunion, au contraire. C'est dans ce sens que la question à été décidée par la Cour de cassation (17 janv. 1829. Bull, cr. p. 29. Cass. 29 avril 1854. Sic: Chauveau et Hélie t. IV, nᵒ 1663 ; Blanche t. V, nᵒ 197 ; Ledru-Rollin, Rép. Journ. du Palais, nᵒ. 199).

(C). Peines à l'égard du mari.

Aux termes de l'article 339 C. P. : « *Le mari qui aura* « *entretenu une concubine dans la maison conjugale...* « *sera puni d'une amende de cent à deux mille francs* »:

Les législations anciennes ne punissaient pas l'adultère du mari ; le Code pénal est venu déroger aux traditions. « Après avoir assuré, dit Monseignat, une garantie à l'époux, il était juste d'offrir à l'épouse délaissée, sinon une réciprocité entière, désavouée par la nature des choses et la différence des résultats de l'adultère dans les deux sexes, au moins un moyen à la femme pour soustraire à ses regards la présence et le triomphe de sa rivale ». Le but est louable, mais une amende de cent à deux mille francs pour arriver à ce but, est-il un moyen bien efficace ?

Le droit de pardon, accordé par l'art. 337 au mari à l'égard de sa femme, ne doit pas être accordé à la femme à l'égard du mari. La femme aurait, à notre avis, le droit de se désister avant condamnation, mais, la condamnation prononcée, elle n'aura pas le droit de faire grâce. Ce pardon priverait le fisc de la perception d'une amende ; voudriez vous donc qu'on abandonnât les droits du fisc ? Sérieusement, le droit de pardon du mari ne doit pas être étendu à la femme parce que ce droit a été édicté pour favoriser la réunion des époux et qu'on ne voit que difficilement, comment le non paiement de l'amende par le mari pourrait favoriser cette réunion.

La concubine, dans le système de la jurisprudence devra par application des règles générales de la complicité être punie des mêmes peines que le mari : cent à deux mille francs d'amende. Les autres complices, ceux qui ont favorisé l'accomplissement du délit, seraient passibles des mêmes peines que les auteurs principaux, par conséquent punis de peines différentes suivant qu'ils ont favorisé l'adultère de la femme ou celui du complice (V. ch. I, sect. III).

Terminons en disant que les règles générales d'atténuation et d'aggravation des peines sont applicables en notre matière[1].

§ 2. Effets civils de l'adultère.

(A) De l'action civile en dommages-intérêts.

Tout délit peut, en principe, donner naissance à deux actions : une action publique, une action civile (art. 1er, Instr. cr.). Le délit d'adultère peut-il donner lieu de la part de l'époux outragé à une action civile en dommages-intérêts contre l'époux coupable ou son complice ? Les auteurs sont sur cette question de sentiments divers.

Les uns ne veulent voir dans l'adultère que la cause d'un *dommage purement moral, impossible à évaluer* et surtout à réparer pécuniairement, et ont considéré, une telle réparation plutôt comme une offense aux mœurs que comme une satisfaction de la morale outragée. « La loi, dit Carnot, n'accorde de dommages-intérêts au mari ni contre sa femme, ni contre son complice : elle fait uniquement perdre à la femme les avantages que le mari lui aurait fait ; il serait honteux au mari, dans nos mœurs,

---

[1] Circonstances atténuantes. L'art. 463 du C. P. qui règle l'application des circonstances atténuantes, s'applique à tous les cas prévus par le Code pénal ; par conséquent les peines établies par les art. 336, 337, 338, 339 du C. P , lorsqu'il existe des circonstances atténuantes (telles que les mauvais traitements, l'inconduite du mari, l'extrême misère) doivent être modifiées conformément à cet article. La Cour de Lyon a statué en sens contraire, le 29 avril 1828 (S. 28, 2, 185 ; D. P. 28, 2, 14) : elle se fonde sur ce que le préjudice causé par ce délit est inappréciable, puisque l'adultère est un outrage tout à la fois à la loi, à la morale publique et à la religion (V. Réfut. Pand. fr. n°273).

Récidive. L'adultère, faute d'un texte exceptionnel au profit du coupable de ce délit est passible de l'aggravation des peines résultant en droit commun de la récidive (Pand fr. n° 280 et suiv. arrêt 1842),

d'en exiger du complice » (Carnot, 22 sur l'art. 336, observ. 6).

D'autres semblent distinguer le *mal moral* et le *préjudice pécuniaire*, et s'ils dénient une action en réparation du déshonneur, ils accordent du moins cette action, en réparation d'un dommage réel évident. « La loi, dit Bedel, n'accorde pas expressément au mari le droit de demander des dommages-intérêts au complice à titre de réparation de son déshonneur, que l'argent ne réparerait pas [1]. Mais il pourrait en réclamer si, par exemple, l'éclat d'un procès lui avait causé un *préjudice réel* en le forçant à changer de résidence » (Bedel n° 65).

Enfin certains auteurs paraissent ne pas faire cette distinction, et vouloir accorder *dans tous les cas des dommages-intérêts*, qu'ils considèrent, non seulement comme une réparation légitime, mais encore comme un moyen d'intimidation destiné à exercer sur les mœurs publiques une influence efficace. C'est un vrai plaidoyer en faveur de cette opinion que nous offrent Chauveau et F. Hélie. « Lorsque, par suite d'un duel, une famille perd son soutien, son appui, la jurisprudence lui accorde des dommages-intérêts. Cependant le duel est un combat où chacun risque sa vie; celui qui se bat en duel est protégé par ce qu'on appelle le point d'honneur. Mais l'adultère qui cherche l'ombre, l'adultère qui ne craint pas de blesser un époux dans son amour-propre, sa propriété, son amour, comme dit Monseignat, l'adultère qui viole tous les droits, qui cause un préjudice tellement grave qu'on a été jusqu'à soutenir que ce préjudice ne peut être réparé parce qu'il

---

[1] « La trahison de la femme assassine moralement le mari ». Michelet. *L'amour*.

est irréparable; l'adultère qui a jeté le trouble au sein des familles, qui a souvent armé la main des époux, l'adul tère ne verrait pas sa fortune exposée à réparer le crime qu'il commet. Que les tribunaux sachent appliquer avec sévérité un châtiment qui paraîtra pénible ; qu'ils condamnent à des dommages-intérêts ; ce sera pour la victime une triste compensation; mais il y aura privation pour le coupable ». (Chauveau et Hélie T. iv, n° 664), Cpr. Dalloz Rép. v. adult n° 125). Bien triste compensation en effet! Et ce sont là des mœurs anglaises : *criminal conversation, damages* 150,000 fr. ! [1].

Évidemment les juges devraient repousser les demandes présentées par esprit de lucre et de spéculation et résultant d'un concert frauduleux.

C'est ce dernier système que consacre une jurisprudence imposante.

(Aix 27 janv. 1829 ; S. 29, 2, 140 ; D. P. 29. 2. 196 ; Cass. 5 juin 1829. S. 29, 1, 365 ; D. P. 29. 2. 196 ; Poitiers 4 févr. 1837. S. 37, 2. 293 ; Paris 8 juin 1837. D. P. 37, 2. 154 ; Cass. 22 sep. 1837 ; S. 38, 1, 331 ; Besançon 1er févr. 1866 et 10 juillet 1866. D. P. 66. 2. 336 et la note. Rennes 22 févr. 1869. D. P. 73. 1. 210 ; Douai 4 mai 1887. Rep. anal. 1888 n° 215 bis).

La jurisprudence se fonde sur l'art. 1382 du C. civ. et les art. 1 et 3 du C. d'Instr. crim. ; les dispositions de ces

[1] En 1816, l'héritier d'une des premières familles d'Angleterre fut, pour une conversation criminelle, condamné à 150.000 fr. de dommages-intérêts. En Angleterre, l'adultère n'est pas réprimé par la loi pénale comme crime : *Adultery is not puissable by our law as a crime*, dit Stephen ; il ne donne lieu qu'à une action en dommages comme *civil injury* (Stephen. *Comment on the laws of England*. *Ed.* 1874 t. iii, p. 438 et) ssq

articles sont générales, et l'action en réparation civile ne peut être restreinte aux dommages-intérêts matériels. Le seul obstacle à l'action serait la spéculation honteuse.

La jurisprudence, non seulement accorde à l'époux offensé une action en indemnité, mais encore sanctionne toute réparation accordée spontanément par l'époux adultère ou son complice. C'est ainsi que l'obligation souscrite au mari par un complice d'adultère comme réparation du préjudice causé à une cause licite et doit être exécutée (Paris, 19 mai 1843; D. 43, 2, 101; Caen 9 avr. 1853; S. 54. 2, 30). C'est ainsi encore qu'a été jugé valable un engagement contracté par la femme au profit du mari et de ses enfants légitimes pour réparer le préjudice causé par l'adultère, alors que cet engagement avait été contracté par elle en vertu d'éviter une condamnation et comme condition du désistement de la plainte portée par le mari contre elle. (Cass. 20 juillet 1870. D. P. 70. 1. 333)[1].

Cette jurisprudence n'est pas attaquable en principe; mais nous pensons que, dans une matière aussi délicate, les juges ne devront se servir de cette arme, l'art 1382, qu'avec beaucoup de réserve et de scrupule. Le sentiment moral doit l'emporter dans ces affaires sur la rigueur ou la subtilité du droit.

[2] Nous n'avons envisagé que l'action du mari au cas d'adultère de la femme. Les mêmes solutions doivent être données relativement à la femme au cas d'adultère du mari. La femme pourra se porter partie civile contre son mari, mais à la condition préalable de s'y faire autoriser par lui ou par justice. (Paris 26 avr. 1872 Rec. arr. Paris 1872 p. 356).

(B) **Autres Effets Civils**.

1º *Cause de divorce et de séparation de corps. Obstacle après divorce au mariage avec le complice*

L'adultère est une cause de divorce et de séparation de corps, art, 229 C. civ. Le mari pourra demander le divorce pour cause d'adultère de sa femme art. 230 C. civ. La femme pourra demander le divorce pour cause d'adultère de son mari. (L. 27 juillet 1884). L'art. 306 étend ces disposition à la séparation de corps. Le Code civil distinguait entre l'adultère du mari et celui de la femme, et exigeait pour que la femme put demander le divorce pour cause d'adultère de son mari que celui-ci eût entretenu une concubine dans la maison conjugale. La législation civile était en harmonie avec la législation pénale. La loi du 27 juillet 1884 a supprimé cette condition et assimilé au point de vue du divorce l'adultère du mari et celui de la femme.

Le divorce est prononcé pour cause d'adultère *l'époux coupable peut-il se remarier avec son complice*? Adopter la négative c'est déclarer que le scandale ne pourra cesser ; mais adopter l'affirmative c'est encourager la formation de relations adultères par l'espoir dangereux de la régularisation future de ces relations. Cette considération a prévalu aux yeux du législateur et il a adopté la négative L'art. 298 porte : « Dans le cas de divorce admis en justice pour cause d'adultère l'époux coupable ne pourra jamais se marier avec son complice. » Ce complice sera connu soit par un jugement correctionnel qui aura précédé l'instance en divorce, soit par un procès-verbal de flagrant délit sur lequel sera fondée la demande, soit par des procès-verbaux d'enquête faits pendant l'instance, soit par le jugement de divorce qui peut mentionner dans les motifs de la décision le nom du complice révélé par les débats. C'est en un mot dans les pièces de la procédure que l'officier de l'état civil devra puiser ses informations il ne pourrait se livrer sur le passé des fiancés qui se présentent à lui à une sorte d'enquête-privée. Le droit-de -former opposition n'appartient qu'aux personnes indiquées par l'art. 173, C. civ. c'est-à-dire au père, à son défaut à la mère, ou à leur défaut aux aïeuls et aïeules. L'époux a-t-il le droit de former opposition? affirmative (Dieppe 26 janv. 1890, S. 90, 2, 200), négative (Foix Gaz. Pal. 86, 2, 487). Cette prohibition ne constitue qu'un empêchement prohibitif. Le mariage une fois contracté reste valable. Dans la pratique, les mariages faits au mépris de cette prohibition de la loi seront infiniment rares : car l'adultère, qui commence toujours par un mensonge, finit le plus souvent sur une haine.

Faut-il appliquer la prohibition de se remarier avec le complice au cas de séparation de corps prononcée pour cause d'adultère ? Oui, disent les uns [2], car les motifs sont identiques ; motifs de décence et de moralité. Non, disent les autres [3], car les motifs ne sont pas identiques. Qu'a voulu le législateur ? empêcher que l'époux adultère ne cherchât dans sa propre honte un moyen de dissoudre le mariage dans lequel il était engagé, de se rendre libre de contracter une union scandaleuse. Le danger n'est plus à craindre quand il s'agit de séparation puisqu'elle ne brise pas le lien conjugal ; le mariage subsistant, l'époux ne peut plus spéculer sur sa propre honte. J'avoue ne pas comprendre : notre question ne se pose en effet

[1] Huc. *Comm. th. sc. du pr. C. civ.* S. 2, n· 400.
Delvine. t. i, p. 64 note 6.
[3] Cpr. Laurent t. ii, n° 167.

qu'au cas où le décès à suivi la séparation de corps, le
mariage n'existe donc plus, et l'époux peut spéculer sur
sa propre honte. Du reste pourquoi la séparation de corps
a-t-elle été prononcée et non pas le divorce ? parce que
l'époux offensé n'a pas demandé le divorce. Ce fait em-
pêche-t-il l'époux coupable d'avoir spéculé sur sa propre
honte ?

Non, ce n'est pas parce que les motifs sont différents
qu'il faut repousser l'extention de l'art. 298 à la séparation de corps. Ils sont les mêmes. Il faut repousser cette
extention, parce que les empêchements sont de droit strict
et qu'il ne peuvent être étendus d'un cas à l'autre, fût-ce
par identité de motifs. D'ailleurs le texte même du Code
repousse cette extension. L'article 298 commence par
établir cette prohibition de mariage, puis ajoute contre
la femme la peine de la réclusion. Eh bien, l'art. 308
reproduit cette seconde disposition pour la femme séparée
de corps, et omet la première. N'est-ce pas décisif. (adde
l'art. 331 C. civ.) [1].

2° *Action en désaveu.*

L'adultère de la femme peut devenir l'une des bases
sur lesquelles se fondera l'action en désaveu de paternité.
L'art. 313 porte : « *Le mari ne pourra en alléguant son
impuissance naturelle désavouer l'enfant : il ne pourra
le désavouer même pour cause d'adultère à moins que la
naissance ne lui ait été cachée auquel cas il sera admis à
proposer tous les faits propres à justifier qu'il n'en est
pas le père* » Nous ne faisons qu'indiquer cet effet de

---

[1] C. de Toulouse 10 juin 1852 ; D.P. 1852, 2, 69 Cpr. Rep. V. *adult.*
n° 135 ; Démol. t. III, p. 172, n° 125.

l'adultère ; l'étude complète des difficultés qu'a soulevées l'interprétation de cet article nous entraîncrait trop loin, et du reste ne rentre pas dans notre cadre [1].

3° *Donations et legs.*

Les effets de l'adultère sur les donations et les legs comprennent deux questions (*a*) Les libéralités entre conjoints peuvent-elles être révoquées pour cause d'adultère (*b*) Les libéralités entre concubines sont-elles valables ?

a) *Libéralités entre époux.* — L'adultère fait tomber les libéralités faites à l'époux coupable lorsque le divorce ou la séparation de corps sont prononcées. L'art. 299 porte : « *L'époux contre lequel le divorce aura été prononcé perdra tous les avantages que l'autre époux lui avait faits, soit par contrat de mariage, soit depuis le mariage* ». Cette disposition s'étend à la séparation de corps. Ses termes impératifs démontrent que la déchéance qui en résulte est attachée de plein droit par la loi elle-même à la sentence qui prononce le divorce. Mais l'époux qui, à la suite de l'adultère n'a pas demandé le divorce, peut-il demander tout simplement la révocation de ces donations pour cause d'ingratitude ?

La raison de douter vient de l'art. 959 d'après lequel les donations en faveur du mariage ne sont pas révocables pour cause d'ingratitude ; or les donations entre époux sont manifestement comprises dans cette dénomination générale. On a répondu que les motifs de l'art. 959, ne peuvent recevoir d'application qu'en ce qui touche les libéralités faites par les tiers aux deux conjoints. Cet article a pour

---

[1] Voir Demol. *Paternité et filiation* ; Aubry et Rau 3e éd. t, IV ; Demante 2 ; et les auteurs de *Droit civil.*

but d'empêcher qu'une révocation motivée pour cause d'ingratitude n'atteigne en réalité l'autre conjoint et les enfants. « Or ces motifs sont inapplicables aux libéralités faites par l'un des époux à l'autre. Là révocation contre l'époux ingrat n'atteindra, ni l'autre époux au profit duquel elle s'accomplira, ni les enfants qui n'ont pas d'intérêt à ce que tel bien soit dans le patrimoine de l'un des auteurs de leurs jours, plutôt que dans le patrimoine de l'autre[1] ».

L'adultère serait donc une cause de révocation des donations. (art. 955. C. civ.). Cette solution est généralement admis en doctrine, et a définitivement prévalu en jurisprudence[2].

b) Libéralités entre concubins. — Le concubinage même accompagné d'adultère, ne produit pas d'incapacité absolue de donner et de recevoir (Montpellier 23 mars 1824, S. 24, 2, 275 ; Paris, 17 juillet 1826 ; S. 29,2,104). Cependant la nullité des libéralités entre concubins peut être prononcée s'il résulte des circonstances que le testateur ou le donateur était « courbé sous le joug impérieux de sa concubine» qu'il était dominé par une influence telle que son testament ou sa donation ne saurait être considéré comme l'expression vraie, libre et réfléchie de sa volonté. C'est, en un mot, l'application de l'art. 901 du Code civil : « *Pour faire une donation entre-vifs ou un testament il faut être sain d'esprit* » (Lyon, 25 mars 1935; S. 35,2,241 ; Amiens 20 juillet 1887 Journ. aud. Amiens 1888 p. 15).

---

[1] Demol. t. IV, n⁰ 523 et 528.

[2] Dalloz. Rep. V. *Divorce* n⁰ 388 et suiv. Suppl. n⁰ 579 ; autorités et décisions citées.

En sens contraire : Huc, *Tr. th. et pr* de dr. civ. t. 2 n⁰ 412 ; réfutation de la doctrine précédente fort ingénieusement présentée.

4° *Déchéance de la puissance paternelle.*

L'art. 2, § 6 de la loi du 24 juillet 1889 « sur la protection des enfants maltraités ou moralement abandonnés » décide que : « Peuvent être déclarés déchus de la puissance paternelle... 6° « En dehors de toute condamnation, les père et mère qui, par leur ivrognerie habituelle, leur *inconduite notoire et scandaleuse* ou par de mauvais traitements, compromettent soit la santé, soit la sécurité soit la moralité de leurs enfants ».

5° *Incapacité d'être tuteur.*

L'art. 444 C. civ. porte : Sont aussi exclus de la tutelle, et même destituables s'ils sont en exercice 1° *Les gens d'une inconduite notoire...* » Par application de cet article, la condamnation pour adutère pourrait entraîner l'incapacité d'être tuteur ou tutrice.

6° *Incapacité d'être instituteur ou institutrice.*

La loi du 15 mars 1850 « Sur l'enseignement » (art. 26) déclarait incapables de tenir une école publique ou libre, les individus condamnés pour « *délit contraire aux mœurs* ». La loi du 30 octobre 1886 « sur l'organisation de l'enseignement primaire », loi qui a aboli la précédente a reproduit la disposition de l'art. 26 dans son article 5 « : Sont incapables de tenir une école publique ou privée ou d'y être employés, ceux qui ont subi une condamnation judiciaire pour crime ou pour *délit* contraire à la probité ou *aux mœurs...* » C'est par les art. 9. 11, 12, du décret du 4 décembre 1886 qu'est régie la procédure de cette interdiction.

7° *Incapacité d'être juré (en Algérie).*

C'est la loi du 21 novembre 1872 qui règle la composition du jury en France ; l'art. 2, § 5 édicte les incapacités d'être juré, et parmi les causes d'incapacité figure la condamnation pour attentats aux mœurs prévus par les art. 330 et 334 du Code pénal ; mais non la condamnation pour adultère. Mais si c'est la loi du 21 novembre qui règle la composition du jury métropolitain, c'est le décret du 7 avril 1848 qui règle celui du jury algérien. Et ce décret porte : art. 2, ne peuvent être jurés : Les individus condamnés pour *attentats aux mœurs...* » Or l'adultère est un attentat aux mœurs. Il faut donc décider qu'il est une cause d'incapacité d'être juré en Algérie. (cpr. Cass. 31 juillet 1884; S. 85, 1, 188, Cass. 24 févr. 1881, S. 82, 1, 382, V. la *Loi* 9 nov. 1884).

8° *Incapacité au point de vue des Droits politiques (abrogée).*

La loi électorale du 8 février 1849 (art. 3) interdisait le droit d'être électeur à ceux qui avaient été condamnés pour « attentat aux mœurs prévu par l'art. 334 du Code pénal ». La loi du 31 mai 1850 alla plus loin et l'art. 11 portait : « Seront rayés de la liste électorale à la requête du ministère public et pour un temps qui ne pourra être moindre de 5 ans ni excéder 10 ans, et dont la durée sera fixée par le tribunal, les individus qui auront encouru une condamnation pour les délits prévus par les art. 338 et 339 du Code pénal ». Ainsi les condamnés pour adultère ne pouvaient être électeurs et par conséquent élus. Disposition proposée par M. Nettement et adoptée malgré l'opposition du Gouvernement et de la commission. Le décret

du 2 février 1852 (art. 15) ne reproduisit pas cette disposition. Depuis ce décret, la condamnation pour adultère
laisse intacts les droits politiques des condamnés [1].

[1] On sera peut-être étonné de ne pas trouver à la fin de cette étude
un chapitre spécial consacré à la *législation comparée*. Nous avons
cru devoir, après examen, nous en dispenser pour la raison suivante :
Une étude n'a de valeur réelle qu'autant qu'elle puise directement aux
sources, et spécialement une étude de législation comparée n'a de
valeur qu'autant qu'elle s'élève à de hautes synthèses mûrement ré-
fléchies : or, pour un tel travail, la science et la force nous manquent. Devions-nous alors, après avoir consacré un long et conscien-
cieux travail au droit romain et au droit français, réunir en un petit
nombre de pays les législations d'Allemagne, Autriche, Hongrie, Angleterre, Danemarck, Espagne, Pays-Bas, Italie, Russie, Suède. et,
non contents, celles de Chine, Japon, Etats-Unis, Brésil etc. etc.. ?
C'eût été un étalage de fausse science que nous eussions puisée dans
nos répertoires de Droit (Pand. fr. V° adult. ch. vII; Dalloz, Rep.
V. adul.,Rep. alphabétique v° adul. ch. vII). Cette besogne de copiste
nous a répugné. Que le lecteur nous pardonne.

CONCLUSION

Au début de cette étude, historique et pratique, sur le crime ou le délit d'adultère, nous nous demandions, si, dans l'état actuel de nos mœurs et de nos idées, les articles du Code qui le sanctionnent ne devraient pas être rayés de nos lois pénales. Arrivés au terme, nous nous posons la même question.

On nous objecte : L'adultère porte atteinte à la sainteté du mariage et ébranle la société dans sa base ; il dissout les affections de la famille ; il brise la famille elle-même ; il déprave et corrompt les mœurs, il allume les haines, soulève les vengeances, il devient l'une des causes des crimes les plus odieux. Et c'est ce crime que vous voudriez laisser impuni !

Nous répondons : Le mal que cause un acte est ou un *mal moral* ou un *mal social*. Si le mal est simplement moral, l'acte est hors du domaine de la loi ; si le mal est social, l'acte relève de la législation extérieure. Mais dans ce dernier cas : ou le mal social n'est réparable que par une peine, et alors la loi pénale doit incriminer l'acte ; ou le mal est réparable par des sanctions civiles, et alors le législateur excède ses pouvoirs en le déclarant délit pénal.

L'adultère est un *mal moral*. Mais en tant que mal moral, il relève de la conscience et de la religion, ou, si l'on aime mieux, de la justice morale ; il ne relève pas du Droit. Car, quel est le but de la justice morale ? « C'est le

rétablissement de l'ordre troublé par un acte immoral.
Comme s'opère ce rétablissement? Par l'expiation de la
faute. Cette expiation est la rétribution, dans une juste proportion, du mal pour le mal. Est-ce là la mission de la
justice sociale? est-elle chargée, par une délégation de la
justice éternelle, d'en faire régner et appliquer les lois?
a-t-elle le pouvoir d'éxiger des coupables l'expiation de
leurs délits? L'expiation qui, selon Leibnitz, est le « rétablissement de l'ordre par le châtiment », est, en d'autres
termes, la faute rachetée par la souffrance, le crime réparé
par la peine. Elle s'opère par l'infliction d'une douleur
égale à l'intensité de la faute ; elle s'opère par les regrets et
les larmes, par une épuration vraie des mouvements de
l'âme. L'ordre est rétabli et l'expiation est entière quand
le coupable reconnaît son égarement et le déplore, quand
il manifeste son repentir, quand il s'efforce d'effacer la
trace de son crime et d'en réparer les effets : Est-ce là
l'expiation que la justice humaine peut poursuivre? Évidemment nón [1] ». Il faut donc écarter ce chef d'accusation,
à savoir que l'adultère est un crime contre la morale.

Mais l'adultère est plus qu'un mal moral ; c'est un *mal
social*. Et le législateur a le droit et le devoir de se demander, en présence de ce mal, par quels procédés il convient de le réprimer. Deux moyens s'offrent à lui : une
répression *pénale*, ou une sanction *civile*.

La sanction pénale ne peut être légitime qu'autant qu'elle
est utile. « Ce qui justifie la peine, dit Bentham. c'est son
utilité, ou pour mieux dire sa *nécessité* ». C'était aussi
l'opinion de philosophes, tel que Platon, Cicéron, Sénèque;
de publicistes, tels que Hobbes, Locke, Puffendorf, Mon-

---

[1] Ch. et F. Hélie. *Droit criminel*. T. i, Ch. 1, p. 5.

tesquieu, Beccaria: de praticiens, tels que Muyard de Vouglans, Jousse, Serpillon. La loi se propose en établissant la peine de corriger le coupable et d'empêcher qu'il ne retombe dans le même crime; d'assurer l'ordre public en détournant les autres par la crainte du châtiment de commettre des crimes semblables. Ce but de la loi est-il atteint, l'a-t-il jamais été, par les pénalités de l'adultère? Si en étudiant l'évolution de ce crime, comme *phénomène juridique*, nous l'avions parallèlement envisagé comme *phénomène social*, nous aurions continuellement constaté l'impuissance de la loi. Les législations antiques en font un *crime*; le Code pénal est forcé de le descendre au rang des *délits*; les Codes modernes vont être obligés de ne le considérer que comme une *injure civile*. C'est ainsi que cela se passe en Angleterre. Le Code de Genève a suivi [1]. Le projet de Code pénal des Pays-Bas est entré dans la même voie. La commission, dans son exposé des motifs, déclare que toutes les peines prononcées contre l'adultère sont insuffisantes ou injustes. Ou bien le délit se poursuit d'office, et alors les dangers de scandale dépassent de beaucoup celui que ce délit fait courir à la société; ou bien, on abandonne la plainte au conjoint lésé, et alors le châtiment se mesure, non plus sur la culpabilité du prévenu, mais sur l'humeur plus ou moins irritable du dénonçant. Les plus grands scandales restent impunis tandis que des fautes relativement légères, entraînent leurs auteurs en police corectionnelle. Enfin la peine de l'adultère, au juger de la commission, n'a aucune efficacité et ne suffit pas à retenir ceux que n'arrêtent pas d'ailleurs des considérations d'un ordre plus élevé. Le ca-

---

[1] Lanfranc de Panthou, *Etudes de législation comparée.*

ractère aléatoire lui-même de la peine lui enlève même le peu d'effet qu'elle peut avoir. Dans l'état des mœurs, le problème d'une juste et utile répression de l'adultère est impossible, et, en pareille matière, la loi sera toujours impuissante et superflue [1].

C'est bien là aussi notre sentiment. La *prophylaxie* et la *thérapeutique* de l'adultère, pour parler comme les sociologues, ne réside pas dans la loi pénale, mais dans les mœurs elles-mêmes : « *Quid leges, sine moribus?* ».

Puisque la peine est inutile, inutile et injuste, il faut le supprimer. L'état de nos mœurs et de nos idées l'exige.

La loi doit se mettre à l'unisson. Le législateur du Code pénal n'a-t-il pas fait des concessions à l'opinion, en n'accordant pas au ministère public, pourtant chargé du maintien de l'ordre social, le droit de poursuivre ce délit en quelque sorte privé ; en confiant à l'époux trompé le soin de sa vengeance, cette triste jouissance des âmes basses ; en lui laissant après la condamnation le droit de pardon ; en mettant à la marche ou à l'exercice de l'action une multitude d'entraves, en diminuant la peine? Le législateur de 1884 n'a-t-il pas fait un second pas, et une seconde concession, en n'exigeant plus, au point de vue du divorce, que le mari ait entretenu une concubine dans la maison conjugale, et en établissant l'égalité de l'homme et de la femme devant la faute? Le dernier pas consistera à supprimer complètement la peine, et à ne conserver à l'adultère que des sanctions civiles.

Croyez-vous que, la peine d'un emprisonnement, plutôt démoralisateur, pour la femme, et la peine d'une amende

---

[1] Projet de Code pénal des Pays-Bas : *Bulletin de la Société de législation comparée*, 1877, 1878.

insignifiante pour le mari, étant supprimées, la loi va se
trouver impuissante? Détrompez-vous. — Ecoutez la sainte
colère de M. Franck, à qui la peine de l'emprisonnement
paraît critiquable, mais qui propose un arsenal d'incapacités plus en rapport avec la nature du délit. « Mais d'a-
bord, dit-il, quelle analogie et quelle proportion y a-t-il
entre quelques mois de prison et une action aussi criminelle que celle qui détruit, qui dissout, qui empoisonne la
sainte institution du mariage et de la famille? C'est la
passion qui est coupable ici, et quelle est la passion qui
pour se satisfaire n'accepter pas d'avance une courte
captivité, très souvent rachetée par une sorte d'auréole?
En effet, la honte, s'il y en a dans l'état actuel de nos
mœurs, s'attache au front du mari non de l'amant. La
seule répression efficace et légitime consisterait à frapper
le coupable dans les droits qu'il a méconnus ou insultés.
Violateur du sanctuaire de la famille, il devrait être
privé de la tutelle de ses enfants, remise aux mains de
sa femme outragée, et à plus forte raison de la tutelle des
enfants d'autrui. Il faudrait l'exclure des conseils de famille et de toute fonction publique qui exerce une influence
sur l'éducation et les mœurs. Je voudrais qu'il ne fît pas
partie du corps enseignant ni du jury, parce que le jury
est souvent appelé à se prononcer sur le délit même dont
il s'est rendu coupable ; ni d'aucune magistration municipale, parce que le maire et l'adjoint représentent la société devant les couples qui contractent les obligations du
mariage. Je le déclarerais enfin indigne d'un office d'avoué
ou de notaire, parce que ces officiers ministériels sont les
dépositaires des secrets des familles ; enfin je lui interdi-
rais pour un temps au moins l'exercice de la médecine ;
car le médecin, plus encore que le notaire, et presque au-

tant que le confesseur exerce un sacerdoce intime . »

Nous croyons que M. Franc commet quelque exagéra-tion.

N'y aurait-il pas une exagération contraire à ne con-server que le divorce comme sanction de l'adultère, et à supprimer les autres incapacités civiles actuellement exis-tantes ? Cette opinion aussi a été émise. « Que l'adultère soit nuisible à l'ordre de la famille, dit Garofalo, qu'il soit immoral à ce point de vue, il n'y a pas le moindre doute. Toutefois, sauf quelques cas exceptionnels, il ne blesse pas directement les sentiments altruistes élémen-taires. Ce n'est que l'oubli d'un devoir, l'inobservation d'un pacte, et, comme dans tout autre contrat cela ne de-vrait donner lieu à la partie qui en souffre que le droit de faire dissoudre l'engagement[2] ».

Le problème est à résoudre. Nous le soumettons aux criminalistes et aux législateurs qui ont les yeux tournés vers les « nouveaux horizons du droit pénal ».

[1] Franc. *Philosophie du droit pénal,* p. 219 et 239.
[2] Garafalo : *Revue philosophique* 1887, p. 24.

POSITIONS

Droit romain.

POSITIONS PRISES DANS LA THÈSE

1⁰ L'inégalité de l'homme et de la femme, au point de vue de l'adultère, dans le droit romain primitif, a pour base une idée religieuse.

2⁰ Le père, qui surprend en flagrant délit sa fille, lorsqu'elle est *in manu mariti* n'a pas avant la loi Julia le droit de la tuer ; sous la loi Julia, c'est le contraire.

3° La *calumnia* doit être appréciée de façon différente dans l'accusation *jure patris aut mariti* et dans l'accusation *jure extranei*.

4⁰ La peine, dont la loi Julia frappe la femme adultère, n'est pas la peine de mort, mais celle de la rélégation.

POSITIONS PRISES HORS DE LA THÈSE

1⁰ La sanction des prohibitions consacrées par la loi Julia et *Papia Poppœa* est la nullité du mariage.

2° Les servitudes prédiales et l'usufruit ne peuvent,

même dans le droit de Justinien, s'établit par pactes et stipulations.

3° Le mariage ne se forme pas « *solo consensu* » il faut que la femme soit mise à la disposition du mari.

4° Dans le droit classique, les fruits étaient définitivement acquis au possesseur de mauvaise foi par cela seul qu'ils étaient séparés du sol.

Droit français.

POSITIONS PRISES DANS LA THÈSE.

1° La concubine ne peut être soumise au droit commun de la complicité.

2° La transaction, faite par le mari sur l'action civile ne peut être opposée comme fin de non-recevoir à l'exercice de l'action publique.

3° L'action contre le complice ou la concubine est indivisible de l'action contre l'époux coupable.

4° Le mot flagrant délit en matière d'adultère ne doit pas être entendu d'une façon aussi large que dans l'art. 41 du Code d'instruction criminelle.

5° La maison conjugale est « partout où le mari peut contraindre sa femme à résider et où celle-ci par une juste réciprocité a le droit de se faire recevoir. »

6° L'art. 324 est applicable, même au mari qui a entretenu une concubine dans la maison conjugale.

Droit civil.

POSITIONS PRISES HORS DE LA THÈSE.

1° La belle-mère qui convole en secondes noces reste tenue envers son gendre et sa belle-fille d'une obligation alimentaire.

2° L'usufruitier, qui a fait des constructions sur le fonds grevé d'usufruit, ne pourra pas si le propriétaire refuse de lui rembourser son impense. exercer le *jus tollendi*.

3o L'obligation contractée envers un entremetteur de mariage pour le paiement de son salaire n'est pas, en principe nulle comme ayant une cause illicite.

4° Les actes à titre gratuit, faits par une personne décédée depuis, peuvent être attaqués pour cause d'insanité d'esprit du disposant, alors même que son interdiction n'aurait été ni prononcée, ni provoquée pendant sa vie et que la nullité ne résulterait pas de l'acte lui-même.

Matières diverses.

1o Le porteur d'un nom ne peut s'opposer à ce qu'un écrivain donne ce nom à l'un des personnages de ses œuvres.

2° Le mari qui aurait tué sa femme ou le complice surpris en flagrant délit d'adultère serait indigne de leur succéder.

3o La durée de la prescription de l'action publique dépend de la qualification du fait punissable, et cette qualification a pour base la durée de la peine *portée par la loi* contre ce fait.

4° Là condamnation prononcée dans les termes de l'art. 1er de la loi du 26 mai 1891, peut être définie « une condamnation conditionnelle avec sursis et sous réserve des droits distincts. »

Le Président de la thèse,
LEVEILLÉ.

Vu par le doyen,
COLMET DE SANTERRE.

VU ET PERMIS D'IMPRIMER :

Le vice-recteur de l'Académie de Paris,
GRÉARD.

TABLE DES MATIÈRES

TROISIÈME PARTIE

DROIT MODERNE